GRUNDLAGEN DER GERMANISTIK

Herausgegeben von Hugo Moser und Hartmut Steinecke

Mitbegründet von Wolfgang Stammler

20

Einführung
in die Phonetik des Deutschen

von

Klaus J. Kohler

ERICH SCHMIDT VERLAG

CIP-Kurztitelaufnahme der Deutschen Bibliothek

Kohler, Klaus J.
Einführung in die Phonetik des Deutschen. –
1. Aufl. – Berlin : E. Schmidt, 1977.
(Grundlagen der Germanistik ; 20)

ISBN 3-503-01237-0

Für A. C. A.

ISBN 3 503 01237 0

Druck: Loibl, Neuburg (Donau)
Printed in Germany

Inhaltsverzeichnis

Seite

Vorwort 9

1. Was ist Phonetik eigentlich? 13

2. Normen und ihre Beschreibung 28

3. Phonetische Beschreibungskategorien 46

3.1. Die Sprechwerkzeuge und die akustische Signalproduktion .. 46
3.2. Meßphonetische Untersuchungsmethoden 55
3.3. Symbolphonetisches Klassifikationssystem für Lautproduktionen 57
3.3.1. Luftstrommechanismus und -richtung 58
3.3.2. Phonation 60
3.3.3. Nasalierung 60
3.3.4. Artikulationsort 61
3.3.5. Öffnungsgrad 62
3.3.6. Zentral – lateral 63
3.3.7. Gerillt – flach 63
3.3.8. Zeitlicher Ablauf 63
3.3.9. Fortis – lenis 64
3.3.10. Weitere Klassifikationskategorien 65
3.4. Klassifikation der Vokoide 68
3.5. Die phonetische Silbe und suprasegmentelle Merkmale 79

4. Grundzüge der Phonologie 86

4.0. Einleitendes 86
4.1. Phonem und kombinatorische Varianten 89
4.2. Fakultative Varianten 91
4.3. Das Phonem der Prager Schule: Phonemgehalt 91
4.4. Phonemanalyse im amerikanischen Strukturalismus 93
4.5. Phonetische Ähnlichkeit 96
4.6. Eineindeutigkeit (*bi-uniqueness*) 99
4.7. Phonemsystem, Phonemdistribution und Morphophonologie 103
4.8. Grenzsignale und Junkturen 108

Seite
4.9. Vokal, Konsonant und phonologische Silbe 112
4.10. Phonologie prosodischer Erscheinungen 118
4.10.1. Einleitung 118
4.10.2. Quantität 119
4.10.3. Wort- und Satzakzent 121
4.10.4. Ton und Intonation 125
4.11. Generative Phonologie 128
4.12. Kritik an der generativen Phonologie und Neuorientierung 135

5. Prinzipien der Verschriftung 141

5.1. Laut und Schrift 141
5.2. Phonetische Umschrift 144
5.3. Der Aufbau verschiedener Symbolsysteme 151

6. Phonetische Beschreibung des Deutschen 156

6.1. Segmentelle Wortphonetik 156
6.1.1. Das Konsonantensystem 156
6.1.1.1. /h/ 160
6.1.1.2. Die Plosive 160
6.1.1.2.1. /p, t, k/ vs. /b, d, g/ 160
6.1.1.2.2. /t, d/ vs. /k, g/ 163
6.1.1.3. Die Frikative 163
6.1.1.3.1. /f, s, ʃ, x/ vs. /v, z, ʒ, j/ 163
6.1.1.3.2. /x/, /j/ 164
6.1.1.3.3. /s/, /z/ vs. /ʃ/, /ʒ/ 164
6.1.1.3.4. /f/, /v/ 165
6.1.1.3.5. Frikative statt /g/ und /k/ 165
6.1.1.4. Die Nasale 165
6.1.1.4.1. Glottisverhalten 165
6.1.1.4.2. Artikulationsort 166
6.1.1.4.3. „Sproßkonsonanten“ und Konsonantenausfall 166
6.1.1.4.4. Der phonematische Status von /ŋ/ 167
6.1.1.5. /l/ 168
6.1.1.6. /r/ 169
6.1.1.7. Biphonematische Wertung von /pf/ und /ts/ 171
6.1.1.8. Das Grenzsignal [ʔ] 172
6.1.2. Das Vokalsystem 173
6.1.3. Phonotaktik 177
6.1.3.1. (K)V und (K)VK 178

Seite

6.1.3.2. $\left\{ \begin{matrix} K_a \\ K_b \end{matrix} \right\}$ V(K) und (K)V $\left\{ \begin{matrix} K_a \\ K_b \end{matrix} \right\}$ 179
6.1.3.3. K_aK_a und K_bK_b 179
6.1.3.4. $[K_aK_a]$ +vot V(K) und (K)V $[K_aK_a]$ +vot 179
6.1.3.5. $K_aK_aK_a$V(K) und (K)V $K_aK_aK_a$ 181
6.1.3.6. $(K_a)K_aK_a$–vot 181
6.1.3.7. $(K_a)K_aK_b$V(K) 181
6.1.3.8. (K)V$K_bK_a(K_a)(K_a)$ 183
6.1.3.9. (K)V$K_bK_b(K_a)(K_a)$ 185
6.1.3.10 + $K_a(K_a)$ 185
6.1.3.11. K_bK_bV(K) 187
6.1.3.12. Der Zweisilber 187
6.1.3.13. Weitere kombinatorische Restriktionen 189
6.2. Suprasegmentelle Phonetik 191
6.2.1. Wortakzent 191
6.2.1.1. Das Simplex 191
6.2.1.2. Das Kompositum 193
6.2.2. Satzakzent und Intonation 196
6.2.2.1. Phonologische Einheiten 196
6.2.2.2. Die Töne des Deutschen 198
6.2.2.2.1. Einsilbige Intonationseinheiten 198
6.2.2.2.2. Eintaktige Intonationseinheiten 200
6.2.2.2.3. Mehrtaktige Intonationseinheiten 201
6.2.2.2.4. Nukleus und Pränukleus 202
6.2.2.2.5. Verwendung einiger Intonationsmuster 205
6.3. Segmentelle Satzphonetik 207
6.3.0. Einleitendes 207
6.3.1. Assimilationen und Elisionen 213
6.3.1.1. /ə/-Elision 214
6.3.1.2. Regressive Assimilation des Artikulationsortes 215
6.3.1.3. Progressive Assimilation des Artikulationsortes 215
6.3.1.4. /t/-Elision 216
6.3.1.5. Regressive Assimilation der Artikulationsart 217
6.3.1.6. Einsparung von Bewegung zur Veränderung des Öffnungsgrades 217
6.3.1.7. Progressive Assimilation der Stimmlosigkeit 217
6.3.1.8. Regressive Assimilation der Nasalität 218
6.3.1.9. Progressive Assimilation der Nasalität 218
6.3.1.10. Geminatenreduktion 218

Seite

6.3.1.11. Sonorisierung 219
6.3.2. Schwache Formen 219
6.3.2.1. Akzent und Wortklasse 219
6.3.2.2. Steuerungsregeln 221
6.3.2.3. Liste der schwachen Formen 223
6.3.2.4. Phonetische Kontextbedingungen 225
6.3.2.5. Syntaktische Bedingungen 227
6.3.2.6. Semantische Faktoren 229
6.3.2.7. Stilistische Faktoren 229

Ausblick 231

Glossar 233

The International Phonetic Alphabet 242

Literaturverzeichnis 244

Index 247

Vorwort

Dieses Buch ist keine praktische Aussprachelehre des Deutschen. Der Leser wird also darin keine Darstellung der lautlichen Korrespondenzen für die Buchstaben der deutschen Rechtschreibung finden. Hierfür sei er auf die Aussprachewörterbücher, insofern diese in Anbetracht der gegen sie vorzubringenden Kritik überhaupt als empirisch fundiert und realitätsadäquat anzusehen sind, sowie auf die Arbeiten M. Mangolds verwiesen. Darüber hinaus will diese Monographie aber auch keine Anweisungen und Übungsmaterialien zum Erwerb der „richtigen" deutschen Aussprache für Dialektsprecher und Ausländer bereitstellen, wofür die Veröffentlichungen von C. & P. Martens sowie P. MacCarthy herangezogen werden können.

Hier wird eine w i s s e n s c h a f t l i c h e Einführung in die Phonetik des Deutschen vorgelegt, die daher auch nicht Einzelfakten deutscher Aussprache behandeln, sondern allgemeine Zusammenhänge aufzeigen will. Hierzu gehören zum einen physiologische, artikulatorische, perzeptive und linguistische Aspekte menschlichen Sprechens überhaupt, denen sich die spezifisch deutschen phonetischen Fakten unterordnen, zum andern die generalisierende Erfassung phonologischer und phonetischer Regularitäten der Einzelsprache. Daher sind allgemeine phonetische Kategoriensysteme sowie eine phonologische Theorie als Grundlage erforderlich. Dabei muß auch das Verhältnis zwischen instrumentalphonetischen und ohrenphonetischen Untersuchungsmethoden diskutiert, die phonetische Beschreibung der deutschen Aussprache also in den Gesamtrahmen der Phonetik gestellt werden, wenn auch die symbolphonetische Komponente gegenüber der meßphonetischen dann schwerpunktmäßig hervortritt.

Aus diesen Anforderungen ergibt sich der Darstellungsgang des Buches. An eine Abgrenzung der wissenschaftlichen Disziplin P h o n e t i k (Kapitel 1) und eine Begriffsbestimmung des der Deskription zugrundeliegenden D e u t s c h (Kapitel 2) schließen sich die Erarbeitung eines umfassenden symbolphonetischen Klassifikationssystems (Kapitel 3) und Grundzüge einer phonologischen Theorie (Kapitel 4) an. Dieser erste, allgemeine Teil endet mit einer Skizzierung von Verschriftungsprinzipien in Kapitel 5, wo insbesondere auch das benutzte Transkriptionsalphabet und verschiedene Typen der Umschrift mit diesem Symbolvorrat erörtert werden. Dieses wissenschaftliche Rüstzeug für die Erfassung phonetischer Phänomene erlaubt dann in Kapitel 6 die sprachspezifische Beschreibung des Deutschen auf allen Ebenen der Symbolphonetik, d. h. die Präsentation des Phonemsystems, der allophonischen und freien Variation, der Phonotaktik, der prosodischen Erscheinungen ‚Akzent' sowie ‚Intonation' und der segmentellen Satzphonetik der Assimilationen, Elisionen und schwachen Formen. Auf der Basis dieser wissenschaftlichen Beschreibung lautlicher Phänomene und Prozesse im Deutschen ist in einem weiteren Schritt die Ausarbeitung praktischer Übungen möglich, wobei allerdings die phonetische Regelhaftigkeit in der Muttersprache derjenigen kontrastiv berücksichtigt werden muß, für die diese Materialien intendiert sind. Das setzt aber auch eine Theorie der kontrastiven Phonetik voraus, die hier genauso wenig gegeben werden kann wie ein artikulatorischer und perzeptiver Übungsteil für ausgewählte Adressatengruppen.

Diese Darstellung will ganz bewußt mit der Hochlautungstradition brechen, die ein halbes Jahrhundert lang die empirische phonetische Untersuchung des Standard-Deutschen stark behindert hat, bis die Vorarbeiten zum ‚Wörterbuch der deutschen Aussprache' eine erste Wende brachten, die allerdings besonders im Bereich der Koartikulation und Steuerung nicht konsequent genug war. Am Ende des 19. Jahrhunderts gab es eine reichhaltige deutschsprachige Literatur zur allgemeinen und speziell deutschen Symbolphonetik auf hohem wissenschaftlichen Niveau, repräsentiert durch Namen wie Eduard Sievers, Otto Bremer und Wilhelm Vietor. Die fünfzig Jahre danach haben nicht nur das dort Erreichte nicht erweitert, sondern es vielfach sogar unter dem dominierenden Einfluß Siebsscher Idealvorstellungen wieder vergessen. Die vorliegende Monographie will daher auch bei den Altmeistern der deutschen Phonetik und ihren empirischen Arbeiten anknüpfen, in diese jedoch das theoretische Potential der Phonologie sowie moderne Untersuchungsmethoden einbringen. Mit diesem historischen Rückblick verbindet sich auch eine dezidierte Abkehr von der Dichotomisierung der Phonetik in phonetische Substanz- und phonologische Strukturbetrachtung und von der Papierphonologie generativer Prägung. Aus diesem Grunde beschränkt sich der Buchtitel ganz gezielt auf den Begriff der P h o n e t i k und vermeidet die Gegenüberstellung von P h o n e t i k u n d P h o n o l o g i e, obwohl letzteres inzwischen zum guten Ton linguistischer Salons gehört. P h o n e t i k im Rahmen dieses Handbuches beinhaltet eben die Einheit der deskriptiven

Erfassung phonetischer Feinstruktur in linguistischen Systemen. Phonetische Substanz und phonologische Struktur bilden keinen Gegensatz, sondern sind wechselseitig aufeinander bezogen und ohne ihr jeweiliges Komplement weder vollständig noch adäquat und sinnvoll darstellbar.

Die Einführung wendet sich an Linguisten allgemein und Germanisten im besonderen, da in Linguistikkursen die Phonetik einschließlich der Phonologie immer zu kurz kommt und sich heute gewöhnlich einseitig auf die generative Betrachtungsweise beschränkt. Hier soll vor allem der Blick für übergreifende Zusammenhänge geschärft und zur eigenen empirischen Beobachtung angeregt werden, wobei die Darstellung auch an aktuelle Forschungsfragen heranführt und offene Untersuchungsgebiete aufzeigt. Gerade der angehende Deutschlehrer muß über phonetische Fakten seiner Sprache Bescheid wissen und lautliche Phänomene in der Rede anderer erkennen, klassifizieren und sachlich beurteilen können; denn früher oder später wird er im Unterricht mit Problemen des Dialekts und des Aussprachestils konfrontiert und sollte dann soviel Einsicht in Sprechvorgänge haben, daß er nicht in sklavischer Abhängigkeit von der Orthographie steuernd eingreift und ganz besonders im Leseunterricht eine extrem unnatürliche Diktion bewirkt. Auch für den Studenten der modernen Fremdsprachen wird das Buch nützlich sein, da er sich erst einmal mit der Phonetik seiner Muttersprache vertraut machen sollte, ehe er diejenige einer anderen Sprache betreibt. Auf diesem Gebiet ist die Hinführung zur selbständigen Beobachtung ebenfalls von größter Wichtigkeit, auch für den späteren Fremdsprachenlehrer, der Aussprachefehler seiner Schüler mit Hilfe eines Deskriptionsapparats diagnostizieren muß, bevor er eine effektive Therapie einleiten kann. Für den ausländischen Studenten des Deutschen enthält diese Einführung schließlich zum erstenmal auch empirische Fakten in systematischer und umfassender Zusammenstellung, die er zwar täglich im Lande hören kann, die jedoch bislang mit dem Epithet „Umgangssprache“ allzu leichtfertig abgetan und folglich kaum untersucht wurden.

Das Buch ist aus Vorlesungen und Seminaren über die letzten zehn Jahre gewachsen. Im Abschnitt zur Phonotaktik des Deutschen stützt es sich auf Ergebnisse, die ich in meiner Habilitationsschrift ‚Generative Phonologie des Deutschen und des Englischen‘ (Bonn 1968) formalisiert vorgelegt habe. Die Ausführungen zu Assimilationen, Elisionen und schwachen Formen haben von Materialerhebungen profitiert, die an freier Rede im Rahmen eines DFG-Projekts (‚Phonetische Extensionalisierung von Gesprächstypen') von meinen Mitarbeitern, Herrn Dr. C. Gnutzmann und Herrn A. Butcher, M. A., M. Phil., im Kieler Institut für Phonetik zwischen 1972 und 1974 durchgeführt wurden. Ihnen gebührt mein Dank für die Bereitstellung der Daten, der Deutschen Forschungsgemeinschaft für die finanzielle Unterstützung der Forschungsarbeit. Zu ganz besonderem Dank bin ich dem Fachbereich Philosophie der Christian-Albrechts-Universität Kiel für die Befürwortung und dem Kultusministerium des Landes Schleswig-Holstein für die Gewährung eines Forschungsfreisemesters im Sommer 1975 verpflichtet, ohne das ich die Einführung in die Phonetik des Deutschen noch immer nicht hätte schreiben können. Last not least möchte ich Herrn Dr. H. Künzel für die Erstellung des Registers danken. Das Manuskript wurde im Oktober 1975 abgeschlossen; wegen mancherlei Schwierigkeiten mit einem typographisch sehr komplizierten Text hat sich die Veröffentlichung verzögert.

Kiel, im September 1977 — Klaus J. Kohler

1. Was ist Phonetik eigentlich?

In einer Monographie, die wie die vorliegende in ein Wissenschaftsgebiet einführen soll, muß zunächst der Bereich umrissen werden, in den eingeführt wird. Der Leser erwartet daher mit Fug und Recht eine Begriffsbestimmung der Phonetik und eine Festlegung des Deutschen, das dieser wissenschaftlichen Beschreibung zugrunde liegt. Das zweite Kapitel beschäftigt sich im Zusammenhang mit einer Erörterung von Normen und Varianten der Aussprache mit der Frage, was „deutsch" im Rahmen dieses Buches bedeuten soll. Dieses Kapitel wendet sich der Definition der Phonetik als wissenschaftlicher Disziplin zu.

Die Abgrenzung eines Wissenschaftsbereichs kann von verschiedenen Gesichtspunkten aus versucht werden. Eine Möglichkeit ist, vom Gegenstand der wissenschaftlichen Untersuchung auszugehen und ein einheitliches Objekt für eine Wissenschaft zu definieren. Ein solches einheitliches Objekt ist intendiert in der Übersetzung von Phonetik als Lautlehre, die sich explizit als Titel zahlreicher alter und neuer Handbücher – auch in den Versionen „Die Laute des ...", „The Sounds of ...", „Les sons de ..." – findet[1]. Diese Objektbestimmung lebt in modernem Gewande in der Phonemik fort[2] (vgl. hierzu Kapitel 4). Sie bestimmt aber zum anderen auch den Aufbau von Monographien, welche sich Phonetiken nennen, in der Weise, daß die Laute, d. h. Vokale und Konsonanten – und überwiegend auch nur in Einzelwörtern –, auf Kosten der nicht-seriellen, prosodischen Erscheinungen bevorzugt behandelt werden. Es ist sofort einsichtig, daß diese Objektbestimmung viel zu eng ist. Die Phonetik beschäftigt sich gerade auch mit dem Nicht-Lautlichen, d. h. mit der Stille, der Pause, die in einer Kommunikationssituation ausdrucksfähiger sein kann als Laute. Grundlegend

[1] Als Beispiele seien aufgeführt: O. Bremer, *Deutsche Lautlehre.* Leipzig 1918; M. Kloster Jensen, *Språklydlære.* Bergen, Oslo 1964; W. E. Moulton, *The Sounds of English and German.* Chicago 1962; P. Passy, *Les sons du francais.* 3. Aufl., Paris 1892; H. Sweet, *The Sounds of English.* 2. Aufl., Oxford 1910; H. H. Wängler, *Atlas deutscher Sprachlaute.* 3. Aufl., Berlin 1964.

[2] Ein einschlägiges Beispiel ist O. Werner, *Phonemik des Deutschen.* Stuttgart 1972.

ist ferner die Einbeziehung der prosodischen Eigenschaften, die gerade nicht Einzellaute in einer Kette sind, sondern ganze Äußerungen charakterisieren können, weshalb sie in der angelsächsischen Literatur auch als suprasegmentell bezeichnet werden, nämlich Tonhöhenverlauf, Lautstärke, Stärkeabstufung, Tempo, Stimmlage, allgemeine Stimmqualität.

Das Thema dieses Kapitels ist in einem Fragesatz aus vier deutschen Wörtern ausgedrückt. Vielleicht hat sich der eine oder andere Leser überlegt, wie denn diese Frage zu verstehen, sprich zu lesen, klanglich zu realisieren sei. In dem Moment, wo der Fragesatz in ein Schallereignis überführt wird, muß der Leser Farbe bekennen hinsichtlich der semantischen Interpretation des Themas. In eine solche Festlegung geht beispielsweise immer die Einstellung des Sprechers zu dem ein, was in der Frage angesprochen wird, nämlich im vorliegenden Fall zur Phonetik. Nehmen wir einmal an, er habe ein neutrales Verhältnis zum Gegenstand und bekunde sein Interesse, mehr darüber zu erfahren; dann könnte er z. B. die folgende Sprechmelodie verwenden[3]

nicht jedoch

womit er Interesselosigkeit dokumentieren würde. Zeigt der Frager sogar väterlich-wohlwollendes Interesse, dann könnte er so intonieren:

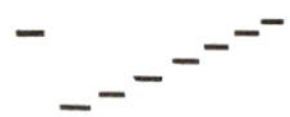

Ein weniger väterlich-wohlwollendes als vielmehr selbstsicheres Interesse, ja sogar eine herablassende Einstellung könnte in dieser Weise zum Ausdruck kommen:

Aber vielleicht gibt es auch jemanden, der mit der Phonetik gar nichts anzufangen weiß und der durch die häufige Erwähnung irritiert wird, welchem Gefühl er durch den Ausbruch Luft verschafft:

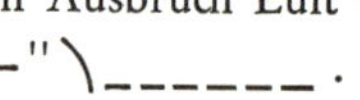

In jeder dieser fünf – aus der Menge der sehr viel zahlreicheren – möglichen Klangversionen der Frage ist das Verhältnis des Schallereignisses

[3] Jede Silbe erhält eine relative Tonhöhenmarkierung; '' symbolisiert empathischen Akzent (siehe 3.5 u. 5.3).

zur semantischen Interpretation in einem situativen Kontext etwas anders. Das globale Schallereignis wird dabei außer durch die Laute, d. h. die segmentellen, seriellen Erscheinungen vor allem von den Parametern des Tonhöhenverlaufs und der Stärkeabstufung bestimmt; hinzu kommen – insbesondere im letzten Beispiel – das Tempo (das auch einen Einfluß auf die Dauer der einzelnen Segmente hat) und die Stimmqualität (die man in der letzten Version impressionistisch als gepreßt bezeichnen könnte). Die genannten Aspekte des Schallereignisses sind die klanglichen Korrelate der semantischen Unterscheidungen. Wie sehr Phonetik im Sinne von Lautlehre auch dann verstanden wird, wenn die Relevanz der genannten Parameter erkannt ist, zeigt das Lehrangebot in den sprachlichen Fächern an zahlreichen deutschen Universitäten, wo neben Übungen zur „Phonetik und Phonologie des ..." Kurse über „Intonation des ..." angekündigt werden oder sogar Veranstaltungen zur „Phonetik und Intonation des ..." erscheinen.

Ist damit der Laut nicht das einheitliche Objekt der wissenschaftlichen Disziplin Phonetik, sondern erfordert dann zumindest weitere Gegenstände neben sich, so muß zum andern hervorgehoben werden, daß der Laut das Konstrukt einer Betrachtungsweise ist, die sich einmal vorwissenschaftlich im täglichen Umgang mit Alphabetschriften und in deren Erfindung, des weiteren aber auch in der wissenschaftlichen Beschäftigung mit Sprache etabliert hat. Der Laut ist nicht etwas Präexistentes, phänomenal Gegebenes, sondern ein in einem Abstraktionsprozeß durch die spezielle Betrachtungsweise eigens geschaffenes Objekt, das diesen kreativen Aspekt mit allen anderen Wissenschaftsobjekten teilt und das sich im Rahmen einer Theorie zur Bewältigung einer Empirie bewähren muß. Diese Bewährung hat der Laut im Zusammenhang mit Fragen der Verschriftung von Schallereignissen, vor allem mit der Erfindung einer Alphabetschrift bereits vorwissenschaftlich bestanden. Die Entwicklung des Phonemkonzepts (siehe Kapitel 4) hat dem Lautbegriff eine weitere, wissenschaftliche Fundierung gegeben und die wissenschaftliche Grundlage für eine ökonomische Verschriftung gelegt. H. Lüdtke hat in seinem Aufsatz „Die Alphabetschrift und das Problem der Lautsegmentierung", Phonetica 20 (1969), 147–176 diese Beziehung zwischen Alphabetschrift und Laut/Phonem klar erkannt. Ich möchte allerdings das Abhängigkeitsverhältnis umkehren: nicht das Phonemkonzept ist eine Folge der Alphabetschrift, sondern die Alphabetschrift ist eine Folge des Phonemkonzepts, das auch ohne explizite Phonemtheorie implizit schon sehr früh vorhanden war. Der Phonembegriff ist optimal anwendbar zum Zwecke der praktischen Aufgabe der Verschriftung, wobei die Entwicklung der Alphabetschrift gefördert wurde durch den besonderen morphologischen Aufbau des Semitischen u n d die Segmentierbarkeit von Schallereignissen nach groben Kriterien, die gerade für die hier morphologisch relevanten Konsonanten gelten (siehe 5.1).

Der Lautbegriff spielt auch eine ungeheuere Rolle im analytischen Hörtraining eines sog. Ohrenphonetikers, das die Grundlage für eine phonetische Transkription bildet, die Gehörseindrücke in serieller Form symbolisch so konsistent wie möglich festhält und damit eine wissenschaftliche Weiterentwicklung des Alphabetprinzips darstellt. Gehörswahrnehmungen können von verschiedener Art sein. Wenn ich sage „Er hat grade [ˈg̊ra:də][4] und nicht [gəˈʁa:də] ausgesprochen.", so gebe ich durch die Wiedergabe des Gehörten und die Gegenüberstellung einer anderen Aussprache kund, daß ich einen Unterschied perzipiert habe, ohne zu sagen, worin dieser besteht. Das sind einfache Feststellungen, zu denen jeder Hörer fähig ist, vorausgesetzt er hat tatsächlich einen Unterschied wahrgenommen. Die nächst höhere Stufe des Urteils über auditive Ereignisse liefert eine rudimentäre Benennung. Versuchspersonen können z. B. folgende Aufgabe erhalten: „Sie hören entweder die Äußerung [ˈre:gən] oder die Äußerung [ˈʁe:gən]. Hören Sie [ˈre:gən], so schreiben Sie bitte eine 1; hören Sie [ˈʁe:gən], so schreiben Sie bitte eine 2. Also [ˈre:gən] – 1, [ˈʁe:gən] – 2." Es folgt dann eine randomisierte Liste der beiden Versionen. Hier muß der Hörer identifizieren durch Diskriminieren, ohne die Unterschiede bestimmen zu müssen oder zu können. Eine ganz entsprechende, aber schwierigere Aufgabe würde sich z. B. auf die Aussprachen [baen] und [b̥aen] beziehen. In diesen Fällen zeigt sich das Problem der Perzeption, nicht der Benennung. Eine weitere Stufe wäre die umgangssprachliche Aussage: „In *grade* ist der Vokal ausgefallen, und das „r" ist gerollt."

Schließlich wird die Ebene erreicht, die allein für den Phonetiker maßgebend ist: die Beschreibung einer Äußerung nach Klassifikationskategorien, die in einer wissenschaftlichen Theorie über lautliche Phänomene verankert sind und das wissenschaftliche Objekt „Laut" zugrundelegen (artikulatorische Parameter bei Konsonanten und Kardinalvokale, siehe 3.3., 3.4.). Auf dieser Stufe ist Perzipieren auch immer gleich Benennen und Symbolisieren, d. h. Mitteilen. Schwierigkeiten und damit Streuungen in den Aussagen treten beim Wahrnehmen selbst und beim Benennen ein.

[4] Zur Transkription siehe Kapitel 5.

Je besser ausgebildet Phonetiker sind, umso weniger werden sie intra- und interindividuell abweichen, vorausgesetzt daß sie in derselben Tradition ausgebildet wurden und das Benennen nach denselben Kriterien gelernt haben. Ein naiver, d. h. ein nicht speziell phonetisch ausgebildeter Hörer kann natürlich ebenfalls eine Benennung mit umgangsprachlichen Begriffen durchführen. Es bedeutet nicht, daß er das, was er nicht benennen kann, auch nicht perzipiert. Die Gegenüberstellung von Äußerungen in einem „paired utterance test" gibt Aufschluß über die Parameter, die einem naiven Hörer in einem globalen Perzeptionsvorgang durchaus zugänglich sind. Natürlich hat der naive Hörer gegenüber dem Phonetiker auch ein kleineres Perzeptionsfeld.

Die Erweiterung dieses Feldes und das systematische Benennen wahrgenommener Phänomene, d. h. auch das Segmentieren dieser Phänomene in eine serielle Anordnung von Lauten, ist grundlegender Bestandteil der Ausbildung eines Phonetikers. Ohne diese Fähigkeit kann er weder akustische[5] noch physiologische Sprechvorgänge sinnvoll untersuchen; denn er würde zum Physiker und Physiologen werden, der physikalische und physiologische Abläufe als solche untersucht und nicht – wie der Phonetiker – die Frage nach ihrer Beziehung zu sprachlich-semantischen Phänomenen stellt. Bedeutungen können aber durch einen lautlichen Träger nur vermittelt werden, wenn sie auch für den naiven Hörer in irgend einer Form wahrnehmbar sind. Es ist die Aufgabe des Phonetikers, diese perzipierbaren Erscheinungen zuerst mit geeigneten auditiven[5] oder modifizierten auditiven Kategorien (wobei artikulatorische Klassifikationen eine große Rolle spielen, wie in Kapitel 3 gezeigt wird) zu beschreiben, ehe er die akustischen Korrelate bzw. die artikulatorischen und physiologischen Vorgänge zur akustischen Signalproduktion instrumentell untersucht und mißt. Die auditive Beschreibung nach geeigneten systematischen Kategorien einer phonetischen Theorie bleibt für alle phonetische Arbeit der Bezugspunkt.

Der Phonetiker muß also lernen, analytisch zu hören und sich durch ein inhaltliches Verständnis des Gehörten nicht beeinflussen zu lassen; er muß über semantisches Hören und Differenzhören weit hinauskommen. Wenn der naive Hörer sagt, er perzipiere in „Der brave Mann denkt an sich, selbst zuletzt." nach s i c h eine Pause, obwohl im physikalischen Signal

[5] Der Terminus a k u s t i s c h bezieht sich auf das physikalische Signal, den Reiz, während a u d i t i v die dadurch ausgelöste Gehörswahrnehmung, also ein psychologisches Ereignis, benennt.

kein Absetzen festzustellen ist, so nimmt er aufgrund seines Verständnisses des Satzes Einschnitte wahr und benennt sie als Pausen. Er hat also nicht die im Rahmen der wissenschaftlichen Disziplin Phonetik als „Abwesenheit eines Signals“ definierbare Erscheinung der „Pause“ wahrgenommen, sondern eine inhaltliche Gliederung aufgrund anderer Parameter, wie z. B. des Tonhöhenverlaufs, die er nicht als solche zu benennen in der Lage ist. Gerade das muß aber der Phonetiker beherrschen. Darüber hinaus muß er diesen Perzeptionsvorgang selbst zum Problem machen und seine interindividuelle Nachprüfbarkeit gewährleisten durch ein Kategoriensystem, das die Mitteilung ermöglicht, und durch Methoden des Testens der Aussagen.

Diese Technik des Ohrenphonetikers wird nur über ein langes systematisches Training mit entsprechend ausgebildeten Lehrkräften erworben, das sich über mehrere Semester erstreckt und eben nicht in ein paar Übungen erreicht werden kann. Die sog. Phonetikkurse in den modernen Sprachen an deutschen Universitäten genügen dieser Forderung nicht und verdienen im günstigsten Fall die Bezeichnung Ausspracheübungen, obwohl oft nicht einmal die Aussprache, d. h. die Produktionsseite, wirklich geschult wird. Was das Hören, d. h. die rezeptive Seite, anlangt, so lernt der Student das Benennen weithin aufgrund semantischer Information, nicht jedoch das hier angesprochene Perzipieren phonetischer Details. Er ist damit nicht in der Lage, seine eigene und die Aussprache anderer, vor allem seiner späteren Schüler, adäquat zu erfassen und zu evaluieren. Er lernt im Grunde genommen nicht viel mehr als eine zweite Orthographie, die Transkription, die, statt Mittel zum Zweck der Beschreibung des Wahrgenommenen zu sein, eine davon isolierte Existenzberechtigung erhält. Das Problem tritt dann ganz klar hervor, wenn zusammenhängende Rede mit allen ihren Verschleifungen transkribiert werden soll. Bei dieser Aufgabe versagen die meisten Studenten, die sog. „Phonetik“ in diesen Aussprachekursen gelernt haben; sie „hören“ die einzelnen Wörter in ihrer isolierten Form, weil sie sie inhaltlich erkennen und ihnen dann die gelernte Symbolisierung der lexikalischen Aussprache zuordnen. „der Eisschrank“ erhält so weiterhin im Artikel einen langen Vokal und am Ende des ersten Teils des Kompositums ein [s], auch wenn ersterer kurz ist und [s] fehlt (siehe hierzu 6.3.).

Es ist an der Zeit, daß diese unbefriedigenden Verhältnisse geändert werden, daß an den Universitäten, die phonetische Institute haben, geschulte Kräfte aus diesen für Hör- und Artikulationstraining auf wirklich phonetischem Niveau eingesetzt werden und daß sich die fremdsprachlichen Seminare an anderen Universitäten phonetisch ausgebildetes Personal für diese Lehraufgaben von den phonetischen Instituten anwerben, die hier eine gewaltige Ausbildungsfunktion zu erfüllen haben. Wichtige Voraussetzung für die Verbesserung der phonetischen Ausbildung von Philologiestudenten ist das weitgehende Ausschalten des semantischen Hörens über die Arbeit mit Logatomen, d. h. Lautverbindungen ohne Bedeutung, die außerdem ein systematisch aufgebautes, nach dem Schwierigkeitsgrad fortschreitendes Gehörtraining ermöglichen. Dieses „nonsense ear-training" hat eine lange erfolgreiche Tradition in der englischen phonetischen Schule[6].

Die bisher erörterte Phonetik, die bestimmt ist durch den Gegenstand „Laut", geschaffen von einem geschulten Beobachter in der Perzeption und herausgelöst aus einem komplexen Zeitvorgang, kann als Symbolphonetik bezeichnet werden, da sie unter Zuhilfenahme eines begrenzten Symbolvorrats Schallereignisse symbolisch darstellt, die phonetische Information also in einer Symbolkette repräsentiert. In diese Symbolphonetik müssen selbstverständlich auch die prosodischen Objekte mit einer entsprechenden Symbolisierung einbezogen werden (siehe 3.5.). Daneben können Vorgänge bei der Produktion von Sprachsignalen in einem Sprecher, ihre Übertragung zwischen Sprecher und Hörer und die Prozesse der Sprachsignalrezeption in einem Hörer als artikulatorische, physiologische sowie akustische Erscheinungen mit naturwissenschaftlichen Methoden unter Zuhilfenahme von Geräten gemessen und in einer physikalischen Sprache dargestellt werden, d. h. unter Angabe einer Maßzahl bezogen auf eine Maßeinheit für eine bestimmte Größe und mit statistischer Evaluierung der so erhaltenen Meßwerte (z. B. die Strömungsgeschwindigkeit der Luft, gemessen in der Maßeinheit Liter/sec, die Zeit in Sekunden, die Frequenz in Hertz (Hz), der Druck in dyn/cm^2 oder in Zentimeter Wassersäule (cm H_2O), die Schallintensität in Watt/cm^2, relativer Druck oder relative Intensität in Dezibel (dB), Aktionspotentiale von Muskeln des Sprechapparats in Millivolt (mV) u. dgl.). Diese Phonetiken des Sprechers (artikulatorische und physiologische Phonetik), der Signalübertragung (Signalphonetik, akustische Phonetik) und des Hörers (physiologische Phonetik und Psycho-

[6] Vgl. D. Jones, *An Outline of English Phonetics.* 8. Aufl., Cambridge 1956, Chapter XIV, Appendices B, C.

phonetik) können unter dem Begriff Meßphonetik zusammengefaßt werden.[7]

In der Meßphonetik hat nun der „Laut", wie wir ihn von der Symbolphonetik her kennen, d. h. die Aneinanderkettung in sich homogener Schallstücke, keinen Platz. Im Gegenteil, es waren die ersten Experimentalphonetiker, die – allerdings mit einem heute primitiv zu nennenden Instrumentarium – Daten vorlegten, die auf einen sehr viel komplexeren Aufbau des Gesprochenen hinwiesen, als dies eine lautsymbolische Transkription vermuten ließ.[8] Auch die Unterteilung des Lautes in Anglitt, Stellungsphase und Abglitt, d. h. die Einführung von Gleitlauten, wie sie E. Sievers vornahm[9], kann die Dynamik des Artikulationsablaufs und des daraus resultierenden akustischen Signals nicht erfassen. Der Laut ist eben kein der Meßphonetik angemessener Gegenstand, woran selbst das Ansetzen noch so vieler Gleitlaute nichts ändern kann. P. Menzerath und A. de Lacerda zeigten schließlich in ihrer epochemachenden Studie ‚Koartikulation, Steuerung und Lautabgrenzung' (Berlin, Bonn 1933), die sich insbesondere gegen die Dreiphasen-Theorie von Sievers richtete, daß sich die Artikulationsorgane in ständiger Bewegung befinden – auch wenn kein Signal erzeugt wird – und daß nirgendwo Stellungsphasen zu erkennen sind, daß vielmehr Vokale in Öffnungs-Schließungs-, Konsonanten in Schließungs-Öffnungs-Bewegungen erzeugt werden. Eine Segmentation des artikulatorischen Ablaufs ist nach ihrer Meinung zwar möglich, aber lautlich irrelevant; nur im akustischen Signal und im Gehörseindruck (zwischen denen sie nicht scharf genug trennen) ist eine Lautabgrenzung sinnvoll. Ein Röntgentonfilm, den Menzerath zusammen mit Janker 1936 anfertigte, demonstriert die artikulatorischen Fließbewegungen sehr schön.[10]

Hier wird nun allerdings eine extreme Haltung eingenommen, die weit-

[7] G. Ungeheuer unterscheidet in seinem Aufsatz „Neuere Entwicklungen der Phonetik" (*Biuletyn Fonograficzny* IX (1968), 3–28) ein ganzes Spektrum von physischen Manifestationsbereichen, die der materielle Träger der sprachlichen Kommunikation durchläuft, in denen sich die phonetische Information manifestiert. Vgl. hierzu auch H. G. Tillmann, *Technische Kommunikationshilfen für Gehörlose. Ein Beitrag zur angewandten Signalphonetik.* Berlin 1970.

[8] P.-P. Rousselot, *Principes de Phonétique Expérimentale.* Paris 1897 ff. (2. Aufl. 1924, 1925); E. W. Scripture, *The Elements of Experimental Phonetics.* New York 1902 (Nachdruck 1973).

[9] *Grundzüge der Phonetik.* 2. Aufl., Leipzig 1881.

[10] Vgl. P. Menzerath, Neue Untersuchungen zur Wortartikulation. *Actes du IVe congrès international des linguistes.* Kopenhagen 1938, pp. 67–75.

gehend aus den ungenügenden experimentellen Voraussetzungen resultiert und die u. a. Lüdtke zu der oben besprochenen Hypothese über die Ableitung des Laut- und des Phonembegriffs aus der Alphabetschrift verleitete. Die Schlußfolgerungen Menzeraths und de Lacerdas sind in dieser verabsolutierten Form nicht haltbar. Eine Segmentation des artikulatorischen Ablaufs ist ebenso wie die des akustischen Signals nach rein signalimmanenten Kriterien möglich und sinnvoll, vor allem dann, wenn mehrere artikulatorische Parameter gleichzeitig registriert werden, u. a. in Abschnitte mit bzw. ohne Signalpräsenz sowie in periodische und aperiodische Stücke. Gerade bei Berücksichtigung mehrerer artikulatorischer „Signale" läßt sich die Segmentierung noch viel weiter treiben, oft natürlich nur so, daß Strecken relativ großer Stabilität mit solchen großer Veränderung abwechseln. Die Übergänge sind eben oft fließend und nicht so abrupt, wie es der an die Alphabetschrift gewöhnte Laie erwartet.

Im folgenden soll nun anhand der Äußerung „Der Laut ist eine Fiktion" die Segmentierbarkeit in einem Manifestationsbereich demonstriert werden. Als erstes wird das Schallsignal selbst, wie es über ein Mikrophon und ein Schreibgerät (Mingograph) aufgezeichnet wurde, d. h. das Oszillogramm, in Stücke unterteilt, anschließend das aus demselben Sprachsignal über ein spezielles Analyseverfahren (Kurzzeit-Spektralanalyse) gewonnene Sonagramm.[11]

Die so gewonnene Segmentation liefert mal weniger, mal mehr Segmente als die über die Perzeption durch einen geschulten Ohrenphonetiker symbolisch festgehaltene, und vor allem die Signalstücke zeigen oft keine interne Homogenität, sondern fortlaufende Veränderung, die aber wegen der stärkeren Brüche an anderen Stellen die Segmentation nicht unmöglich macht. Trotz der fehlenden eineindeutigen Beziehung zwischen den beiden Segmentationen ergeben sich jedoch wichtige Korrespondenzen, die es überhaupt erst ermöglichen, Symbolphonetik und Meßphonetik aufeinander zu beziehen.[12] Damit kann die grundlegende Frage in

[11] Siehe hierzu Potter, R., G. A. Kopp & H. Green Kopp, *Visibile Speech.* New York 1966.

[12] Die Phonometrie hat schon sehr früh die Forderung nach der Erstellung von Textlisten erhoben, d. h. die Zuordnung von verschiedenen symbolischen Versionen eines Textes (Orthographie und unterschiedliche Transkriptionstypen) zu den entsprechenden, ebenfalls zu segmentierenden Meßkurven. Vgl. hierzu E. Zwirner, *Grundfragen der Phonometrie.* 2. Aufl., Basel/New York 1966 (= Bibl. Phonetica, Fasc. 3).

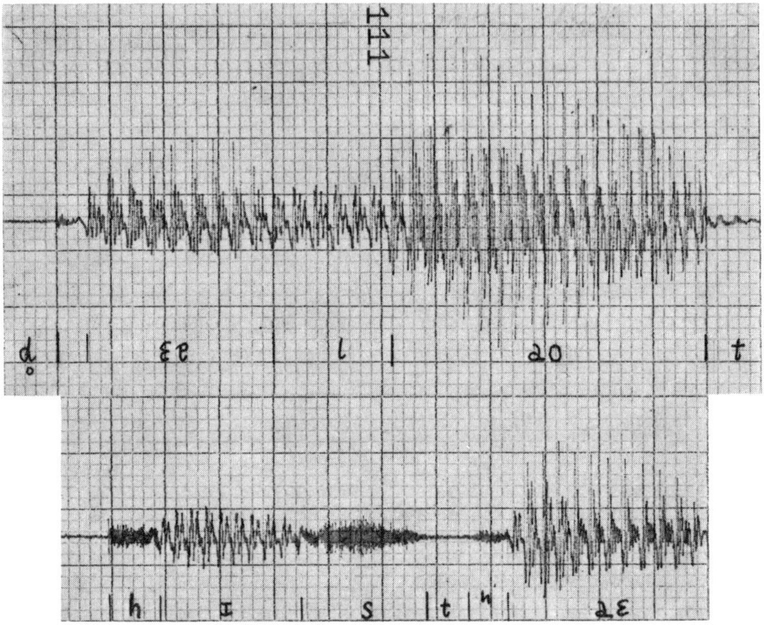

Abb. 1

Oszillogramm einer Studioaufnahme der Äußerung „Der Laut ist eine Fiktion." Entlang der (horizontalen) Zeitachse gilt die Entsprechung 1 cm ≙ 25 ms, entlang der (vertikalen) Spannungsachse, die den Schalldruck repräsentiert, 1,7 cm ≙ 100 mV.

der Phonetik gestellt werden, wie sich dieselben sprachlichen Erscheinungen in Symbol- und Meßphonetik zunächst unabhängig voneinander darstellen, welche Zuordnungen sich dann aufzeigen lassen und wie die symbolischen Darstellungen durch verschiedene Beobachter streuen in Abhängigkeit von bestimmten Meßparametern. So wird einmal die gerade unter Philologen immer wieder anzutreffende Meinung zurückgewiesen, daß die Meßphonetik stellvertretend und erklärend an die Stelle der Symbolphonetik treten könne, da nur erstere die notwendige Objektivität und Genauigkeit liefern könne infolge der Unzuverlässigkeit und Subjektivität des menschlichen Beobachters. Diese Einstellung ist völlig irrig, da sie physikalischen Reiz oder physikalische und physiologische Vorgänge allgemein und auditive Wahrnehmung vermengt. Diese beiden Bereiche der Phonetik sind vielmehr kategorial verschieden, aber

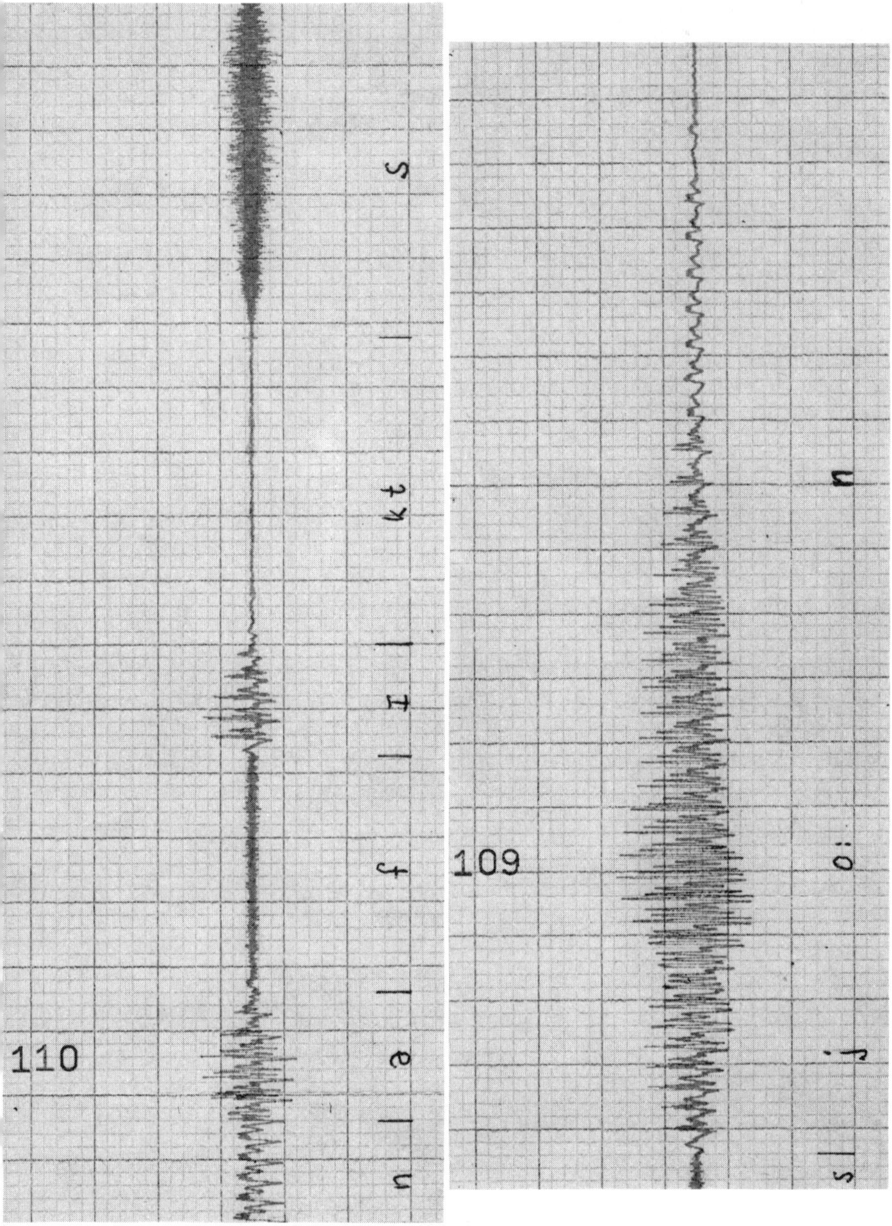

Abb. 2 (Forts.)

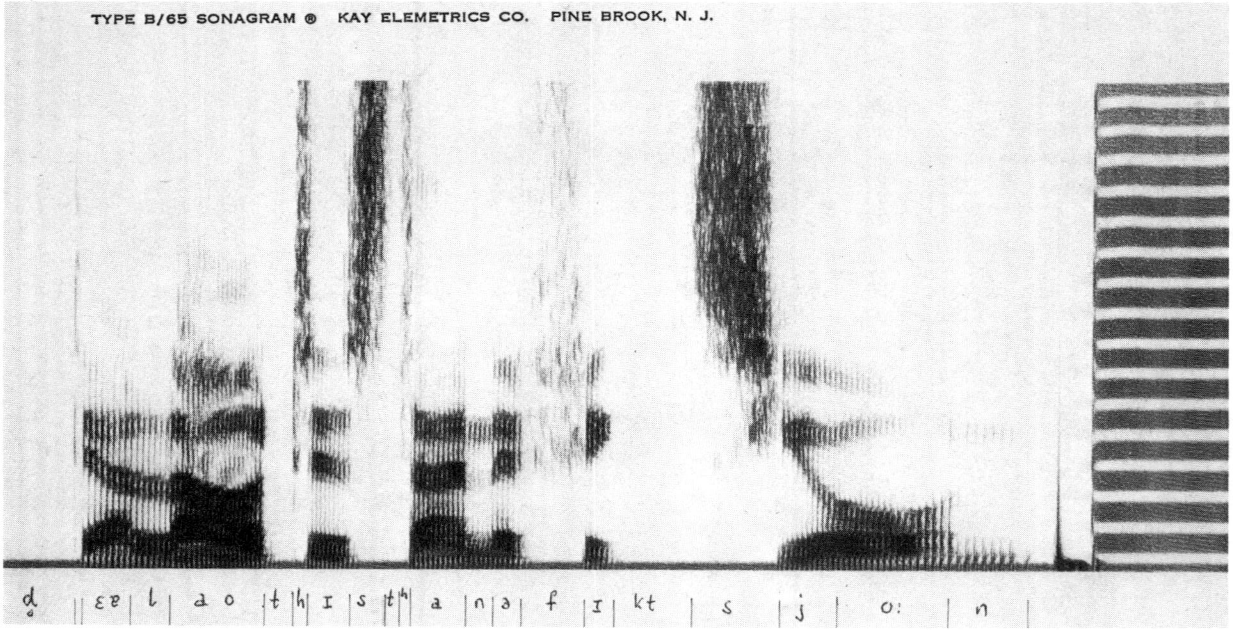

Abb. 3

Breitband-Sonagramm derselben Aufzeichnung der Äußerung „Der Laut ist eine Fiktion". Entlang der (horizontalen) Zeitachse gilt die Entsprechung 1 cm = 74 ms, entlang der (vertikalen) Frequenzachse 0.6 cm = 500 Hz. Die unterschiedlichen Schwärzungsgrade zeigen (allerdings nicht quantifizierbare) Intensitätsabstufungen an.

aufeinander beziehbar. Und diese Zuordnung muß durchgeführt werden, da die Phonetik s p r a c h l i c h e Phänomene in allen ihren Ausprägungen untersucht, nicht physikalische und physiologische Abläufe an sich. Hiermit ergibt sich nun aber zum andern auch eine neue, umfassendere Definition der Phonetik:

Der Gegenstand der Phonetik ist das Schallereignis der sprachlichen Kommunikation in allen seinen Aspekten, d. h. die Produktion, die Transmission und die Rezeption von Sprachschall einschließlich der psychologischen und soziologischen Voraussetzungen in der Kommunikationssituation zwischen Sprecher und Hörer, wobei sowohl symbol- als auch meßphonetische Betrachtungsweisen dieses Objekt prägen.

Somit entfällt auch die Begriffsbestimmung der Phonetik nach dem verwendeten analytischen Verfahren, wie sie vielfach versucht wurde. Diese Definition nach der „Methode" hat zu der wohl unheilvollsten Trennung in der Geschichte der Wissenschaften geführt, nämlich zur Scheidung zwischen Natur- und Geisteswissenschaften, mit allen daraus resultierenden Neidereien und Minderwertigkeitskomplexen auf beiden Seiten.[13] In der Phonetik werden eben einerseits naturwissenschaftliche Methoden angewandt, d. h. empirische Experimentaluntersuchungen von Datenmaterial nach Maßzahlskalen, unter Hinzuziehen von Instrumenten, deren Arbeitsweise geeicht ist und deren Fehlerquellen berechenbar und in jedem Einzelfall vorhersagbar sind; andererseits aber auch sog. geisteswissenschaftliche Methoden, die mehr auf eine qualitative Deskription zielen und bei denen sich der Investigator auf sich selbst verläßt, ohne in der Lage zu sein, seine Analyseverfahren zu eichen, was jedoch nicht bedeutet, daß sie in Testverfahren nicht nachprüfbar sind. Damit wird eine Definition der Phonetik nach dem Untersuchungsverfahren besonders folgenreich, da die Phonetik durch keine einheitliche Methode charakterisiert sein kann, sondern naturwissenschaftliche und geisteswissenschaftliche Methoden sich in ihr zur Erforschung der sprachlichen Kommunikation ergänzen müssen. Dieser anvisierte wissenschaftliche Gegenstand macht die Phonetik zu einer einheitlichen Disziplin.

Deshalb erübrigt sich in einer modern verstandenen Phonetik auch die von Trubetzkoy[14] im Gegenzug gegen die sich als Naturwissenschaft verstehende Experimentalphonetik etablierte Dichotomie zwischen natur-

[13] Vgl. hierzu G. Panconcelli-Calzia, *Phonetik als Naturwissenschaft.* Berlin 1948.

[14] N. S. Trubetzkoy, *Grundzüge der Phonologie.* 3. Aufl., Göttingen 1962.

wissenschaftlicher Instrumentalphonetik und geisteswissenschaftlicher Phonologie.[15] Was bei diesen Einreihungen übersehen wird, ist, daß sich die Methoden innerhalb einer Wissenschaft vielfältig durchdringen und daß eine simple Zweiteilung die wissenschaftliche Wirklichkeit verfälscht. Eine Phonologie kann mit Gewinn exakte instrumentelle Methoden anwenden, eine Instrumentalphonetik kann und muß sich die Erkenntnisse phonologischer Gegensätze und Strukturen zunutze machen. Das Denken in überholten schematischen Wissenschaftskategorien wird nur die fruchtbare Zusammenarbeit und den wissenschaftlichen Fortschritt hindern. In dieser Art von Methodendefinition liegt eine immense Gefahr für die Weiterentwicklung der Phonetik als wissenschaftliche Disziplin.

Mit diesen Ausführungen habe ich ebenfalls klar Stellung bezogen gegen die weit verbreitete und auch von dem Phonetiker Pike[16] mit Autorität belegte Ansicht, die Phonetik wühle nur in der Substanz und stelle das Material zur Verfügung, während die Phonologie dieses Material „koche" und unter dem Gesichtspunkt der sprachlichen Funktion, der linguistischen Struktur daraus erst ein rechtes linguistisches „Gericht" bereite. Die Phonologie wäre dann eine echte linguistische Disziplin mit theoretischer Fundierung, die Phonetik hingegen nur ihre Magd, die vor allem Beschreibungsdaten liefere und a-theoretisch, rein praktisch-empirisch ausgerichtet sei. Zunächst einmal ist das eine völlig schiefe Beurteilung einer empirischen Wissenschaft; denn auch sie bedarf einer Theorie, vor allem einer Theorie der Datenbeschaffung und -aufbereitung, über die sich die wenigsten Linguisten Gedanken machen, sondern sich nicht selten auf ihre Intuition und diejenige ihrer linguistischen Mitstreiter verlassen. Zum anderen ist ein Phonetiker selbstverständlich auch Phonologe, schließt die Phonetik die Phonologie ein. Lautliche Phänomene werden eben von der Phonetik gerade nicht an sich und als physikalische oder physiologische Erscheinungen untersucht, sondern in ihren Relationen zum Funktionieren und zum semantischen Aspekt der sprachlichen Kommunikation, nur ist das Feld dieser Relationen wesentlich weiter gesteckt als in der nun vielfach als linguistische Teildisziplin etablierten Phonologie. Es muß von einem modernen Phonetiker die Art von Phonologie überwunden werden, die sich in der Analyse wortphonologischer Gegensätze und in wortphonologischen Theorien erschöpft, die faszinierende

[15] Siehe zur Phonologie Kapitel 4.

[16] K. L. Pike, *Phonetics*. 12. Aufl., Ann Arbor 1969; id. *Phonemics*. 11. Aufl., Ann Arbor 1968.

Streitartikel darüber hervorbringt, ob [pf, ts] im Deutschen mono- oder bi-phonematisch zu werten sind oder ob die Phonologie eine autonome Ebene in einer generativen Grammatik ist. So interessant diese intellektuellen Erzeugnisse auch sind, für die Aufhellung und Beschreibung lautsprachlicher Kommunikationsvorgänge liefern sie herzlich wenig. Wir sprechen nicht in Wörtern, sondern in Rede und Gegenrede, und es ist an der Zeit, die Untersuchungen von phonetischen Erscheinungen des Satzes und höherer Redeeinheiten voranzubringen und dabei vor allem auch spontan gesprochene Sprache mit einzubeziehen. In Anbetracht der zuletzt gegebenen Stellungnahme versteht es sich auch, daß ich das Thema dieses Kapitels mit der folgenden Prosodie intendiert habe:

Was ist Phonetik eigentlich?

Die Ausführungen der vorangegangenen Seiten sind meine Antwort auf diese Frage.

Da sich ein Einführungsbuch dieser Art beschränken muß und da es außerdem für den Philologiestudenten gedacht ist, wird der Hauptteil konzentriert auf die Symbolphonetik des Deutschen ausgerichtet sein, dabei aber sowohl prosodische Erscheinungen als auch segmentelle Prozesse auf Satzebene sehr ausführlich behandeln. Bei der Erarbeitung des phonetischen Klassifikationssystems in Kapitel 3 sowie bei der Darstellung der segmentellen und suprasegmentellen Phonetik des Deutschen in Kapitel 6 wird hingegen auch auf meßphonetische Daten eingegangen, einmal soweit es zum Verständnis der symbolphonetischen Kategorien notwendig ist, die – wie bereits erwähnt – weitgehend (allerdings nur statischen) artikulatorischen Bezug haben, zum andern aber auch darüber hinaus, um bei einigen Lesern ein Interesse für die Meßphonetik zu wecken. Diesem Ziel (neben der Notwendigkeit einer klaren Abgrenzung der Phonetik) galt auch die Ausführlichkeit dieses Kapitels.

2. Normen und ihre Beschreibung

Jede sprachliche Aktivität, wie jegliches Handeln überhaupt, wird gesteuert durch Normen, die gesellschaftliche Setzungen über das Verhalten in einer bestimmten Gemeinschaft sind. Das Wesentliche solcher Normen ist dabei nicht, daß sie verbalisiert oder gar schriftlich fixiert, sondern daß sie von den Mitgliedern einer Gruppe, in der sie gelten sollen, anerkannt und im täglichen Umgang befolgt werden sowie zu Sanktionen verschiedenster Art und Schwere denjenigen gegenüber führen, die entweder aus den Normen auszubrechen versuchen oder sie infolge anderer Gruppenzugehörigkeit und damit Unkenntnis nicht bzw. nur unvollkommen beherrschen. Diese Sanktionen können reichen von der einfachen Isolierung des Fremden, des „Reing'schmeckten", der durch Abweichung von der in der Gemeinschaft gültigen Norm auffällt, bis hin zum Verschließen von Salontüren und beruflichen Laufbahnen.

Geographisch und soziologisch abgrenzbare Gruppen setzen sich intern die ihnen eigenen sprachlichen Normen, durch die sie sich voneinander differenzieren und die innerhalb einer Gruppe so lange nicht in Frage stehen, wie sich ihre Mitglieder als zusammengehörig und den Normen der Gesamtheit verpflichtet fühlen. In diesen Fällen spielt die Verbalisierung der Normen eine begrenzte, ihre schriftliche Fixierung eine völlig untergeordnete Rolle. Wichtig ist das handelnde Vorbild, die vorgelebte Norm, die zu kopieren von den in der Gemeinschaft aufwachsenden und von den in sie zu integrierenden Sprechern erwartet wird, ohne daß jeweils zu sagen ist, worin diese Normen bestehen. Die Gruppenzugehörigkeit führt zu sprachlicher Anpassung, die um so größer ist, je enger und fester die internen Bindungen sind und je früher diese das Sprachverhalten eines Individuums lenken. Die wissenschaftliche Beschreibung derartiger Normen ist nach Abgrenzung der geographischen und soziologischen Gruppen auf allen stilistischen Ebenen möglich und kann statistisch ermittelte Normen aufzeigen, die sich in diesen Fällen decken mit den gesellschaftlich gesetzten.[17]

[17] Vgl. hierzu P. v. Polenz, Sprachnorm, Sprachnormung, Sprachnormenkritik. *Linguistische Berichte* 17 (1972), 76–84.

In der Normendiskussion sind jedoch normalerweise gar nicht diese internen Gruppennormen angesprochen, sondern externe Standardnormen, die für mehrere Gruppen verbindlich sein sollen. Dabei ist zunächst der Fall möglich, daß die internen Normen einer Gruppe, die durch ihr Prestige und ihren gesellschaftlichen, kulturellen und politischen Einfluß eine ausgezeichnete Stellung unter anderen Gruppen einnimmt, auch außerhalb gelten und durch nachahmende Anpassung übernommen werden. Es kann hier durchaus die systematische Unterweisung durch Lehrer und Schrifttum hinzukommen, obwohl dies wiederum nicht unabdingliche Voraussetzung ist. Im Gegenteil, es kommt sogar vor, daß die Prestige-Gruppe ihre Normen Außenstehenden gar nicht in allen Einzelheiten mitteilen will, um sich abzukapseln. Typisches Beispiel hierfür ist die heftige Kontroverse in der englischen Presse im Zusammenhang mit der Veröffentlichung 'Linguistic class-indicators in present-day English' von A. S. C. Ross (Neuphilologische Mitteilungen 1954), wo der Schleier über den sprachlichen Eigenheiten der englischen Oberschicht für deren Empfinden vermutlich zu weit gelüftet wurde, zu viele Details im Druck erschienen.[18]

Diese Art der Standardnormen setzt ein streng gegliedertes soziales Gefüge voraus, in dem die unteren Stufen die Spitze ebenso anerkennen, wie diese durch Sanktionen und Gratifikationen ihren Status behauptet. Ein Beispiel für eine solche Standardnorm im Bereich der Aussprache liefert England. Dort hat sich im Internatsklima der großen „public schools" des 19. Jh. in einer für das ganze Land repräsentativen Elite ein noch heute gesellschaftlich abgrenzbarer Akzent herausgebildet, der von diesen alten Internatsschulen sowie den Universitäten Oxford und Cambridge und allen Sprechern, die sich in der entsprechenden gesellschaftlichen Atmosphäre bewegen, weiterhin gepflegt und – was eminent wichtig ist – von der englischen Sprachgemeinschaft allgemein anerkannt wird, wenn sich auch gerade in den letzten Jahren hier weitreichende Veränderungen angebahnt haben. Die Zöglinge, die in diesen Internaten aus den verschiedensten Gegenden des Landes in einem nicht nur sprachlich sehr flexiblen Alter zussammenkommen, schleifen sich gegenseitig in ihren sprachlichen Eigentümlichkeiten ab und wachsen, nicht nur in ihrem Denken und Handeln, sondern eben auch sprachlich zu einer geschlossenen Gruppe zusammen, deren Zusammenhalt einmal durch ein Abschirmen gegenüber allen anderen Gruppenbildungen gestärkt wird, zum an-

[18] Vgl. N. Mitford, *Noblesse Oblige*. Penguin Book 1956.

deren aber auch dadurch, daß diese sie in ihrer Stellung akzeptieren und bestätigen. Dieses RP = Received Pronunciation, d. h. "received in the best circles", ist also eine durch lebenden Gebrauch festliegende Aussprache. Sie eröffnet auch heute noch trotz zahlreicher Änderungen gerade auf diesem Sektor bessere Berufschancen als jeder andere Akzent des Englischen. Bestimmte Laufbahnen, wie die des Diplomaten und der hohen militärischen Ränge, sind ausschließlich RP-Sprechern vorbehalten.[19]

In diesen Fällen kann der Wissenschaftler wiederum die Normen auf verschiedenen stilistischen Niveaus einfach beschreiben; seine statistischen Normen fallen mit den gesellschaftlich gesetzten auch hier zusammen. So ist z. B. RP sehr gründlich durch D. Jones und die englische Phonetikerschule erfaßt worden, und zwar auch auf verschiedenen Stilebenen. Die Situation ist eben dadurch für die wissenschaftliche Untersuchung sehr einfach, daß RP nicht linguistisch, sondern soziologisch durch Abgrenzung der Sprechergruppe definiert ist und auf sämtlichen stilistischen Ebenen existiert. Derjenige spricht RP, der von sich behaupten kann, daß er in den entsprechenden Kreisen aufgenommen ist, und alles, was er spricht, ist RP. Die Normen sind reale Kontrollfaktoren des tatsächlichen Sprachverhaltens; es ist dem Wissenschaftler überlassen, sie zu beschreiben.

Wird nun die Pädagogisierung durch Lehrer, Literatur und u. U. auch Massenmedien zum bestimmenden Element der Normen und tritt die Anpassung an das handelnde Vorbild in der sprachlichen Praxis daneben zurück, dann liegen die eigentlichen normativen Setzungen, die Sprachnormierungen vor. Einschlägige Beispiele hierfür sind die Duden-Bände (vor allem ‚Rechtschreibung', ‚Grammatik' und ‚Aussprache') und der ‚Siebs'. Hier ist die schriftliche Fixierung nun zur Grundvoraussetzung der Norm geworden. Damit ergibt sich einmal eine sehr viel stärkere Breitenwirkung, andererseits aber auch eine größere Gefahr der Versteinerung. Normen ändern sich, entweder durch innere Evolution oder durch Ausbrecher aus den Prestige-Gruppen, wenn sie einflußreich genug sind, aber auch durch Einwirkung von anderen Gruppen im Gefolge gesellschaftlicher Umwälzungen. Die schriftlichen Kodifizierungen halten jedoch gewöhnlich damit nicht Schritt. Wenn sie weiterhin als Norm gefordert werden, tritt eine Diskrepanz zwischen dem tatsächlichen Sprachge-

[19] Vgl. hierzu D. Abercrombie, R. P. and Local Accent. In: *Studies in Phonetics and Linguistics*. Oxford University Press 1965, pp. 10–15.

brauch der repräsentativen Sprechergruppe, d. h. der Gebrauchsnorm, und der Normierung ein. Die wissenschaftliche Erfassung einer statistischen Norm und die schriftlich festgehaltene Sozialnorm, d. h. die präskriptive, normative Setzung, sind nicht mehr deckungsgleich.

Darüber hinaus kann es auch vorkommen, daß schriftliche Fixierungen von Normen sich nicht erst im Laufe der Zeit von faktisch wirksamen Normen entfernen, sondern von vornherein nicht oder nur teilweise mit ihnen übereinstimmen. Außerdem können sie aus einem engen Geltungsbereich auf andere Gebiete ausgeweitet werden und dann in Konflikt treten mit der Gebrauchsnorm. Das klassische Beispiel hierfür liefert die deutsche Hochlautung, deren Entstehung, Entwicklung und heutige Bedeutung nun im einzelnen besprochen werden muß.[20]

Das auf der Bühne g e s p r o c h e n e Deutsch genießt bereits seit zweihundert Jahren den Ruf einer besonders reinen Aussprache, und schon Klopstock erhebt 1780 in seinen ‚Fragmenten über Sprache und Dichtkunst'[21] den Anspruch, die Bühnenlautung sei die deutsche Hochlautung. Goethe schrieb 1803 seine ‚Regeln für Schauspieler', in denen es u. a. heißt:

> „Wenn mitten in einer tragischen Rede sich ein Provinzialismus eindrängt, so wird die schönste Dichtung verunstaltet und das Gehör des Zuschauers beleidigt. Daher ist das Erste und Notwendigste für den sich bildenden Schauspieler, daß er sich von allen Fehlern des Dialekts befreie und eine vollständige reine Aussprache zu erlangen suche. Kein Provinzialismus taugt auf die Bühne. Dort herrsche nur die reine deutsche Mundart, wie sie durch Geschmack, Kunst und Wissenschaft ausgebildet und verfeinert worden." (Weim. Ausg. 40, S. 139)

Diese Aussprache hat sich im Laufe der Zeit im m ü n d l i c h e n Austausch bei der Arbeit der Schauspieler entwickelt, wobei einmal Rücksicht auf die Verständlichkeit in einem großen Theaterraum und bei dem häufigen Ortswechsel der Schauspieler auch in verschiedenen Sprachgegenden Deutschlands maßgebend war, also Deutlichkeit und Vermeiden zu großer dialektischer Eigentümlichkeiten. Dann waren aber auch ästhetische Rücksichten bestimmend; es mußte verhindert werden, daß im klassischen Drama die Spieler der verschiedenen Rollen mit verschiedenen lokalen

[20] Vgl. hierzu auch G. Lotzmann, Sprechwissenschaftliche Aspekte zur Ausspracheenormierung des Deutschen. In: G. Lotzmann (ed.), *Sprach- und Sprechnormen.* Heidelberg 1974.

[21] 2. Fortsetzung, Hamburg 1780, p. 54.

Akzenten auftraten. Das heißt, hier bildete sich in einer kleinen Gruppe durch die Bildungsinstitution und -tradition des Theaters eine Gebrauchsnorm heraus, die in ihrer Entstehungsgeschichte dem englischen RP prinzipiell durchaus vergleichbar ist: In beiden Fällen war die Sprache ein wichtiger Bestandteil des Lebens- und Aktionsfeldes, das die Gruppen integrierte, und in beiden Fällen genoß die gepflegte Sprachform in weiteren Kreisen der Sprachgemeinschaft, in Deutschland zumindest unter den Gebildeten, ein hohes Ansehen. So hatte das Bildungsbürgertum Erwartungsnormen für das, was besonders im klassischen Drama auf der Bühne zu h ö r e n sein sollte, obwohl es selbst oft nichts anderes als Dialekt s p r e c h e n wollte. Bei diesen Hörerwartungen spielte die Schriftgemäßheit eine große Rolle, aber auch ein deklamatorisch-melodramatischer Vortragsstil, der sich auf alten Schallplatten findet (so auf einer Platte aus dem Jahre 1925, wo Theodor Siebs selbst über die deutsche Hochlautung spricht)[22] und der sich auch im Film teilweise bis nach dem 2. Weltkrieg hielt. (Goebbels-Reden zeigen ihn ebenfalls in charakteristischer Weise.) Es ist kulturgeschichtlich interessant, daß in Deutschland das Theater den Rahmen für diese vergleichbare Ausspracheentwicklung abgab, während es in England die Internatsschulen waren, die Diplomaten, Politiker, Offiziere und Verwaltungsbeamte für das Empire ausbildeten.

Trotz dieser grundsätzlichen Übereinstimmung müssen aber zwei wichtige Unterschiede festgehalten werden. Die Schüler der englischen Internatsschulen nehmen den dort gepflegten Akzent im Alter zwischen zehn und achtzehn Jahren an, in einer Lebensspanne also, wo die Sprechgewohnheiten noch nicht so fixiert sind, daß besonderes Training notwendig wird. Das sprachliche Zusammenleben reicht zur Modifikation dialektaler Einschläge aus. Anders liegen die Dinge bei Schauspielern, die ohne gezielte Unterweisung nicht mehr auskommen, die also Regeln und Übungen brauchen. Außerdem ist RP ein Akzent, der in sämtlichen Sprechsituationen Verwendung findet, der ein sprachlicher Träger für alles ist, was in diesem sozialen Lebensraum kommuniziert wird. Die selbstverständlich vorhandenen Abstufungen, die sich entsprechend der Situation von familiär bis förmlich ergeben, sind alle RP, verschiedene Stilformen ein und desselben sozialen Akzentes. Das Bühnendeutsch hingegen ist auf einen engen Situationsrahmen beschränkt, der die sprachliche Ausprägung

[22] Eine Kopie dieser Aufzeichnung verdanke ich Herrn Dr. G. Lotzmann, Heidelberg.

bestimmt. Was außerhalb der Bühne oder einer ihr äquivalenten Sprechsituation gesprochen wird, gilt nicht mehr als Bühnendeutsch. Hier sind soziologische und stilistische Faktoren vermengt. Daher gilt die Bühnenlautung im Deutschen nicht nur als eine über den Mundarten stehende Aussprache, sondern ist auch nur einem begrenzten Situationskontext angemessen; die sog. Umgangssprache steht nicht nur soziologisch zwischen Mundart und Bühnenlautung, sondern ist auch stilmäßig von letzterer unterschieden. Dieses Dilemma hat die Diskussion um die Bühnenaussprache von Anfang an begleitet.

Die Bühnenaussprache war am Ende des 19. Jahrhunderts trotz weitgehender Einheitlichkeit nicht uniform. So sah sich der Generalintendant der Königlichen Schauspiele in Berlin, Graf Bolko von Hochberg, 1887 zu einer Verordnung „zur Erzielung einer einheitlichen richtigen Aussprache des Konsonanten g auf den königlichen Bühnen" veranlaßt.[23] Ein sehr viel stärkerer Impuls zu einer verordnenden Regelung kam aber erst eine Dekade später von dem Germanisten Theodor Siebs. Nachdem er sich der Mitwirkung der Generalversammlung des Deutschen Bühnenvereins und der Versammlung deutscher Philologen und Schulmänner versichert hatte, fanden vom 14. bis 16. April 1898 im Apollosaal des königlichen Schauspielhauses zu Berlin die Beratungen über die ausgleichende Regelung der deutschen Bühnenaussprache statt, woran drei Vertreter des Deutschen Bühnenvereins teilnahmen, darunter Graf von Hochberg, sowie drei wissenschaftliche Vertreter: Eduard Sievers, Karl Luick und Theodor Siebs; W. Vietor und J. Seemüller hatten schriftliche Gutachten eingereicht. Die Ergebnisse der Beratungen wurden unter dem Titel ‚Deutsche Bühnenaussprache' 1898 von Theodor Siebs herausgegeben. Damit war der ‚Siebs' geboren.

1908 und 1922 wurden weitere Beratungen mit der Genossenschaft Deutscher Bühnenangehöriger bzw. dem Deutschen Bühnenverein in Berlin geführt. Auf der letztgenannten Versammlung wurde der Beschluß gefaßt, den Titel des Werkes zu ergänzen zu ‚Deutsche Bühnenaussprache – Hochsprache', womit zum Ausdruck gebracht werden sollte, daß es „nach Wirkung und Geltung den Kreis der Bühne hinter sich gelassen hatte und tatsächlich die Richtschnur für alle Fragen der gebildeten, ‚reinen' deutschen Aussprache geworden war."[24] In dieser Fassung erschien das Buch

[23] Vgl. W. Vietor, *Elemente der Phonetik des Deutschen, Englischen und Französischen.* 3. Aufl., Leipzig 1894, p. 169; id., *Phonetische Studien* I, p. 92.
[24] Siebs, 18. Aufl., p. 21.

ab der 13. Auflage (1922). Nach einer erneuten Beratung durch einen ‚Erweiterten Siebs-Ausschuß' 1953 in Frankfurt kam das Werk völlig neu bearbeitet von de Boor und Diels 1957 in 16. Auflage heraus, nun mit dem Titel ‚Siebs Deutsche Hochsprache – Bühnenaussprache'. Die bislang letzte, 19., umgearbeitete Auflage, herausgegeben von de Boor, Moser und Winkler (1969) heißt schließlich nur noch ‚Siebs Deutsche Aussprache' und erhebt damit den weitestgehenden Gültigkeitsanspruch; sie will eine Ausspracheiehre des Deutschen schlechthin sein. Mit diesem Titel ist eine unglückliche, da übereilte und forcierte Entwicklung zum Abschluß gekommen, die sich schon bei den ersten Beratungen anbahnte.

Den Bühnenvertretern ging es zunächst nur um eine sinnvolle Weiterführung der bereits erreichten Einigung in der Aussprache des Theaters, und die erste Konferenz wurde mit der Intention einberufen, die noch bestehende Streuung im Aussprachegebrauch der Schauspieler normierend auszugleichen; an eine Verbindlichmachung der erzielten Beschlüsse für weitere Kreise, also beispielsweise für die Schule, war zunächst nicht gedacht. Siebs, von dem die Initiative ausging, überlegte jedoch von Anfang an anders. So sagte er im Vorwort zur ersten Auflage: „... wir wollen hier nicht das Protokoll, sondern nur die Ergebnisse unserer gemeinsamen Arbeit vorlegen, und sie mögen – in Verbindung mit den einleitenden Vorträgen – als eine Art Handbuch für die mustergültige Aussprache des Deutschen dienen." Noch deutlicher wird er in seinem einleitenden Vortrag, wo der eigentliche Grund zur Eile klar ausgesprochen wird: die nationale deutsche Sache, der es angemessen ist, daß die geeinte Nation neben einer Nationalsprache und einer gerade normierten Orthographie auch eine einheitliche gepflegte Aussprache erhält. „Die so von uns erhoffte Einwirkung der Bühnenaussprache auf die weiten Kreise unserer Nation hat auch politische Bedeutung. Ein jeder gute Deutsche, dem die völlige gegenseitige Durchdringung unserer Stämme am Herzen liegt, wird sich über diesen weiteren Schritt zur vollkommenen Einigung freuen."[25] (Dieser Passus wurde in die Nachkriegsauflagen nicht mehr aufgenommen.)

Die Forderung nach Allgemeinverbindlichkeit der Bühnenaussprache wurde noch bestärkt durch die Verbreitung des Tonfilms und des Rundfunks, die ausgebildete Sprecher brauchten. Die für diese ganz anders gearteten Medien notwendigen neuen Grundsätze der Aussprache wurden

[25] Siebs, 1. Aufl., p. 9.

aber nicht ausgearbeitet. Siebs machte in seiner im Jahre 1931 im Auftrag der Reichs-Rundfunkgesellschaft herausgegebenen Schrift Rundfunkaussprache auch hierfür die Bühnenlautung verbindlich, die somit gewaltig an Bedeutung gewann. Die Folge war jedoch, daß sehr bald Theorie und Praxis auseinandergingen; das tatsächlich Gesprochene stimmte nicht mehr mit dem Geforderten überein. Die nun erhobenen Forderungen nach Einheitlichkeit waren nicht mehr eine Kodifizierung vorhandener Verhältnisse, d. h. die Feststellung der lautlichen Gegebenheiten bei einer Gruppe, die sich sozial exponierte. Hier wird nicht mehr nur Beobachtbares beschrieben, sondern eine durch die Orthographie gesteuerte präskriptive Wunschnorm gesetzt, ohne daß sie generell akzeptiert würde, ja ohne daß sie durchweg realisierbar wäre, da die phonetischen Anweisungen immer sehr dürftig geblieben sind. Vor allem bleibt aber hier nur eine stilistische Ebene, alles andere ist nicht Hochlautung, sondern wird dem geographisch, soziologisch und stilistisch undifferenzierten und schlecht definierten Sammelbecken „Umgangslautung" zugewiesen. Zungenspitzen-*r* wurde z. B. weiterhin als vorbildlich angesehen, und jede Vokalisierung am Wortende (wie in *hier, Heer, Uhr, Ohr*) war verpönt, obwohl die Sprechwirklichkeit sich nicht nach diesen Normierungen richtete, ja nicht einmal bei denjenigen Sprechern, die sie noch aufstellten. Hier zeigt sich die folgenschwere Vermengung des sozialen und des stilistischen Kriteriums im Begriff „Hochlautung"; die Aussprache der Schauspieler außerhalb des ernsten Dramas hatte man nie untersucht und forderte nun eine dort eventuell angebrachte Diktion auch für andere Situationskontexte.

Die Diskrepanzen entschuldigte man dann mit dem Hinweis, daß die Hochlautung ein Ideal sei, das man anstrebe, aber nicht in allen Situationen erreiche; die Änderungen ergeben sich gewissermaßen von selbst im Sprechkontext: „Zugleich ergibt sich daraus, daß die hier niedergelegten Regeln kein starres Gesetz sind, sondern ein Ideal, das als Ziel und Maßstab für alles gebildete Sprechen aufgestellt ist."[26] Mit dieser Interpretation ist überhaupt nichts gewonnen; denn sie verhindert nur eine systematische Feststellung des Sprachgebrauchs in verschiedenen Sprechsituationen und sanktioniert die unhaltbare Doppeldeutigkeit des Begriffs „Hochlautung". Neben das Ideal dieser Höchstnorm wird in der

[26] Siebs, 18. Aufl., 1961, p. 6; vgl. auch die ausgezeichnete Kritik dieses Idealgedankens durch A. Littmann, Die Problematik der deutschen Hochlautung. *Deutschunterricht für Ausländer* 15 (1965), 65 ff.

ersten Auflage des Duden-Aussprachewörterbuchs[27] sowie in der 19. Auflage des ‚Siebs' die gemäßigte Hochlautung gestellt[28].

> „Die gemäßigte Hochlautung erscheint sozusagen als verwirklichte Ideallautung. Der reinen Hochlautung kommt die wichtige pädagogische Aufgabe zu, dazu beizutragen, daß die gemäßigte Hochlautung nicht weiter absinkt in Formen, die landschaftlichen oder alltagssprachlichen Charakter tragen, oder in solche bequemer Art, die der privaten Sphäre, dem Umkreis der Intimität angemessen sein können . . ., aber nicht der gepflegten Rede. Beide zusammen, die gemäßigte und die reine Form, bilden die Hochlautung."[29]

Abgesehen davon, daß die gemäßigte Hochlautung auch nur auf einem stilistischen Niveau angesiedelt ist – der gepflegten Rede –, ist sie gegenüber der Alltags- oder landschaftlichen Lautung deskriptiv nicht klar abgegrenzt und auch nicht als Sprechweise einer definierten Sprechergruppe beschrieben, so daß auch sie nichts anderes als ein Idealgebilde darstellt und die Problematik der Hochlautung keineswegs löst. Die zweite Auflage des Duden (1974) hat sie begrüßenswerterweise auch wieder aufgegeben.

Der Konferenz von 1898 war es darum gegangen, die lautlichen Unterschiede auf der Bühne auf der Grundlage der ruhigen, verstandesmäßigen Rede regelnd auszugleichen. Es sollten keine neuen Ausspracheregeln geschaffen, sondern nur der bestehende Gebrauch festgestellt und normierend vereinheitlicht werden. Dazu wäre allerdings eine umfangreiche Datenbasis aus der schauspielerischen Sprechpraxis notwendig gewesen. Siebs hatte sich zwar während zahlreicher Theateraufführungen Aufzeichnungen gemacht und auch, nachdem in Bühnenkreisen gegen einzelne Punkte der ‚Bühnenaussprache' von 1898 Einwände erhoben worden waren, an etwa zweihundert deutsche Bühnen Fragebogen versandt, um die strittigen Punkte der ‚Bühnenaussprache' zusammenzustellen (die dann auf der Konferenz von 1908 diskutiert wurden)[30], aber von einer systematischen Untersuchung eines großen Datenmaterials, aus der Entscheidungen zur Fixierung hätten abgeleitet werden können, kann nicht die Rede sein. Diesen Mangel kritisierte bereits H. Paul, der sonst dem Gedanken einer Bühnenaussprache durchaus positiv gegenüberstand:

[27] Bearbeiter M. Mangold (Mannheim 1962).
[28] Vgl. den Untertitel dieses „Siebs": „Reine und gemäßigte Hochlautung mit Aussprachewörterbuch".
[29] Siebs, 19. Aufl., p. 7.
[30] Siehe Siebs, 8./9. Aufl., 1910, p. 8 f.

> „Ich kann nicht finden, daß dem nächsten Zwecke, die Schwankungen in unserer Bühnensprache zu beseitigen, durch die Schrift in angemessener Weise gedient wird. Die hier aufgestellten Regeln sind durchaus von SIEBS verfaßt außer einigen eingefügten Bemerkungen, die von SIEVERS herrühren und die das Wertvollste in dem Ganzen sind. Die übrigen Mitglieder der Kommission haben daran keinen thätigen Anteil genommen. Wir haben es also eigentlich nur mit den privaten Ansichten eines Einzelnen zu thun, von denen nicht einzusehen ist, wie sie den Anspruch erheben können, für die Allgemeinheit maßgebend zu sein. Die notwendige Grundlage für jede derartige Regelung müßte eine sorgfältige, unbefangene Beobachtung der wirklich in den verschiedenen Gegenden von Deutschland bestehenden Aussprache bilden, wie sie ein Einzelner kaum in erschöpfender Weise anstellen kann, wozu das Zusammenwirken vieler gehört. An einer derartigen Grundlage fehlt es hier ganz. Wo es sich nicht um schon allgemein Feststehendes handelt, trifft SIEBS seine Entscheidung ganz willkürlich auf Grund der ihm bekannten Sprechweise, ja teilweise gegen die allgemein übliche Aussprache aus theoretischen Erwägungen, auf Grund deren der Sprache schulmeisterliche Gewalt angethan wird.“[31]

Dieses sehr lange Zitat wurde deshalb hier voll wiedergegeben, weil es die unzulängliche empirische Basis sowie die autoritäre Entscheidung am grünen Tisch sehr klar herausstellt und weil es andererseits auch deutlich macht, daß die Zeitgenossen von Siebs zum Teil sehr heftig Kritik an der Art und der Durchführung der Normierung übten. Es ist eine sehr wünschenswerte und interessante Aufgabe, die Gesamtdokumentation zur deutschen Bühnenaussprache, einschließlich Zeitungsnotizen und Protokollen der zahlreichen Tagungen von Bühnenangehörigen, Sprecherziehern und Germanisten bzw. Phonetikern einmal gründlich daraufhin zu sichten und aufzuarbeiten, wie die Einstellung zur Frage der Aussprachenorm in verschiedenen Gruppen der jeweiligen Zeit war und wie sie sich entwickelte. So können wir ein besseres Bild von den ursprünglichen Intentionen und von den teilweise starken Widerständen gegenüber den übereilten Einigungsbestrebungen erhalten. Erst dann steht die Bühnenaussprache im rechten Lichte da; die überschnelle Erhebung zur Hochlautung hat vieles verwischt und verdeckt.

Die Siebssche Regelung hat stets den Grundsatz der Unabhängigkeit von der Schrift herausgestellt, was jedoch ein Verkennen des tatsächlichen Vor-

[31] Gutachten und Berichte über die Schrift „Deutsche Bühnenaussprache“, *Wiss. Beihefte zur Zs des alllgemeinen deutschen Sprachvereins* 16 (1899), in: 3. Reihe, Heft 11–20, 189.

gehens ist. Schon W. Braune wies 1904 in einer akademischen Rede in Heidelberg ‚Über die Einigung der deutschen Aussprache' auf den starken Schriftbildeinfluß hin. Ebenso bemerkte E. Geissler 1938[32], wie gerade und leider auch für die Bühnenaussprache nach dem Schriftbild entschieden worden sei und daß sich jeder mehr oder weniger an die Schriftzeichen anlehne und sich dort Rat holen möchte. Die Verbindung zur Orthographienormierung ist eben nicht nur zeitlich gegeben, sondern auch inhaltlich bedingt. Da ein kultureller und gesellschaftlicher Mittelpunkt im deutschen Sprachraum lange Zeit fehlte und sich erst allgemeinverbindlich mit dem klassischen Theater für einen begrenzten Aktionsbereich etablierte, konnte sich eine maßgebende, normierte Standardsprache zunächst nicht im mündlichen Verkehr entwickeln. Im syntaktischen und lexikalischen Formenbestand konnte dieser Mangel leicht durch das Mittel der Schrift überbrückt werden und so zu einer regelrechten Schriftsprache führen, einer Sprache, die man nach und nach aus schriftlichen Quellen lernte und schließlich auch im mündlichen Gebrauch verwendete, natürlich mit dialektaler Lautung, wenn auch die durch eine solche schriftlich fixierte Norm bewirkte sprachliche Einigung teilweise nur approximativ ist, wie die Trias *Metzger*, *Fleischer*, *Schlachter* und der Gegensatz zwischen süddeutsch *ich bin gesessen*, *ich habe angefangen* und norddeutsch *ich habe gesessen*, *ich bin angefangen* zeigen. Es ist also durchaus angemessen und entspricht der historischen Entwicklung, wenn das Standarddeutsch oft mit „Schriftsprache" bezeichnet wird, einem Terminus, der in anderen Sprachen nicht immer ein Äquivalent hat: *written language* und *language écrite* beziehen sich auf die geschriebene Sprache, während die deutsche Schriftsprache heute durchaus eine mündliche Form ist und von vielen, ganz besonders in Norddeutschland, sofort als solche in den ersten Lebensjahren gelernt wird. Das schließt natürlich nicht aus, daß in weiten ländlichen Gegenden, aber auch in Städten, vor allem im Süden, der Zugang zu dieser Form erst in der Schule und dann weitgehend an der Schrift erfolgt.

Hinsichtlich der Lautung kann aber die schriftliche Kodifizierung nur innerhalb relativ enger Grenzen das mündliche Vorbild ersetzen. So können z. B. in Anlehnung an die Schrift in den Mundarten vorkommende Elisionen rückgängig gemacht werden (wie die Elision des unbetonten Vokals bzw. des finalen Nasals – entsprechend dem Dialektgebiet – in

[32] Was wir gegen die „Deutsche Bühnenaussprache – Hochsprache" auf dem Herzen haben, in: *Der Rundfunk*, H. 10 und 11, Jg. 1938, pp. 1–12.

Wörtern wie *rufen, retten, geben, kommen, nennen*), oder mundartliche Lautgegensätze, für die die standardisierte Schrift keine Bezeichnung kennt, können aufgegeben werden (wie unterschiedliche Diphthonge in „ich *weiß*" und der Farbe *„weiß"*, beispielsweise im Schwäbischen und Bayrischen), oder umgekehrt können lautliche Unterscheidungen, die die Mundart nicht kennt, nach Maßgabe der Schrift eingeführt werden (wie in *Ziege – Züge, Ehre – Ähre, Gunst – Kunst*[33]).

Was hingegen über das Vorhandensein oder das Fehlen eines Lautelementes oder eines lautlichen Gegensatzes, d. h. über phonologische Oppositionen, hinausgeht, wird durch die Buchstaben unseres Alphabets nicht mehr zum Ausdruck gebracht. Hier kann das mündliche Leitbild durch nichts ersetzt werden, weder durch die Schrift noch durch eine Verordnung, die festlegt, was sein soll und als Richtschnur zu gelten habe. Bei Divergenzen im mündlichen Gebrauch mußte die Siebssche Regelung infolge der ungenügenden Datenbasis und der fehlenden statistischen Norm entweder willkürlich entscheiden oder sich durch die Rechtschreibung führen lassen. In allen Fällen, in denen die Schrift phonologische Information vermittelt, hat sich die Normierung auch an die Schrift gehalten. Das zeigt sich in der Forderung nach dem Beibehalen des Vokals in den unbetonten Silben *-el* und *-en*, obwohl sogar Siebs selbst in seiner oben erwähnten Schallplattenaufzeichnung, d. h. in „ruhiger, verstandesmäßiger Rede" (und damit in dem mit der Hochlautung verbundenen Typ sprachlicher Aktivität), den Vokal häufig elidiert. Sind phonologische Werte in der Orthographie nicht eindeutig angezeigt, wie häufig im Falle der Vokalquantität, so wurde der Ausgleich arbiträr getroffen, was zu Schwankungen in den Angaben verschiedener Auflagen führte: *Böschung*, *flugs* haben in der 1. Auflage langen, in der 19. Auflage kurzen Vokal[34].

Die Schriftabhängigkeit tritt darüber hinaus auch darin zutage, daß die Phonetik des Satzes gar nicht normiert wurde. Die Satzprosodie, insbesondere die Intonation, blieb ausgeklammert und wurde erst in der 19. Auflage durch ein viel zu knapp gehaltenes Kapitel „Zur Klanggestalt des Satzes" von Chr. Winkler berücksichtigt. Die segmentellen satzphonetischen Erscheinungen der Assimilation, der Elision und der Lautabschwächung (schwache Formen)[35] fanden entweder gar keine Aufnahme oder

[33] Vgl. hierzu auch J. P. Eckermann, *Gespräche mit Goethe in den letzten Jahren seines Lebens*. 9. Aufl., v. H. H. Houben, Leipzig, Brockhaus 1909, pp. 435 ff.

[34] Vgl. hierzu auch die kritischen Bemerkungen H. Pauls an der in Fußnote 31 genannten Stelle.

[35] Siehe hierzu 6.3.

wurden in Einzelbeispielen als nicht der Hochlautung angehörige und damit zu meidende Erscheinungen erwähnt. In den Wortlisten sämtlicher Auflagen des ‚Siebs', ja aller deutschen Aussprachewörterbücher findet sich „da*ss*elbe" mit [-sz-], und für Äußerungen vom Typ „wa*s* *s*ehen Sie" wird eine Konsonantenfolge Fortis + Lenis gefordert, obwohl auch in der gepflegten Aussprache die Reduktion zur einfachen Fortis (also z. B. [da'sɛlbə]) der Normalfall ist. Die Aussprachenormierung hält sich demnach an die Buchstaben des Einzelwortes und motiviert dies mit größerer Deutlichkeit und Verständlichkeit. Dagegen muß jedoch eingewendet werden, daß wir nicht in Wörtern, sondern in Rede kommunizieren und daß in der Rede ganz andere Faktoren eine wichtigere Rolle für das Verstehen spielen als das Vorhandensein von Einzellauten. Das macht übrigens auch sehr deutlich, daß die Hochlautung gar nicht auf der „ruhigen, verstandesmäßigen R e d e" basiert, sondern auf der isolierten Aussprache von Einzelwörtern unter orthographischem Einfluß. In all den Fällen schließlich, in denen die Orthographie überhaupt keine phonetischen Werte anzeigt oder auch nur anzeigen kann, sind die Angaben des ‚Siebs' dürftig und ungenau. Die Siebssche Normierung ist damit prinzipiell nicht eine phonetische, sondern eine phonologische unter dem Einfluß der Schrift.

Im Falle der deutschen Hochlautung deckt sich die gesellschaftlich gewünschte, schriftlich festgehaltene Norm also nicht mehr mit einer statistisch ermittelbaren. Wenn die geforderte Norm hier sinnvoll bleiben soll, muß sie durch Anpassung an die festzustellende Gebrauchsnorm modifiziert werden. Das gilt um so mehr, als die Normierung von Anfang an bereits in einem gewissen Widerspruch zur praktizierten Norm stand, also stets Präskription war, und die Diskrepanz mit der Ausweitung des Gültigkeitsbereichs der Hochlautung und infolge der konservativen Einstellung immer größer wurde, woran auch die bescheidenen Konzessionen z. B. in der Aussprache des *r* (Rachen- statt Zungenlaut) in neuesten Auflagen und die Einführung der gemäßigten Hochlautung nichts Grundsätzliches änderten.

In Weiterführung des Siebsschen Unternehmens sind daher neue empirische Erhebungen auf breiter Grundlage erforderlich geworden, die eine moderne ausgleichende Regelung, diesmal mit statistischer Absicherung ermöglichen und dadurch die versteinerte Hochlautungsnorm in die Sprechrealität zurückbringen. Als auszuwählende Sprechergruppe empfehlen sich in Übernahme und Ausweitung der Tradition des ‚Siebs' die Angehörigen der sprecherischen Berufe, insbesondere die speziell ausgebildeten Berufssprecher in der Ausübung ihres Berufs. Damit sind nicht mehr nur die Schauspieler auf der Bühne gemeint, sondern vor allem auch – ja noch sehr viel vordringlicher – professionelle Sprecher anderer Aktionsbereiche, darunter insbesondere die des Rundfunks und des Fernsehens.

Zum erstenmal wurden diese neuen Wege einer empirisch gestützten Kodifizierung der Hochlautung an der Universität Jena, später an der Universität Halle beschritten durch den Sprechwissenschaftler H. Krech und seine Mitarbeiter, beginnend in den späten fünfziger Jahren. Ausgangspunkt für die Erstellung von Ausspracheregeln bildete die phonetische Analyse der Lautung bei einer eingegrenzten Gruppe von Berufssprechern, nämlich den Nachrichtensprechern des Rundfunks. Tonbandaufzeichnungen von Nachrichtensendungen wurden in einer Reihe von Arbeiten systematisch auf die folgenden Problemkreise hin abgehört und quantitativ bearbeitet:

1. Stimmhaftigkeit des *s*,
2. Gebrauch des Glottisschlags,
3. Realisation des Endsilben-*e*,
4. Realisation der Medien,
5. Realisation des *r*,
6. Realisation der kurzen geschlossenen Vokale,
7. Aspiration der Plosive.

Das Ziel war, auf einer tragfähigen Datengrundlage der Sprechrealität ein allgemein verbindliches deutsches Aussprachewörterbuch zu schaffen. Die Sprechstufe sollte dabei die Hochlautung sein, was durch Auswahl einer solchen Sprechergruppe als gewährleistet angesehen werden konnte, die durch Sprecherziehung aufs engste mit der Siebsschen Tradition verknüpft war und so in der öffentlichen Rede Dialektneutralität garantierte. Mundartliche und familiäre Ausspracheformen blieben damit von vornherein unberücksichtigt. Es sollte aber auch keine Sonderform kodifiziert werden, wie das 1898 für die Bühne angestrebt worden war, sondern eine allgemein gebräuchliche und verbindliche Sprechweise, deren Geltungsbereich die Schule, die Rede und das Gespräch einbezog. Für die Normierung erfolgte die Auswahl einer Aussprachevariante aus verschiedenen vorgefundenen Möglichkeiten in der Sprechrealität nach dem Gesichtspunkt ihrer Festigung im Sprechgebrauch, d. h. unter statistischem Aspekt.

Ergebnis dieser Neuorientierung in der Hochlautungsfrage war das ‚Wörterbuch der deutschen Aussprache' (WDA)[36], in dem der Geltungsanspruch der darin festgehaltenen Aussprachenorm wie folgt formuliert wird:

> „Als allgemeine deutsche Hochlautung wird die Form der Lautung bezeichnet, die sich für die Hochsprache, wie sie beispielsweise in der deutschen Literatur der Gegenwart ihren schriftlichen und in den Nachrichtensendungen des Rundfunks ihren mündlichen Ausdruck findet, als angemessen herausgebildet hat. Sie verfügt mit der Hochsprache über einen umfassenden Geltungsbereich und ist daher d i e a l l g e m e i n g ü l t i g e A u s s p r a c h e, die von jedem verstanden und realisiert werden kann. Damit grenzt sie sich sowohl gegen die Mundart als auch gegen die Umgangssprache ab; bei beiden ist der Geltungsbereich, wenn auch auf unterschiedliche Weise, eingeschränkt."[37]

Obwohl das Prinzip der Normierung über empirische Datenerhebung einen echten Fortschritt darstellt und die Beschränkung auf Nachrichtensendungen sowohl in historischer als auch in untersuchungsmethodologischer Hinsicht voll zu akzeptieren ist, bedeutet die Verabsolutierung der über die Nachrichtensprecher gewonnenen Norm als allgemein gültige Standardaussprache des Deutschen einen Rückfall in die jüngere Siebstradition und schafft trotz der empirischen Basis wieder eine Idealnorm für das Sprechen außerhalb von Nachrichtensendungen. Daran ändert auch der Hinweis nicht viel, daß die Hochlautung in Abhängigkeit von der Sprechsituation eine gewisse Schwankungsbreite aufweise (p. 11); denn diese Schwankungsbreite und ihre bedingenden situativen Faktoren sind nicht in ihrer ganzen Vielfalt erfaßt. Trotz der modernen Ansätze ist also auch hier die Vermengung soziologischer und stilistischer Kriterien noch nicht überwunden. Krech und seine Mitarbeiter haben geschulte Sprecher nur bei der Ausübung ihres Berufs, noch dazu in einem sehr engen Bereich, nicht aber im Gespräch und weiteren Kommunikationsformen untersucht und erheben das dort Gefundene völlig unmotiviert zur Norm für ein ganzes Spektrum von Sprechsituationen. In engem Zusammenhang damit steht, daß dem Sprecher in den Assimilationen zwar Variationsmöglichkeiten zugestanden werden, mit denen er sich an die Sprechsituation anpassen kann, daß deren Art und Häufigkeit im Bereich der Hochlautung allerdings durch Wortverständlichkeit und die Abgren-

[36] 1. Aufl. Leipzig 1964; 2. Aufl. 1969, 3. Aufl. 1971; vgl. meine Rezension in *Zeitschrift für Deutsche Philologie* 90 (1971), 147 f.
[37] 2. Aufl., p. 11.

zung gegenüber der landschaftlich verschiedenen Umgangssprache eingeschränkt werden.[38]

Durch die unrealistische Forderung nach Wortverständlichkeit wird der traditionellen Wortphonetik wieder ein hoher Tribut gezahlt und der Hinweis auf die Sprechsituation nicht konsequent zu Ende gedacht. Gesprächsformen, insbesondere im privaten Bereich, werden auch bei geschulten Sprechern Assimilationen enthalten, die für die Hochlautung nicht zugelassen sind. Niemand, am wenigsten die Krech-Schule, kann aber ernsthaft fordern, daß hier auch die Hochlautungsnorm zu gelten hat, daß die Assimilationen in formbewußtem Sprechen in der Unterhaltung nicht zulässig sind, weil sie der sog. Umgangssprache angehören. Andererseits zeigt die Sprechweise bei geübten Sprechern auch in diesen Situationen andere Verschleifungserscheinungen als bei Sprechern außerhalb dieser Gruppe; d. h. es gilt eben doch eine Norm. Um aus diesem Widerspruch herauszukommen, muß der Ansatz des WDA weiter ausgebaut und mit dem Grundsatz ernst gemacht werden, die dialektneutrale Aussprache geschulter Sprecher in verschiedenen Sprechsituationen zu erfassen und alles so erhaltene Material als Hochlautung zu akzeptieren, eben als verschiedene Stilebenen dieser Hochlautung.

Ein erster Schritt in dieser Richtung ist – wiederum aus dem Krech-Kreise kommend – die Arbeit von G. Meinhold ‚Deutsche Standardaussprache. Lautschwächungen und Formstufen', Jena 1973, in der sich ganz entsprechende Gedankengänge und Forderungen finden und erste Ergebnisse aus Untersuchungen von Lautabschwächungen auf verschiedenen Stilniveaus vorgelegt werden.

Auch in der Bundesrepublik arbeiten zwei Projekte mit dieser Zielsetzung. G. Lotzmann, der selbst aus der Krech-Schule stammt und jetzt an der Universität Heidelberg tätig ist, hat in den Jahren 1972 und 1973 von 68 Sprecherziehern verschiedene Lesetexte, Gesprächs- und Redeformen auf Tonband aufgezeichnet, die nun nach den phonetischen Erscheinungen, die für das WDA untersucht wurden, analysiert werden sollen.[39] Im Phonetischen Institut der Universität Kiel wird seit 1971 in einem von der Deutschen Forschungsgemeinschaft finanzierten Projekt zur Phonetischen Extensionalisierung von verschiedenen Sprechstilen vor allem die Variabilität von Assimilationen, Elisionen und schwachen Formen in Abhängigkeit von der Stilebene bei geübten Sprechern bearbeitet. Das Material

[38] 2. Aufl., p. 65.
[39] Siehe Fußnote 20.

stammt u. a. aus Bundespressekonferenzen, Vorträgen mit anschließenden Diskussionen und Gesprächen.

Daneben wird im Deutschen Spracharchiv an der Universität Bonn, ebenfalls mit Unterstützung der Deutschen Forschungsgemeinschaft, seit 1974 anhand von Nachrichtensendungen und Pressekonferenzen an einer weiteren empirischen Fundierung der Hochlautungsnorm nach dem Vorbild der Krech-Schule gearbeitet. Das letzte Wort zur deutschen Hochlautung ist noch lange nicht gesprochen, aber die Entwicklung ist mit dem WDA in Gang gekommen und hat den richtigen Kurs eingeschlagen. Welchen Einfluß das WDA bereits ausübt, zeigt sich auch daran, daß die Neuauflage des Duden-Aussprachewörterbuchs die Normierung übernommen und als allgemeingültige Standardaussprache eingeführt hat.

Auf dem Hintergrund dieser Ausführungen kann nun auch die Frage beantwortet werden, was „deutsch" für dieses Buch heißen soll. Man kann sich die Antwort heute nicht mehr so leicht machen, daß man einfach auf die Hochlautung verweist. Man müßte dann zumindest spezifizieren, ob es sich um die Hochlautung nach ‚Siebs' oder nach WDA handelt, die ja divergieren. Und selbst dann ist es fraglich, ob die in beiden Fällen auf einer sehr eng begrenzten Gebrauchsnorm beruhende Aussprachenormierung einer deskriptiven Phonetik des Deutschen wie der vorliegenden angemessen ist, da diese Einführung den deutschen Benutzer zur eigenen Beobachtung der Sprechrealität anregen und dem Ausländer lautliche Phänomene des Deutschen nahe bringen will, die er auf breiter Basis im sprachlichen Verhalten bestätigt bekommt. Die zu starke Idealisierung ist diesen Zielen hinderlich. Ich möchte daher den Begriff „Hochlautung" von jetzt ab überhaupt lieber meiden, da er nur Verwirrung stiftet. Vielmehr soll die hier zugrunde gelegte Lautung definiert werden als die dialektneutrale, d. h. die weder spezifisch süd- noch mitteldeutsch, sondern eher norddeutsch geprägte Aussprache geschulter oder zumindest geübter deutscher Sprecher in verschiedenen Sprechsituationen aufgrund der Analyseergebnisse, die derzeit zur Verfügung stehen. Gelegentlich wird allerdings auch auf andere Ausspracheformen hingewiesen.

Der Rückgriff auf eine norddeutsche Lautung ist sowohl durch die historische Entwicklung der lautlichen Normierung als auch durch ihren heutigen soziologischen Stellenwert gerechtfertigt. Als die Niederdeutschen u. a. im Gefolge der Reformation mehr und mehr das Hochdeutsche übernahmen, erlernten sie eine Schriftsprache im oben dargelegten Sinn; d. h. die recht beachtlichen Abweichungen von der eigenen Mundart auf dem

Gebiet des Lexikons, der Syntax und der Phonologie (der Lautgegensätze) wurden durch die Schrift vermittelt, phonetische Ausprägungen jedoch aus dem Niederdeutschen übertragen. Und eben weil in Norddeutschland das Hochdeutsche als eine fremde Schriftsprache von hohem Prestige gelernt wurde, hatte die Mundart auch sehr viel weniger Einfluß auf die Sprache der gebildeten Niederdeutschen als anderswo. Das Hochdeutsche in Norddeutschland galt somit schon zur Zeit Gottscheds[40] allgemein als schriftgemäßer und wurde aus diesem Grunde auch in den übrigen Sprachgebieten weithin als das bessere angesehen. In anderen Mundarträumen, ganz besonders in Österreich und in der Schweiz, erfolgte die Übernahme der hochdeutschen Schriftsprache sehr viel später und hat bis heute nicht den Gebrauch der bodenständigen Mundart in dem Maße verdrängt wie in Niederdeutschland. Noch heute ist die überwiegende Mehrzahl der Sprecher in diesen Gegenden entweder nur einsprachig im Dialekt oder zweisprachig in Dialekt und später erworbener Schriftsprache, was am extremsten für die Schweiz gilt, wo die Mundart bewußt gepflegt wird.

In Norddeutschland hingegen gibt es heute in größerer Zahl als sonst Sprecher, die nur einsprachig in der Schriftsprache aufwachsen und daher gar nicht in die Lage kommen, Mundart und Schriftsprache zu mischen. Wegen dieser fest etablierten Schriftgemäßheit gilt die hochdeutsche Sprache im Munde der Norddeutschen heute mehr denn je als die reinere. Charakteristisch sind hier Bemerkungen wie „Er spricht mehr nach der Schrift als wir.“, die man im Süden allenthalben hören kann. Man kann wohl sagen, daß außerhalb der Schweiz und Österreichs immer die norddeutsche Lautung als die bessere gilt und – weithin aus Gründen der größeren Schriftnähe – als zu approximierende Modellaussprache angesehen wird, ohne daß diese stets mit der sog. Hochlautung identisch wäre, obwohl auch sie immer durch Schriftgemäßheit und norddeutsche Lautung gekennzeichnet war.[41]

[40] Vgl. A. Socin, *Schriftsprache und Dialekt im Deutschen*. Heilbronn 1888, p. 374.

[41] Siehe zu diesem Kapitel auch K. Kohler, Deutsche Hochlautung. *Muttersprache* 80 (1970), 238–247; F. Schindler, Beiträge zur deutschen Hochlautung. *Forum Phoneticum*, Band 9, Hamburg 1974; G. Ungeheuer, Duden, Siebs und WDA: drei Wörterbücher der deutschen Hochlautung. In: U. Engel & P. Grebe (eds.), *Festschrift für H. Moser*, Düsseldorf 1969, 202–217.

3. Phonetische Beschreibungskategorien

3.1. Die Sprechwerkzeuge und die akustische Signalproduktion

Menschliche Sprachproduktion setzt das dynamische Zusammenspiel einer Reihe von anatomischen Strukturen und von physiologischen Prozessen voraus, die einen Luftstrom erzeugen und diesen in verschiedener Weise modifizieren. Als Generator des Luftstroms tritt im allgemeinen das Atmungssystem auf, bestehend aus Zwerchfell, Brustkorb, Zwischenrippen- und sonstiger Atmungsmuskulatur, Lungen, Bronchien und Luftröhre. Der rechte und linke Lungenflügel setzen sich je aus zahlreichen Bläschen, den Alveolen, zusammen, die über ein System größerer Röhren, die Bronchiolen, mit den Bronchien, den beiden Verzweigungen der Luftröhre, verbunden sind. Jede Lunge ist in eine Kammer, die Pleura, eingeschlossen. Dieses Brust- und Rippenfell ist eine sackförmige Hülle, die die Innenfläche des Brustkorbs und die Oberfläche der Lungen luftdicht überzieht.

Die Lungen können sich zwar aus eigener Energie nicht bewegen, aber sie besitzen Elastizität, die ihnen die Expansion ermöglicht, wenn von außen eine Bewegung initiiert wird. Dies geschieht entweder durch Abflachen des im Ruhezustand nach oben gewölbten Zwerchfells oder durch Heben des Brustkorbs infolge der Kontraktion der externen Zwischenrippenmuskeln. In beiden Fällen entsteht eine Volumenvergrößerung der Lungen und damit eine Druckabnahme der Luft in den Alveolen. Besteht über die Atemwege eine Verbindung mit der Außenluft und sinkt der Luftdruck in der Lunge unter den atmosphärischen, so wird zum Druckausgleich Luft in die Lunge einströmen. Im Gegensatz zu diesem aktiven Prozeß des Einatmens ist das Ausatmen ein passiver Vorgang, der dadurch zustande kommt, daß die Aktivität der externen Zwischenrippen- bzw. der Zwerchfellmuskeln aufhört und der Brustkorb sich infolge seines Gewichts senkt bzw. das Zwerchfell sich durch elastische Kräfte hebt. Auf diese Weise erhöht sich der Druck auf die Lunge, was zu einer Volumenverkleinerung und damit zu einem Luftdruckanstieg in den Alveolen führt, so daß bei einer Öffnung zur Außenluft im Falle eines Überdrucks Luft aus dem Körper ausströmen wird. Beim Sprechen ist jedoch auch das Ausatmen ein aktiver Vorgang, da nunmehr ein konstanter mittlerer atmosphärischer Überdruck unterhalb der Stimmbänder (s. hierzu weiter unten) erforderlich ist, was durch weitere Kontraktionen der externen und internen Zwischenrippen- sowie anderer Atmungsmuskeln und somit durch ein gezieltes graduelles Senken des Brustkorbs und einen gesteuerten Druck auf die Lungen erreicht wird. Die Abbildung 4 zeigt in stark vereinfachter Darstellung das Atmungssystem.[42]

Die erste Modifikation des so erzeugten pulmonalen Luftstroms erfolgt im Kehlkopf (Larynx), der auf der Luftröhre aufsitzt, wie es Abbildung 5 in einem Längsschnitt zeigt. Ein Arrangement von vier Knorpeln (Schildknorpel, Ringknorpel und zwei Stellknorpel) sowie ein Zusammenwirken einer Reihe von Muskeln ermöglichen eine Öffnung unterschiedlicher Weite, die Glottis, zwischen zwei Falten, den Stimmbändern, und wechselnde Spannungsgrade in letzteren. Die Abbildung 6 demonstriert verschiedene Öffnungsgrade zwischen den Stimmbändern und den sie bewegenden Stellknorpeln. Da die Glottis einen wichtigen Widerstand in den Weg des Luftstroms einbaut, ist es sinnvoll, Vorgänge unterhalb und oberhalb der Stimmritze als subglottal und supraglottal terminologisch zu unterscheiden. Wird die Glottis verengt, so entsteht an ihr bei einem bestimmten subglottalen Druck eine turbulente (statt einer laminaren) Strömung, d. h. es bilden sich Wirbel, wie z. B. beim Flüstern. Ist die Glottis geschlossen und werden die Stimmbänder nicht gegeneinander gepreßt, so wird der subglottale Luftdruck bei weiterer respiratorischer Tätigkeit so lange steigen, bis er größer ist als die Summe aus supraglottalem Luftdruck und Druck zwischen den Stimmlippen. In dem Moment wird der Verschluß gesprengt, wodurch Luft in den supraglottalen Bereich entweichen kann. Damit sinkt aber auch der Luftdruck in der Glottis ab,

[42] Eine ausführlichere Erörterung der Atmungsvorgänge sowie des Operierens aller anderen Sprechwerkzeuge geht weit über den Rahmen einer Einführung in die Phonetik einer Einzelsprache hinaus und kann daher hier nicht gegeben werden. Der interessierte Leser wird auf Spezialdarstellungen zur Anatomie und Physiologie des Sprechvorgangs verwiesen, u. a. F. D. Minifie, T. J. Hixon, F. Williams (Eds.), *Normal Aspects of Speech, Hearing and Language.* Englewood Cliffs 1973; O. F. Ranke & H. Lullies, *Gehör. Stimme. Sprache.* Berlin, Göttingen, Heidelberg 1953; W. R. Zemlin, *Speech and Hearing Science.* Englewood Cliffs 1968.

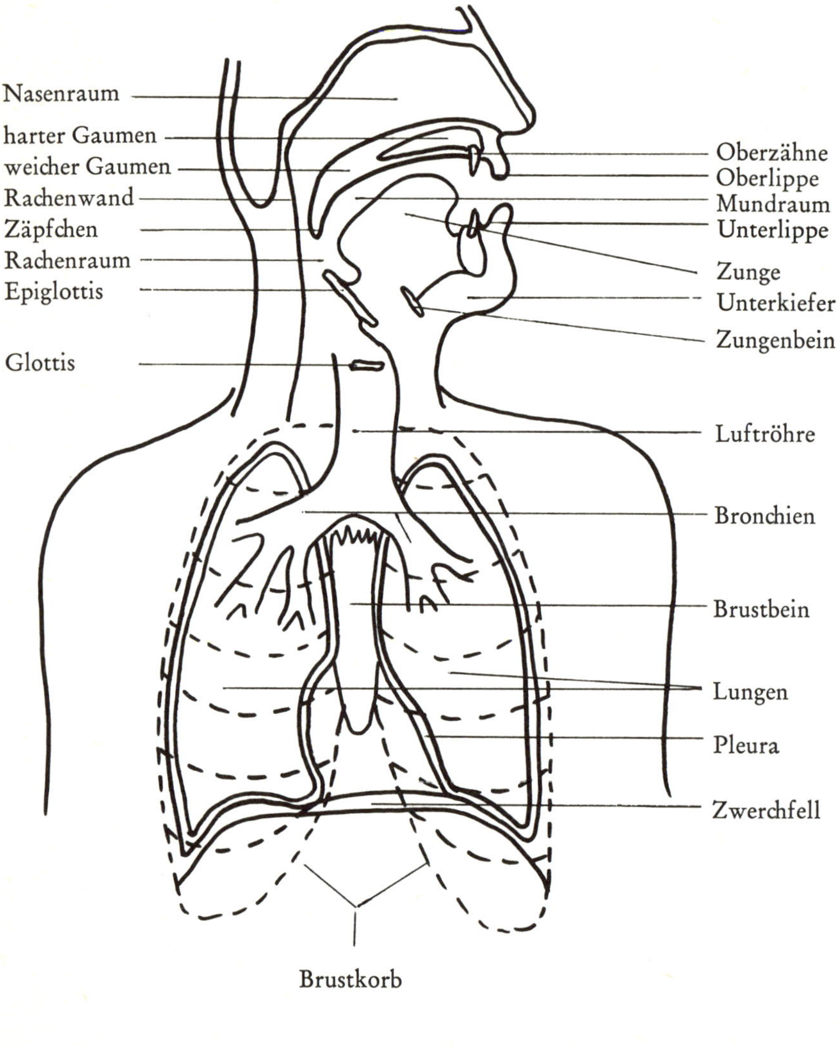

Abb. 4
Das Atmungs- und Artikulationssystem

was aufgrund der Elastizität der Stimmbänder zu einer Saugwirkung (Bernoulli-Effekt) und folglich zu einer erneuten Verschlußbildung führt. Dieser Vorgang wiederholt sich so lange, wie sub- und supraglottaler Druck sowie die Spannkraft in den Bändern in der geschilderten Weise zusammenwirken. Es entsteht also eine Schwingung, ein quasi-periodischer Öffnungs- und Schließungsvorgang, der den Luftstrom in Luftimpulse zerhackt und so mehr oder weniger regelmäßig ansteigende und abfallende Druckwellen in den supraglottalen Raum entsendet. Es kommt zur Stimmbildung (myoelastische Stimmbildungstheorie). Die Geschwindigkeit des Vorgangs, d. h. die Anzahl der Schwingungen in der Sekunde oder die Frequenz, hängt ab vom subglottalen Druck und von der Spannung der Stimmbänder. Feine muskuläre Justierungen bedingen auch, daß sich unterschiedliche Massen der Stimmlippen bewegen. In ganz entsprechender Weise kann auch das Zäpfchen gegen die Hinterzunge, die Zungenspitze gegen das Munddach sowie die Unter- gegen die Oberlippe durch den Luftstrom, d. h. durch ein aerodynamisches Prinzip, in Schwingungen versetzt werden; so ergeben sich gerolltes Rachen-[ʀ], gerolltes Zungen-[r] und ein Lippenvibrieren.

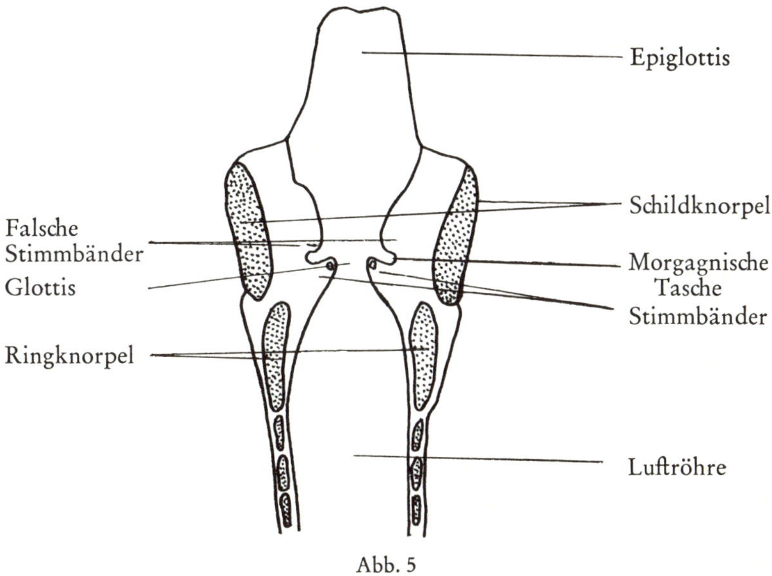

Abb. 5
Der Kehlkopf im Längsschnitt

Abb. 6
Blick von oben auf die Glottis
Verschiedene Öffnungsgrade
(Die Pfeile zeigen die Bewegungsrichtung der Stimmbänder
bzw. der Stellknorpel an)

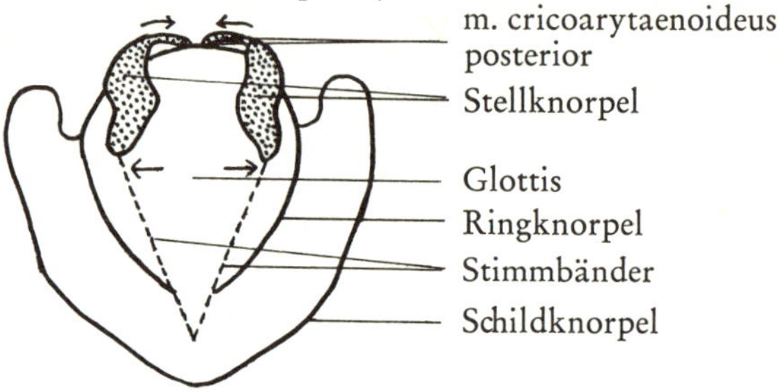

Abduktion der Stimmbänder durch musculus cricoarytaenoideus posterior
Öffnung zwischen Stimmbändern und zwischen Stellknorpeln

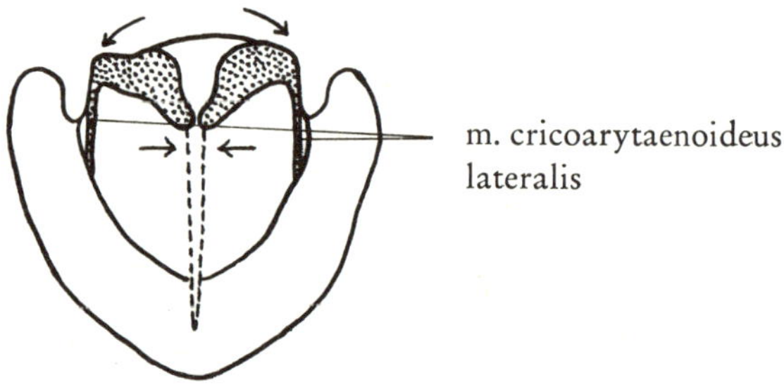

Adduktion der Stimmbänder durch musculus cricoarytaenoideus lateralis
Verengung bzw. Verschluß zwischen Stimmbändern, Öffnung zwischen Stellknorpeln

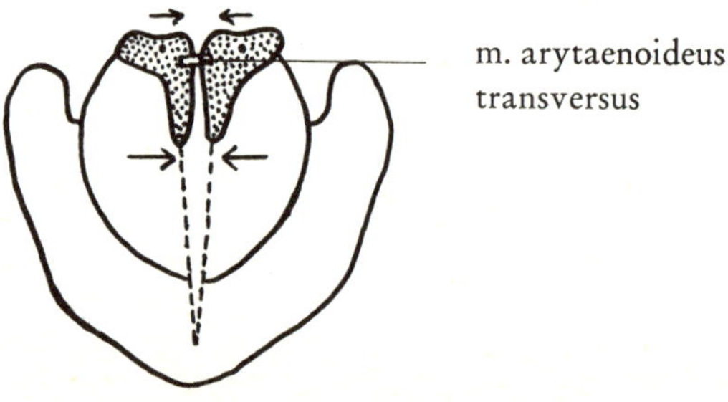

Adduktion der Stimmbänder durch musculus arytaenoideus transversus
Verschluß (Verengung) zwischen Stimmbändern und Verschluß zwischen Stellknorpeln

Sowohl im Falle der Erzeugung einer Luftimpulsfolge ab einer gewissen Frequenz (> 20 Hz) als auch im Falle der Turbulenzbildung ab einem bestimmten Grad (ausgedrückt durch die sog. Reynolds-Zahl) wirkt der Kehlkopf als Schallgenerator, d. h. die durch sein Eingreifen modifizierten Luftströmungen werden hörbar. Es ist nun die Aufgabe der supraglottalen Strukturen, die so entstandenen akustischen Ereignisse weiter zu formen. Zunächst einmal kann durch ein Heben oder Senken des weichen Gaumens (Velums) der Nasenraum ab- oder zugeschaltet werden. Weit wichtiger ist jedoch die vielfältige Gestaltung des Pharynx-(Rachen-) und des Mundraums, die zusammen das Ansatzrohr bilden, durch Zunge und Lippen – unterstützt durch den Unterkiefer. Jede Konfiguration ist gekennzeichnet durch eine Reihe ihr eigentümlicher Resonanzfrequenzen, d. h. von Frequenzen, bei denen die Luft des Ansatzrohres in besonders starke Schwingungen gerät. Solche Resonanzfrequenzen kann man beispielsweise dadurch hörbar machen, daß man die Glottis fest verschließt, die Zunge in verschiedene Vokalpositionen bringt, ohne zu phonieren, und den Kehlkopf mit dem Finger anschlägt. Für die Vokale [i], [e], [a] entsteht eine aufsteigende, für die Vokale [a], [o], [u] eine abfallende Tonleiter. Diese Resonanzfrequenzen sind also akustische Eigenschaften der artikulatorischen Räume des Ansatzrohres. Es tritt hier im Prinzip dasselbe ein, wie wenn das Rohr eines Blasinstruments durch Längenveränderungen der verschiedensten Arten unterschiedliche, ihm jeweils eigene Resonanzfrequenzen erhält, die durch Anblasen als verschiedene Töne (oder vielmehr Tongemische) hörbar gemacht werden können.

So wie die Luft im Ansatzrohr durch einen mechanischen Stoß von außen in Schwingungen der für die jeweilige Gestalt charakteristischen Frequenzen versetzt werden kann, so kann auch jeder einzelne durch die Stimmbandschwingungen an der Glottis entstehende Luftimpuls im Ansatzrohr abklingende Schwingungen der Resonanzfrequenzen anregen, die sich zu einem komplexen Schwingungsvorgang überlagern, der dann am Ausgang des Ansatzrohrs, d. h. an den Lippen, an die Außenluft als Sprachsignal abgestrahlt wird. Eine andere, ebenso adäquate Betrachtungsweise geht davon aus, daß das quasi-periodische Luftdrucksignal an der Glottis kein einfaches Signal ist, sondern in eine Reihe von einfachen Signalen zerlegt, analysiert werden kann, so wie ein Klavier„ton" kein einfacher Ton ist, sondern mehrere einfache Töne enthält. Die einfachen Signale sind alle von derselben Form (Sinoidalsignale) und haben dieselbe Frequenz wie das komplexe Signal bzw. ganzzahlige Vielfache davon: Grundfrequenz und Oberschwingungen. Im Bereich der Wahrnehmung entsprechen diesen Grundton und Obertöne (Harmonische). Das komplexe Signal wird so wie jedes streng periodische Signal nach dem Theorem von Fourier zerlegt (Fourieranalyse) und durch ein Spektrum dargestellt, das angibt, mit welcher Stärke (Amplitude) die einzelnen Frequenzen vertreten sind (Spektralanalyse). Das an den Stimmgenerator angeschlossene Ansatzrohr wirkt dann wie ein akustisches Filter, das aus dem Frequenzgemisch des komplexen Glottissignals diejenigen Komponenten verstärkt hindurchläßt, deren Frequenzen mit seinen Resonanzfrequenzen übereinstimmen, und alle anderen mehr oder weniger stark unterdrückt. Diese beiden Betrachtungsweisen haben zu den Vokalbildungstheorien von L. Hermann und H. Helmholtz geführt, die einander nicht widersprechen, wie auch zahlreiche Nachfolger in heftigen Kontroversen meinten, sondern sich ergänzen.[43]

Das Ansatzrohr wirkt jedoch nicht nur als Resonator, als Filter für das durch den Schallgenerator „Larynx" erzeugte Signal; seine Artikulationsorgane können selbst Generatoren sein. Für quasi-periodische Schwingungen von Zäpfchen, Zunge und Lippen wurde dies oben erläutert. Turbulenzen können ebenfalls, in ganz entsprechender Weise wie an der Glottis, produziert werden durch ein Zusammenspiel von Öffnungsgrad zwischen den Artikulationsorganen und Luftdruck (in letzter Instanz subglottaler Druck). So sind [f] und [s] durch Engebildung der Unterlippe an den oberen Schneidezähnen und der Zungenspitze hinter den Oberzähnen bei entsprechend hohem Druck hinter der Verengung gekennzeichnet. Schließlich können Larynxgenerator und Schallquellen des Ansatzrohres in gleicher Weise in ihrer Signalproduktion unterbrochen werden, so durch den einmaligen völligen festen Glottisverschluß und durch Verschlußbildungen zwischen den Lippen oder zwischen Zunge und Gaumen bei gleichzeitiger Hebung des Velums. Für im Ansatzrohr lokalisierte Schallquellen ist der jeweils vor der Enge liegende Hohlraum ebenfalls ein Filter, dessen Resonanzfrequenzen um so höher liegen, je kleiner er ist. So bilden die Frikative [ç], [x] und [χ] in deutsch *dich, Buch, Bach* eine absteigende „Ton"skala. Aus diesen Darlegungen folgt, daß eine Lautproduktion zwei und mehr Generatoren gleichzeitig haben kann. Der initiale Laut [z]in einer norddeutschen Aussprache des Wortes *sin-*

[43] Vgl. G. Ungeheuer, *Elemente einer akustischen Theorie der Vokalartikulation.* Berlin, Göttingen, Heidelberg 1962.

gen setzt sich beispielsweise aus einer quasi-periodischen Stimmbandschwingung u n d einer Turbulenzbildung zwischen Zungenspitze und Zahnfortsatz zusammen.

Durch physiologische, aerodynamische und mechanisch-artikulatorische Bedingungen wird also ein akustisches Signal erzeugt, das über das Übertragungsmedium Luft von einem Sprecher zu einem Hörer gelangt. Ein solches zeitlich veränderliches Signal kann in einem O s z i l l o g r a m m aufgezeichnet werden, so wie das in Kapitel 1 für die Äußerung „Der Laut ist eine Fiktion" geschehen ist (siehe Abb. 1/2). Hier wurde der sich ständig ändernde Druckverlauf an einer bestimmten Stelle eines geeigneten Übertragungsraums (Studioaufnahmekabine) mit Hilfe eines hochwertigen Mikrophons in entsprechende Spannungsschwankungen gewandelt und nach Speicherung auf einem Spezialtonbandgerät (FM-Gerät) über einen Tintenschreiber (Siemens-Oszillomink), der die Wechselspannungen wieder in mechanische Auslenkungen einer Tintendüse umsetzt, ausgegeben. Das Oszillogramm gibt die Druckschwankungen in Abhängigkeit von der Zeit wieder, es ist eine Z e i t d a r s t e l l u n g des Signals. Quasi-periodische Signalstücke, die den quasi-periodischen Erzeugungsmechanismus an der Glottis reflektieren, zeigen sich für die Vokale sowie [l] und [n]; aperiodisch, d. h. ohne erkennbare Regelhaftigkeit der zeitlichen Wiederholung, sind die [f] und [s] entsprechenden Signalteile, die auf Turbulenzen in der Produktion zurückgehen. Für [t] und [k] ist das Signal entsprechend der Abschaltung aller Generatoren unterbrochen; Bandrauschen und sonstige Störsignale verhindern allerdings ein völliges Zurückgehen auf die Nullinie. Der Übergang zu [s] sowie [f] vom vorhergehenden Vokal hat eine quasi-periodische Struktur, auf die Aperiodizitäten aufgesetzt sind; dies repräsentiert das gleichzeitige Vorhandensein des periodischen Glottisgenerators und eines Turbulenzgenerators im Ansatzrohr.

Statt einer solchen Zeitdarstellung sind auch Signal a n a l y s e n möglich, deren bekannteste und am weitesten verbreitete die S p e k t r a l - a n a l y s e ist. Da sich das Sprachsignal ständig in der Zeit ändert, muß die Analyse so durchgeführt werden, daß die spektrale Komposition nur über kleine Zeitstücke bestimmt wird. Es entsteht so ein K u r z - z e i t s p e k t r o g r a m m, dessen bedeutendste Version das S o n a - g r a m m ist, wie es sich in Kapitel 1 (Abb. 3) für dieselbe Äußerung findet. In diesem Fall stellt die horizontale Achse die Zeit, die vertikale die Frequenz dar; unterschiedliche Schwärzungsgrade geben verschiedene Intensitätsstufen der einzelnen Schwingungskomponenten wieder. Hier liegt also eine S p e k t r a l d a r s t e l l u n g desselben Signals wie im Oszillogramm vor. In ihr kommt die Segmentierung noch deutlicher zum Ausdruck. Im übrigen vermittelt sie Informationen über das Signal, die aus dem Oszillogramm nicht so einfach und direkt zu gewinnen wären. Die vokalischen Elemente sind gekennzeichnet durch Konzentration von Energie in einer Reihe von engen Frequenzbändern, den F o r m a n t e n , deren Zentren mit den Resonanzfrequenzen des zugehörigen Ansatz-

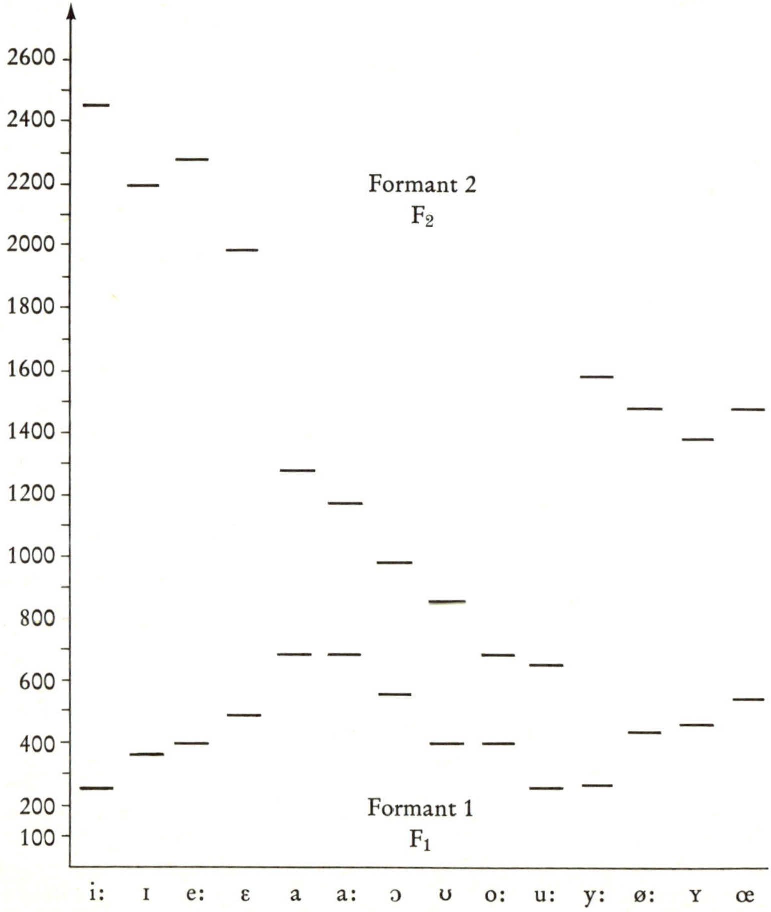

Abb. 7
Durchschnittswerte der zwei untersten Formanten deutscher Vokale

rohres übereinstimmen. Vor allem die drei untersten Formanten sind im allgemeinen deutlich ausgeprägt und sind verschieden für verschiedene Vokale. Sie sind die Signalattribute für die Wahrnehmung unterschiedlicher Qualitäten und eignen sich damit als Klassifikationskategorien. Für [f] und [s] ist die Energie hingegen über weite Frequenzbereiche unregelmäßig verteilt, wobei für [s] die starke Konzentration im oberen Spektrum charakteristisch ist. In der Abbildung 7 sind Durchschnittswerte für die zwei untersten Formanten der deutschen Vokale dargestellt.[43a]

3.2. Meßphonetische Untersuchungsmethoden

Die akustische Signalproduktion läßt sich auf jeder Stufe mit meßphonetischen Verfahren untersuchen und quantifizieren. Je weniger die dabei notwendigen technischen Vorrichtungen in den Körper eingeführt werden müssen, je weniger sie also den zu analysierenden Sprechvorgang selbst beeinträchtigen, d. h. je weiter an der „Oberfläche" die zu erfassenden Ereignisse ablaufen, desto erfolgreicher und unproblematischer ist die Untersuchungsmethode. Am einfachsten sind daher Verfahren der akustischen Signalaufzeichnung und -analyse, für die der Oszillograph und der Sonagraph bereits erwähnt wurden. Ein Spezialfall der Spektralanalyse liegt vor bei Geräten, die die Grundfrequenz extrahieren sollen und die unter Namen wie „Tonhöhenschreiber" bekannt geworden sind, so die Geräte von Grützmacher-Lottermoser und Frøkjer-Jensen. (Natürlich analysieren sie nicht die Tonhöhe, eine Wahrnehmungsgröße, sondern die Grundfrequenz, den zugrundeliegenden physikalischen Reiz.) Als weiteres akustisches Untersuchungsgerät ist der Pegelschreiber zu nennen, der die relative Schallintensität durch Summierung und Mittlung über festgelegte Zeitabschnitte (Integrationszeiten) erfaßt.

Zur Erforschung physiologischer Vorgänge dient die Elektromyographie, die die bei Muskelkontraktionen freiwerdenden elektrischen Potentiale durch Oberflächen- und Nadelelektroden oder neuerdings durch feine Drähte mit Widerhaken auffängt, verstärkt und aufzeichnet. Im ersten Fall werden kleine Silberplatten in den zu untersuchenden Muskelgebieten auf der Haut angebracht, wodurch das Verfahren sehr einfach, aber gleichzeitig auch sehr grob ist, da die Aktivität

[43a] Vgl. A. Rausch, Untersuchungen zur Vokalartikulation im Deutschen. *IPK-Forschungsberichte* 30, Hamburg 1972, pp. 35–82.

relativ großer Muskelbereiche gleichzeitig erfaßt wird. Nadelelektroden sowie Drähte mit Widerhaken können hingegen gezielter eingegrenzte Muskelfasern registrieren. Diese instrumentellen Methoden finden seit geraumer Zeit bei der Untersuchung der Atmungsmuskulatur sowie der Muskeln in den Artikulationsorganen, ja sogar im Kehlkopf zunehmende Anwendung.

Der subglottale Luftdruck kann indirekt in der unmittelbar hinter der Luftröhre liegenden Speiseröhre durch einen elektrischen Druckwandler gemessen werden, der in einem Ballon mit genau bestimmter Luftkammer am Ende eines langen dünnen Plastikschlauchs über den Nasenweg eingeführt wird. Die Druckschwankungen in der Luftröhre übertragen sich auf die Trennwand zur Speiseröhre und weiter über das Luftpolster im Ballon auf die Membran des Wandlers, wo die sofortige Umsetzung in eine elektrische Wechselspannung erfolgt, die außerhalb des Körpers verstärkt und aufgezeichnet wird. Entsprechende Messungen lassen sich mit diesem Verfahren an verschiedenen Stellen des Pharynx und Mundraums durchführen. Der Druck zwischen Artikulationsorganen an den Berührungsstellen (z. B. zwischen den Lippen) läßt sich durch mechanische Drucksensoren ebenfalls elektrisch bestimmen.

Die Luftströmung an Mund- und Nasenausgang wird mit Hilfe der Pneumotachographie registriert. Die Versuchsperson trägt eine Mund-, Nasen- oder kombinierte Maske (mit oder ohne Trennsteg an den Lippen). Ein bzw. zwei Staurohre mit eingebautem feinem Gaze-Widerstand werden in Öffnungen vor Mund und/oder Nase in die Maske eingesteckt. Der Luftdruckabfall über den Widerstand hinweg wird – in der modernsten Version dieses Verfahrens – mit einem direkt auf dem Staurohr aufsitzenden Differentialdruckwandler in elektrische Spannungen überführt, die verstärkt und aufgezeichnet werden und bei entsprechender Eichung die Volumengeschwindigkeit anzeigen.

Das Schwingverhalten der Stimmbänder kann durch den Elektroglottographen (Laryngographen) erfaßt werden, der über je eine Elektrode links und rechts auf der Außenseite des Kehlkopfes ein hochfrequentes elektrisches Signal konstanter Spannung eingibt, das durch die wechselnde Widerstandsveränderung über die sich bewegenden Stimmbänder hinweg im gleichen Rhythmus in seiner Amplitude verändert wird. Durch Weiterverarbeitung dieses Signals kann eine Kurve gewonnen werden, die die Öffnungs- und Schließbewegungen der Stimmbänder getreu abbildet, und zwar so, daß der größte positive Ausschlag größten Kontakt anzeigt, da in dem Fall die Impedanz am geringsten ist. Der photoelektrische Glottograph mißt hingegen die Glottisöffnung, da hier über den Nasenweg eine Photozelle am Ende eines dünnen Schlauchs in den Pharynx eingeführt wird, die ein Lichtbündel auffängt, das von außerhalb und unterhalb des Kehlkopfes durch die sich verändernde Glottis tritt. Die beiden Verfahren ergänzen sich also. Das erste ist besonders einfach zu handhaben und stört beim Sprechvorgang praktisch gar nicht. Es erlaubt durch eine weitere Analyse des Schwingungssignals eine exaktere Darstellung des Grundfrequenzverlaufs als jede andere Methode und ist daher von besonderem Interesse für die phonetische Analyse.

Für die Untersuchung artikulatorischer Bewegungen im Ansatzrohr wird seit geraumer Zeit die Röntgencinematographie verwendet. Lippenbewegungen lassen sich mit der Hochgeschwindigkeitsphotographie erfassen. Zeitliche Veränderungen in den Zungen-Gaumen-Kontakten registriert die Elektropalatographie. Hierbei erhält die Versuchsperson einen speziell angefertigten, sehr dünnen künstlichen Gaumen, in den eine größere Zahl von Silberelektroden mit gegeneinander isolierten dünnen Drähten eingelassen sind. Diese Drähte werden gebündelt links und rechts aus dem Gaumen herausgeführt, so daß sie an den Mundwinkeln aus dem Mund hängen und beim Sprechen wenig behindern. Ein hochfrequentes schwaches elektrisches Signal wird dann über einen Leiter, den der Proband in der Hand hält, in den Körper gegeben. Überall dort, wo die Zunge durch Gaumenkontakt Elektroden berührt, werden so Stromkreise geschlossen. Nach Verstärkung können die einzelnen Ströme Lämpchen zugeführt werden, die auf einer Schautafel in Form des Gaumens angeordnet sind und durch ihr wechselndes Aufleuchten die Dynamik des Sprechens sehr deutlich demonstrieren. Auch Aufzeichnung und Auswertung ist möglich. Bei diesem wie bei allen anderen meßphonetischen Verfahren fallen so umfangreiche Datenmengen an, daß eine zeitlich vertretbare Analyse die elektronische Datenverarbeitung geradezu fordert.

3.3. Symbolphonetisches Klassifikationssystem für Lautproduktionen

Die dynamischen Artikulationsabläufe und Signale, die mit meßphonetischen Methoden bearbeitet werden können, sollen für die weiteren Erörterungen dieser Einführung eine symbolphonetische Darstellung aus Ketten von Segmenten und diese insgesamt charakterisierenden suprasegmentellen Konturen erhalten. Für die Laute wird dabei eine zeitliche Konstanz angenommen und ein statisches artikulatorisches Kategoriensystem zur Klassifikation herangezogen. Dieser artikulatorische Bezug in der Symbolphonetik hat nicht nur eine lange Tradition, sondern erlaubt einmal in weiten Bereichen, zumindest außerhalb der Vokale, die konsistenteste interindividuelle Beschreibung und stellt zum andern auch eine wichtige Verbindung zur Signalphonetik her, was mit rein impressionistisch-auditiven Kategorien nicht gewährleistet wäre. Außerdem sind solche statischen artikulatorischen Einheiten in der Sprachproduktion über den visuellen und taktilen Wahrnehmungskanal, d. h. den Gesichts- und Tastsinn, ebenso erfahrbar wie über den auditiven (insbesondere bei Artikulationsörtern im Ansatzrohr und bei den für die Segmentierung eminent wichtigen Artikulationsarten Plosiv und Frikativ), was für eine akustische Klassifikation nicht gilt. Damit wird die Bedeutung der artikulatorischen Komponente als grundlegendes Werkzeug des Phonetikers zur symbolischen Erfassung des Gesprochenen noch unterstrichen. Die Klassifikation erfolgt dabei nach zehn Parametern.[44]

3.3.1. Luftstrommechanismus und -richtung

In 3.1. wurde der pulmonale Luftstrom, und zwar in exhalatorischer Richtung, als der für die Sprachsignalerzeugung fundamentale Mechanismus beschrieben. Lautproduktion ist jedoch auch beim Einatmen möglich, also mit inhalatorischem pulmonalem Luftstrom. Keine Sprache scheint davon aber einen mehr als nur sporadischen Gebrauch unter bestimmten situativen (paralinguistischen) Bedingungen zu machen. Hierher gehört das häufig von deutschen Sprechern zu hörende inhalatorische *ja*.

Ein weiterer Luftstrommechanismus ergibt sich durch die gezielte Auf- oder Abwärtsbewegung des gesamten Kehlkopfes bei geschlossener Glottis. Ist das Ansatzrohr durch Hebung des Velums zum Nasenraum hin abgeschlossen und findet sich eine artikulatorische Verengung oder gar Verschlußbildung, so führt die Larynxbewegung zu einer Druckerhöhung

[44] Vgl. hierzu auch P. Ladefoged, *Preliminaries to Linguistic Phonetics.* The University of Chicago Press, [2]1973; K. L. Pike, *Phonetics.* Ann Arbor 1943; *The Principles of the International Phonetic Association.* London 1949.

oder -verringerung im so eingeschlossenen Luftraum des Ansatzrohres, die über die Enge hinweg oder durch Verschlußlösung aufgehoben wird. Damit liegt die Voraussetzung für die Entstehung eines Luftstroms vor, der in diesem Fall aber nur weit schwächere und viel weniger differenzierte Druckverhältnisse schaffen kann als der pulmonale Typ und der deshalb auch nur beschränkte Verwendung innerhalb des Lungenstroms findet. Da hier die Glottis der Auslöser ist, soll er glottal genannt werden. Er ist exhalatorisch für die Ejektive [p'], [t'], [k'], [ts'], [s'], inhalatorisch für die Implosive [ɓ], [ɗ], [ɠ], bei deren Hervorbringung allerdings die Stimmbänder gar keinen Dauerverschluß bilden, sondern schwingen, also Lungenluft in das Ansatzrohr durchlassen, die jedoch den durch eine ruckartige Abwärtsbewegung des Kehlkopfs entstehenden supraglottalen Unterdruck nicht aufhebt. Somit liegt in diesen Implosiven eine Kombination zweier Luftstrommechanismen vor: pulmonal exhalatorisch und glottal inhalatorisch. Weder Ejektive noch Implosive kommen im Deutschen vor, sind aber sehr häufig in den Sprachen der Welt anzutreffen. Das Französische kennt z. B. äußerungsfinal ejektive Verschlußlaute: *la patte.*

Ein dritter Luftstrommechanismus tritt innerhalb des Mundes auf und soll daher oral heißen. Er kommt dadurch zustande, daß die Hinterzunge mit dem weichen Gaumen einen vollständigen Kontakt bildet, daß ein weiterer Verschluß vor diesem besteht und daß die Zunge durch ein Vor- bzw. Zurückgleiten am Gaumen die Luft im davor liegenden völlig eingeschlossenen Raum komprimiert bzw. verdünnt, so daß bei Lösen des vorderen Verschlusses Luft aus dem Mund austritt oder in ihn einströmt. Dieser Mechanismus ist ebenfalls sehr viel schwächer und artikulatorisch begrenzter als der pulmonale. Er kommt daher wie der glottale gleichfalls nur als Einstreuung in pulmonale Produktionen vor. Zudem wird nur der inhalatorische Typ mit anderen Sprachlauten verkettet und auch das nur in ganz wenigen Sprachen, die alle auf Südafrika beschränkt sind (Zulu, Hottentottisch). Andere Sprachen kennen diese Schnalzlaute nur als Interjektionen, wie im Deutschen [ʇ] zum Ausdruck der Gereiztheit oder der Mißbilligung und [ʖ] als Appell an Pferde. Daß diese Laute wirklich völlig unabhängig von Lungenluft sind, ist daran zu erkennen, daß man während ihrer Hervorbringung gleichzeitig aus- und einatmen und phonieren sowie nasalieren kann. Der orale exhalatorische oder inhalatorische Luftstrommechanismus ist dann mit einem pulmonalen exhalatorischen oder inhalatorischen verbunden.

3.3.2. Phonation

Die Stimmbänder können in allen Sprachen mindestens zwei verschiedene Stellungen einnehmen. Sie sind entweder weit geöffnet und bewirken so stimmlose Laute, wie [p], [s], oder sie öffnen und schließen sich quasi-periodisch und bringen dann stimmhafte Laute hervor, wie [b] in deutsch *aber*, [z] in norddeutsch *sagen*, [n], [u], [l] in deutsch *Null*. Weitere Glottiseinstellungen sind jedoch möglich. Flüstern ist durch eine Verengung, u. U. durch einen Verschluß zwischen den Stimmbändern und eine Öffnung zwischen den Stellknorpeln gekennzeichnet.[45] Auch eine behauchte Stimme kommt vor, z. B. in einem leidenschaftlichen *Liebling!* Hier schwingen die Stimmbänder ohne je vollständigen Verschluß zu bilden, so daß ein hoher Luftverbrauch gleichzeitig Turbulenz erzeugt. Wird die Frequenz der Stimmbandschwingungen so niedrig, daß keine echte Stimme mehr vorliegt, sondern daß der Eindruck entsteht, wie wenn jemand mit einem Stock über ein Eisengeländer gleitet, dann haben wir den Fall des Knarrens, wie er im Deutschen in äußerungsfinaler Stellung sehr häufig auftritt, wenn die Stimme sehr tief absinkt (*Komm mal her!*). Ein Sonderfall ist das einfache Unterbrechen des Luftstroms durch ein Verschließen der Glottis, die dann anschließend wieder geöffnet wird oder übergeht in eine periodische Öffnungs- und Schließbewegung, wie im deutschen *ver*[ʔ]*eisen*. Dies ist der Glottisschlag oder Glottisverschluß oder Kehlkopfverschlußlaut. Er hat eine Sonderstellung unter den übrigen als Phonation zu bezeichnenden Modifikationen des Luftstroms im Larynx, da er nicht andere supraglottale Bewegungsvorgänge begleitet oder ganze Äußerungen als besondere individuelle oder regionale Stimmqualität charakterisiert, sondern eine völlig selbständige Erscheinung ist und sich auf die Stufe der Artikulationen des Ansatzrohrs stellt.

3.3.3. Nasalierung

Durch die Senkung des Velums wird der Nasenraum zugeschaltet, wodurch bei oralem Verschluß nasale Laute entstehen ([m], [n]), bei gleichzeitiger oraler Öffnung nasalierte (die französischen nasalen Vokale). Bei gehobenem Velum werden orale Laute produziert ([p], [s], [a]).

[45] Siehe Abbildung 6.

3.3.4. Artikulationsort

Die aktiven Artikulationsorgane des Ansatzrohrs – Unterlippe, Zungenspitze, Zungenrücken – artikulieren irgendwo zwischen der Oberlippe und dem Zäpfchen gegen Punkte bzw. Gebiete am Munddach, die den Artikulationsort des Lautes definieren. Während die Oberlippe noch einen eng umrissenen und klar abgegrenzten Ort – l a b i a l – darstellt, bilden die übrigen Örter Kontinua, die entweder von der Zungenspitze oder vom Zungenrücken angesteuert werden, wodurch a p i k a l e bzw.

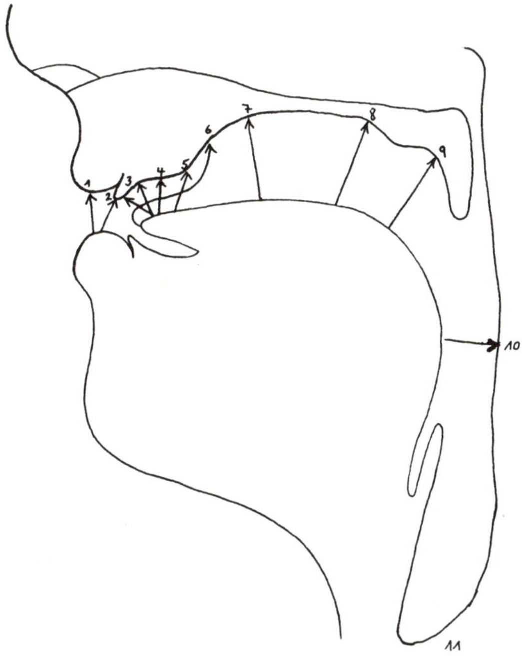

Abb. 8
(nach Ladefoged: Preliminaries to Linguistic Phonetics, S. 36)

1. bilabial
2. labiodental
3. dental und interdental
4. alveolar
5. postalveolar, palatoalveolar
6. retroflex
7. palatal
8. velar
9. uvular
10. pharyngal
11. glottal

dorsale Laute entstehen. Die Kontinua sind durch anatomische Gegebenheiten und innerhalb dieser weiter arbiträr untergliedert. Zähne, (konvexer) Zahnfortsatz (Alveolen) und harter Gaumen bilden für die apikalen Lautbildungen eine Skala: interdental, postdental, alveolar, postalveolar, palatoalveolar, retroflex. Bei letzterem biegt sich die Zungenspitze um und artikuliert, u. U. sogar mit der Unterfläche, gegen den harten Gaumen. Bezeichnet man den harten Gaumen als den palatalen Artikulationsort, dann müßte statt retroflex an sich gesagt werden apikal palatal. Weiter zurück können die wenigsten ihre Zungenspitze bewegen. Ein zweites Kontinuum bilden Alveolen, harter Gaumen (palatum), weicher Gaumen (velum), Zäpfchen (uvula) und Pharnynxwand für dorsale Lautbildungen: alveolopalatal, palatal (genauer: dorsal palatal), velar, uvular, pharyngal, mit weiteren Unterteilungen (prä- und post-) von palatal und velar. Es ist klar, daß jeweils ein Teil des Zungenrückens die Lautbildung ausführt, der dem Artikulationsort in der Ruhelage am nächsten liegt. Für gewisse Klassifikationen ist es nützlich, palatal und velar zu tektal zusammenzufassen. Da die Unterlippe nicht nur gegen die Oberlippe, sondern ebenfalls gegen die Oberzähne artikulieren kann, muß labial aufgeteilt werden in bilabial und labiodental. Das Zäpfchen kann auch aktiver Artikulator sein im gerollten Rachen-[ʀ]. In pharyngalen Lauten kann zum Zurückziehen der Zungenwurzel gegen die Rachenwand eine Verengung des Pharynx durch eigene Muskelkontraktion hinzutreten. Schließlich muß noch für den Glottisschlag [ʔ] und die glottale Turbulenz [h] ein Artikulationsort glottal angesetzt werden. Die Abbildung 8 veranschaulicht die verschiedenen Artikulationsörter.

3.3.5. Öffnungsgrad

An den verschiedenen Artikulationsörtern können nun eine Reihe von Öffnungsgraden durch das aktive Artikulationsorgan hergestellt werden: vollständiger Verschluß, Friktionsenge, friktionslose Enge. Die letzten beiden beziehen sich auf das Vorhandensein bzw. Fehlen von Turbulenz, die außer durch den Öffnungsgrad auch durch den Luftdruck bedingt wird. Der vollständige Verschluß alterniert mit der friktionslosen Enge im Vibranten, mit der Friktionsenge im Frikativvibranten (z. B. im Tschechischen: *Dvořák*).

Der gleiche Öffnungsgrad wird zuweilen auch an mehr als einem Ort gebildet, wie in [u], wo friktionslose Enge sowohl labial als auch velar ist, oder in [p͡k], einem häufigen Laut afrikanischer Sprachen, wo labialer und velarer Verschluß gleichzeitig vorhanden sind. In diesen Fällen spricht man von Doppelartikulationen. Daneben gibt es den sehr viel häufigeren Fall, daß gleichzeitig mit einem geringeren Öffnungsgrad an einer anderen Stelle ein größerer auftritt, wie in der Labialisierung, der zusätzlichen Lippenrundung, z. B. im deutschen [ʃ̫], in der Palatalisierung, der zusätzlichen Hebung der Vorderzunge, z. B. im deutschen [ᶅ], in der Velarisierung, der zusätzlichen Hebung der Hinterzunge, z. B. im [ɫ] des Rheinischen, sowie in der Pharyngalisierung, der zusätzlichen Senkung der Hinterzunge. Diese Modifizierungen sind Sekundärartikulationen.

3.3.6. Zentral – lateral

Friktionsenge und friktionslose Enge sind entweder zentral (wie in [z], [j]: deutsch *sagen, ja*) oder lateral (wie in [l]; [ɫ]: deutsch *Latz*; *Platz, klar*; Walisisch *Llangollen*).

3.3.7. Gerillt – flach

Apikale zentrale Laute haben entweder eine gerillte oder eine flache Friktionsenge. Gelispeltes *s* im Englischen ist ein gerillter dentaler Laut und vom flachen [θ] in *thin* verschieden. Gerillte und flache Friktionsenge sollen durch die Zeichen [θ] und [s], der dentale bzw. alveolare Artikulationsort durch die Diakritika ̪ bzw. ̠ bezeichnet werden, so daß die Vierergruppe [θ̪, θ̠, s̪, s̠] entsteht. Neben einer engen Rille in [s] findet sich eine weite in [ʃ], sowohl in der Quer- als auch in der Längsausdehnung. Ein unterschiedlicher Artikulationsort zwischen [s] und [ʃ] ist nicht unbedingt erforderlich.

3.3.8. Zeitlicher Ablauf

1. Bei einer Verschlußbildung kann das Artikulationsorgan durch eine einmalige Muskelkontraktion in einer sehr schnellen ballistischen Bewegung gegen eine Artikulationsstelle geworfen werden. Es entsteht ein Anschlag, wie in englisch *very* [ɾ], gegenüber dem sehr viel längeren Verschlußlaut, wie in brit. englisch *better* [t^h].

2. Die Stimmbandschwingung kann zu unterschiedlichen Zeitpunkten in Relation zu Artikulationen des Ansatzrohrs einsetzen. Beginnt sie gleichzeitig mit einer Verschlußbildung, so liegt der voll stimmhafte Verschlußlaut, wie in französisch *bas* [b], vor. Tritt sie zwar später, aber immer noch vor der Lösung des Verschlusses auf, dann ist der Laut entstimmt, wie in englisch *bar* [b̥], deutsch *Bar* [b̥]. Bei Eintreten der Schwingung im Moment der Verschlußlösung ist der Laut stimmlos unaspiriert, wie in einer anderen Version von deutsch *Bar* und in französisch *pas* [p]. Die beiden sind durchaus noch in anderer Hinsicht voneinander verschieden (siehe 3.3.9). Bleibt die Glottis zunächst noch weit über die Verschlußlösung hinaus geöffnet, dann wird eine Phase der Turbulenz vor der Periodizität erscheinen; der Laut ist aspiriert, wie in deutsch *Park* [ph]. Dieses Phänomen der zeitlichen Koordinierung der Stimmbandschwingung mit Verschlußbildungen ist unter dem Begriff VOT (voice onset time) für eine Reihe von Sprachen sehr intensiv untersucht worden.[46]

3.3.9. Fortis – lenis

Eine häufig verwendete weitere Unterscheidung in der Lautklassifikation ist die zwischen fortis und lenis. Wenn sie überhaupt einen artikulatorischen Bezug hat und nicht eine rein abstrakte Benennung einer Differenzierung mit imaginären Produktionskategorien ist, dann sollte sie sinnvollerweise mit höherem bzw. geringerem intraoralem Druck in Verbindung gebracht werden. So unterscheiden sich vermutlich französisch [p] in *pas* und deutsch [b̥] (mit voller Stimmlosigkeit) in *Bar*. Es ist durchaus möglich, daß sich der intraorale Druckunterschied mit einem verschieden intensiven Verhalten des Larynx und des gesamten Ansatzrohrs verbindet, so daß z. B. die Fortis-Artikulation bei den Plosiven durch kräftigere Verschlußbildung und festere Abriegelung des Nasenraums gekennzeichnet ist. Endgültiges kann hierüber erst gesagt werden, wenn verläßliche experimentelle Daten vorliegen. In vielen Fällen, in denen diese phonetische Dichotomie zwischen fortis und lenis bemüht wird, ist eine eindeutige Abgrenzung durch die zeitliche Koordinierung der Stimmbandaktivität mit Artikulationsbewegungen nach 3.3.8.2. möglich und ausreichend. In phonologischen Beschreibungen, in denen dieser Gegensatz verwendet wird – u. U. zur Subsumierung aller Varianten

[46] Vgl. L. Lisker & A. S. Abramson, A Cross-Language Study of Voicing in Initial Stops: Acoustical Measurements. *Word* 20 (1964), 384–422.

eines Oppositionselementes unter einer einheitlichen Bezeichnung –, haben die Namen überhaupt keine phonetische Bedeutung mehr.[47]

3.3.10. Weitere Klassifikationskategorien

Statt der zehn Parameter kommt man gewöhnlich mit drei Begriffsbestimmungen eines Lautes aus, wenn der Normalfall pulmonaler exhalatorischer Laute die Basis bildet (und so aufgrund einer allgemeinen Konvention nicht näher spezifiziert zu werden braucht) und wenn ferner 3.3.3, 3.3.5–6 sowie 3.3.8.1 zu einer neuen Kategorie Artikulationsart zusammengefaßt werden. Laute mit oralem Verschluß und Hebung des Velums sind dann Verschlußlaute oder Plosive, mit oralem Verschluß und Senkung des Velums Nasale. Bei friktionsloser lateraler Striktur liegen Laterale vor. Friktionsenge führt zu Frikativen oder Reibelauten, von denen die lateralen gesondert benannt werden müssen. Daneben gibt es schließlich noch die Artikulationsarten Vibranten, Frikativvibranten und friktionslose Dauerlaute (oder Halbvokale). Ein Adjektiv bezeichnet dann die Phonation, ein weiteres den Artikulationsort und ein Substantiv die Artikulationsart, wie z. B. [p] stimmloser bilabialer Plosiv, [v] stimmhafter labiodentaler Frikativ, [n] stimmhafter alveolarer Nasal, [l] stimmhafter alveolarer Lateral.

Zusätzliche Angaben sind jedoch erforderlich für die Artikulation in 3.3.7, also [s] stimmloser alveolarer eng-gerillter Frikativ; [ʒ] stimmhafter alveolarer weit-gerillter Frikativ, ferner für VOT und für die Dichotomie fortis/lenis. Es ist außerdem nützlich, die verschiedenen Möglichkeiten der Verschlußlösungen eines Plosivs terminologisch zu erfassen. So wird in deutsch *Lappen* [-pm], *Latten* [-tn] und *lacken* [-kŋ] der Verschluß am selben Ort für Plosiv und Nasal beibehalten und die Lösung allein durch Senken des Velums bewirkt. Deshalb spricht man hier von nasaler Plosion. In deutsch *Adel* [-dl] und *Kittel* [-tl̥l] sind Plosiv und Lateral ebenfalls homorgan, d. h. werden am selben Ort hervorgebracht, weshalb sich der Verschluß einfach durch Senken der Zungenseiten in den Lateral öffnen kann. Diese Art der Verschlußlösung heißt daher laterale Plosion. Für die Öffnung eines Plosivs in seinen homorganen Frikativ verwendet man den Terminus Affrikate: [ts], [tʃ], [pf], [kx].

[47] Vgl. hierzu Kapitel 4, insbesondere 4.5 und 4.6.

	bilabial	labiodental	alveolar	palatal	velar	uvular	glottal
Plosive	p b		t d		k g		ʔ
Nasale	m	ɱ	n		ŋ		
Frikative	Φ β	f v	enggerillt/weitgerillt s z / ʃ ʒ	ç j	x ɣ	χ ʁ	h ɦ
laterale Frikative			ɬ				
Laterale			l				
Vibranten			r			ʀ	
Anschläge			ɾ			ʀ	
friktionslose Dauerlaute		ʋ		j	ɣ	ʁ	

K. L. Pike[48] hat für die zentralen oralen friktionslosen Laute („central resonant oral") die Bezeichnung V o k o i d e, für alle anderen K o n t o i d e vorgeschlagen, um so eine phonetische Klassifikation von einer phonologischen in Vokale und Konsonanten zu trennen.[49] Diese Scheidung ist darüber hinaus auch deshalb sehr sinnvoll, weil die Kategorisierung der Vokoide als gesamte Klasse am besten nach eigenen Prinzipien vorgeht, die in 3.4. aufgestellt werden.

In der nebenstehenden Tabelle und den folgenden zugehörigen Erläuterungen werden nun die im Deutschen unter verschiedenen Bedingungen – einschließlich der satzphonetischen in 6.3. – vorkommenden Kontoide nach den drei Bestimmungskriterien zusammengefaßt und mit den Symbolen der International Phonetic Association (IPA oder mit französischer Abkürzung API) belegt.[50] Die Zeilen definieren die Artikulations a r t, die Spalten den Artikulations o r t. An den Intersektionen wird zuerst der stimmlose, dann der stimmhafte Laut aufgeführt. Steht dort nur ein Symbol, so bezeichnet es ein stimmhaftes Segment, mit Ausnahme des stimmlosen [ɬ] und des Glottisschlags [ʔ], der wegen der artikulatorischen Definition von stimmhaft und stimmlos in 3.3.2. als Verschluß weder das eine noch das andere sein kann.

E r l ä u t e r u n g e n :

1. Das API-Alphabet trennt für die Palatale, die Velare und die Uvulare friktionslose Laute nicht von den Frikativen. In Erweiterung der bei Vokoiden verwendeten Konvention zur Anzeige größerer Öffnung durch ˛ (z. B. [ę], siehe 3.4) kann der Zusatz dieses diakritischen Zeichens die Friktionslosigkeit, d. h. eben auch die größere Öffnung (und/oder den geringeren Luftdruck) markieren (z. B. [ɣ̨]).
2. Neben den alveolaren Plosiven, Nasalen und Lateralen kommen auch dentale vor, die durch dasselbe Symbol mit dem untergesetzten Modifizierungszeichen ̪ angezeigt werden [t̪].
3. Von den velaren Plosiven und Nasalen gibt es neben einem mittleren Wert sowohl weiter vorn als auch weiter hinten artikulierte Varianten, die mit hinzugefügtem ̟ bzw. _ symbolisiert werden: [k̟] in *Kiel* und [k̠] in *Pack* neben mittlerem [k] in *Speck*.

[48] Siehe Fußnote 44.
[49] Siehe 4.9.
[50] Siehe hierzu auch Kapitel 5, sowie die Tabelle im Anhang.

4. Die stimmhaften Laute sind oft in ihrer Anfangsphase durch Abhängigkeit vom Kontext stimmlos, was durch das zusätzliche diakritische Zeichen ̥ gekennzeichnet wird: [d̥] in ... *muß der* ... gegenüber [d] in *Ader* und ... *will der* ... Auch wenn sich die Stimmlosigkeit, wie bei den Plosiven, über den ganzen Laut erstreckt, wird diese Symbolisierung gewählt. [b̥] und [p] unterscheiden sich dann als lenis und fortis.

5. Labialisierung erhält den Zusatz ̫, Palatalisierung ̦, Velarisierung ˜ (durch das Symbol), Nasalierung ˜ (über dem Symbol): [ʃ̫], [l̦], [ɫ], [ã].

6. Für starke Aspiration steht [h], für schwache [ʰ] hinter dem Plosivsymbol: [ph] und [pʰ]. Nasale und laterale Plosion werden nicht besonders markiert, da die Symbolfolge ohne Anzeige eines [ə] oder der Aspiration bzw. bei Fehlen der Homorganität die Lesart eindeutig macht: [pm] (= nasale Plosion) gegenüber [p⁽ʰ⁾əm] oder [pn] (= keine nasalen Plosionen), [tl] (= laterale Plosion gegenüber [t⁽ʰ⁾əl] oder [kl] (= keine lateralen Plosionen).

7. Silbische Nasale und Liquide (siehe 3.5. und 4.9.) werden durch ̩ (unter dem Symbol) bezeichnet: *kitten* [-tn̩], *Kittel* [-tl̩]. Am Wortende nach Plosiv ist die Markierung nicht unbedingt erforderlich, da die Silbigkeit aus der Symbolfolge per definitionem ablesbar ist; Nasale und Liquide müssen hier silbische Sonanten sein. Vor Vokal ist das diakritische Zeichen jedoch unentbehrlich: *Nibelungen* [-bl̩-] (neben [-bəl-], aber niemals [-bl-], während *Verkabelung* [-bəl-] oder [-bl̩-] oder [-bl-] sein kann).

3.4. Klassifikation der Vokoide

Bei dem symbolphonetischen Klassifikationssystem für Kontoide auf artikulatorischer Basis wurde die stillschweigende Annahme gemacht, daß zwischen einer artikulatorischen Beschreibung und dem auditiven Eindruck, den Schallproduktionen beim beobachtenden Hörer hervorrufen, eine eineindeutige Beziehung besteht, d. h. daß unterschiedliche (gleiche) Artikulationen zu unterschiedlichen (gleichen) Wahrnehmungen führen und unterschiedlichen (gleichen) Wahrnehmungen unterschiedliche (gleiche) Artikulationen zugrunde liegen. Damit kann die artikulatorische Deskription, die sich an externen, auch meßbaren Daten orientiert, stellvertretend für den nur impressionistisch beschreibbaren Eindruck stehen. Anstatt z. B. Laterale als „hell" oder „dunkel" einzustufen und so eine auditive Kategorisierung mit Benennungen aus dem visuellen Wahrnehmungsbereich vorzunehmen, werden sie eben unter Rückführung auf artikulatorische Parameter als „palatalisiert“ und „velarisiert“ eingeordnet. Im Gegensatz zur gut entwickelten Systematik des artikulatorischen Beschreibungssystems steht für die rein perzeptorische Klassifizierung von Lauten derzeit nur ein Konglomerat von sehr heterogenen Metaphern zur Verfügung, was der intra- und interindividuellen Konsistenz in der ohrenphonetischen Segmentation und Deskription sprachlicher Äußerungen von vornherein abträglich ist. Wie gleich noch zu erörtern sein wird, ist es aber auch gar nicht sinnvoll, die artikulatorische Grundlage symbolphonetischer Klassifikation ersetzen zu wollen durch eine geschlossene und ebenso festgefügte auditive Taxonomie. Die artikulatorischen Grundpfeiler symbolphonetischen Arbeitens, die zudem Verbindungen zur Meßphonetik herstellen, müssen nur ergänzt werden durch perzeptorische Teilsysteme, wie beispielsweise das der noch zu besprechenden K a r d i n a l v o k a l e, in Bereichen, in denen der Bezug zur Laut e r z e u g u n g für die Wahrnehmungsurteile fragwürdig wird.

Für die Bewertung eines Klassifikationssystems ist eben seine Systematik zwar notwendig, aber nicht hinreichend. Insbesondere muß auch seine psychophysische Verbindung zur Perzeption und seine Nützlichkeit bei der praktischen Arbeit ohrenphonetischen Analysierens berücksichtigt werden. Ausschlaggebend ist die Abbildung einzelner artikulatorischer Parameter in akustische Signale und weiter in Dimensionen der Wahrnehmung. Sie kann eineindeutig sein und den Grad der Differenzierung entlang einem solchen Parameter von der Produktion über die signalphonetische Entsprechung bis hin zur daraus abgeleiteten Perzeptionsgröße unverändert lassen. Das ist beispielsweise der Fall bei den durch Öffnungsgrad und Velumsposition bestimmten Kategorien der Artikulations a r t – Plosiv, Frikativ, friktionsloser Laut, Nasal. Sie sind kategoriale Unterscheidungen, die in allen drei Bereichen als solche festlegbar sind, wenn auch zur Bestimmung der Schwelle zwischen Frikativ und friktionslosem Laut in der Turbulenz auf der Produktionsseite und in der spektralen Ausprägung auf der Seite des akustischen Signals statistische Aussagen über auditive Beurteilungen herangezogen werden müssen. Wegen dieser eindeutigen Beziehungen zwischen Artikulation, Signal und Audition im Parameter der Artikulationsart kommt ihm eine grundlegende Bedeutung für die erste Stufe ohrenphonetischer Segmentation und Klassifikation zu, auf der die weitere symbolische „Vermessung“ sprachlicher Äußerungen aufbauen kann. Die Abschaffung artikulatorischer Klassifikationskategorien würde hier also keinen Gewinn bringen, vielmehr eine gute artikulatorische Systematik durch eine schlechte auditive ersetzen.

Bei der Abbildung des Parameters „Artikulations o r t" liegen die Dinge jedoch schon anders. In einem Plosiv wird er nicht in der artikulatorisch charakteristischen Verschlußphase in akustische und weiter in auditive Werte abgebildet, sondern im Übergang von und zu umgebenden Artikulationskonfigurationen, d. h. beispielsweise in der Verschlußöffnung vor vokalischen Elementen. Dabei kann der Grad der Verschiedenheit geringer werden. Während labialer und velarer Artikulationsort kategorial unterschieden sind, liegen die akustischen und auditiven Korrespondenzen auf einer Skala dicht beieinander, heben sich allerdings stärker vom „Alveolar" ab. Sie haben also perzeptorisch größere Ähnlichkeit, was zu häufigeren Verwechslungen im Kommunikationsprozeß führt und die Zuordnung des gemeinsamen Merkmals „dunkel" in der Theorie der „distinctive features" verständlich macht.[51]

Diese Veränderung von Relationen bei der Abbildung aus dem artikulatorischen über den akustischen in den auditiven Bereich gilt nun ganz besonders für die Vokoide. Während der höchste Punkt der Zunge für die vorderen Vokoide [i], [e], [ɛ] (wie in deutsch *biete, bete, bäte*) eine lineare Abwärtsbewegung und die zugehörigen ersten Formanten eine ebenso linear ansteigende Skala bilden, entspricht der linear absteigenden Stufenleiter der ersten Formanten in den hinteren Vokoiden (wie in deutsch *bat, bot, Hut*) keine lineare Progression der Zunge von tiefster zu höchster Position. Bei den hinteren Vokoiden spielt eher der Punkt größter Engebildung eine Rolle, die auch zur Pharynxwand hin (besonders für [ɑ]) erfolgen kann. Hier wird also etwas anderes abgebildet. Dem einheitlichen Prinzip in der akustischen Repräsentation sowohl vorderer als auch hinterer Vokoide steht eine artikulatorische Diskontinuität zwischen beiden Klassen gegenüber. Auch hier wird der Grad der Differenzierbarkeit geringer. Mit der Klassifikation vorderer Vokoide haben Phonetiker stets weniger Schwierigkeiten als mit den hinteren, wo ihre Urteile sehr viel stärker schwanken. Es kommt hierbei als weitere Erschwerung hinzu, daß unterschiedliche Artikulationen durch Kompensation in verschiedenen Parametern bei Vokoiden zum selben akustischen Ergebnis führen können. Vor allem Grad der Lippenöffnung bzw. -rundung und Verengung des Pharynx können sich gegenseitig ausgleichen; auch Kiefer-

[51] Siehe hierzu 4.11.

senkung und Zungenhebung haben bei Vokoiden eine gewisse Unabhängigkeit voneinander.

Wenn also bei den Kontoiden die Beziehung zwischen artikulatorischen Kategorien und der Wahrnehmung sich zwar auch nicht immer eindeutig festlegen läßt, so ist sie doch im ganzen gesehen enger als bei den Vokoiden. Die größere Engebildung, der größere Kontakt zwischen aktiven und passiven Artikulatoren in den Kontoiden ist für eine größere Bindung zwischen den Bereichen verantwortlich und erleichtert so die Klassifikation auf artikulatorischer Basis. Es kommt noch hinzu, daß die sensorische Erfahrbarkeit artikulatorischer Parameter erhöht wird durch die Einbeziehung taktiler, propriozeptiver und visueller[51a] Wahrnehmungskanäle neben der auditiven Übermittlung mittels akustischer Umsetzung. Je weiter sich die Sprechorgane voneinander entfernen, desto geringer wird die taktile Rückmeldung; je weiter die Artikulation in den Körper verlagert wird, desto ungenügender ist die visuelle Erfassung. Diese multisensorische Kopplung zeichnet den Bereich der Produktion vor dem der akustischen Signale aus und spricht gegen akustische und zugunsten artikulatorischer Kategorien in der Symbolphonetik für die Gebiete, in denen die Bindung eng ist.

Aufgrund der dargelegten Verhältnisse haben Phonetiker schon immer größere Probleme mit der Klassifikation und Identifikation von Vokoiden als von Kontoiden gehabt. Seit Generationen, ja seit Jahrhunderten bemüht man sich um eine geeignete Beschreibungsbasis.[52] Zunächst muß für eine artikulatorische Systematisierung die Kategorie „friktionslos" durch weitere Abstufungen unterteilt werden. Die Vokoidklassifizierung in der API-Tabelle[53] geht dann vom höchsten Zungenpunkt aus, der entweder in der Vorder-, Mittel- oder Hinterzunge lokalisiert und entsprechend seiner Entfernung vom Gaumen geschlossen, halbgeschlossen, halb-offen oder offen sein kann und durch die beiden Lippenstellungen gerundet und ungerundet modifiziert wird. Damit ergeben sich die drei Parameter

(1) Zungenhöhe mit vier Stufen,
(2) artikulierender Zungenteil mit drei Unterteilungen,
(3) Lippenstellung mit zwei Graden.

[51a] D. h. über den Tastsinn, das Muskelgefühl und den Gesichtssinn.
[52] Vgl. die Zusammenstellung einer Reihe von Klassifikationssystemen in G. Ungeheuer, *Elemente einer akustischen Theorie der Vokalartikulation.* Berlin, Göttingen, Heidelberg 1962.
[53] *Principles*, p. 10; siehe die Tabelle im Anhang.

Die Festlegung von Punkten in diesen Parametern ist wie jede Untergliederung von Kontinua arbiträr. Mit diesem System können also zunächst einmal 24 Vokoide erfaßt werden. Das menschliche Ohr kann hingegen wesentlich mehr Vokoidqualitäten unterscheiden, die durch weitere Unterteilungen von diesem System ohne weiteres bewältigt werden können. Aber es hat eben die bereits angedeuteten Nachteile einer streng artikulatorischen Klassifikation. Es ist in vielen Fällen unmöglich zu sagen, welcher Punkt der Zunge am höchsten ist und wie weit er gehoben ist, insbesondere bei offenen Vokalen wie [ɑ]. Eine meßphonetische Bestimmung würde hier bereits auf Schwierigkeiten stoßen, und eine symbolphonetisch-artikulatorische Beschreibung eines Gehörseindrucks ist in diesen Fällen praktisch nicht mehr als eine imaginäre Marke, ein „imitation label"[54], das keine nachvollziehbare Beschreibung eines Vorgangs liefert, sondern eine Erinnerungshilfe für denjenigen, der mit der Benennungstradition vertraut ist, so wie ein Gesangsschüler durch Erfahrung richtig reagiert, wenn er den Ton aus einer bestimmten Körpergegend hervorbringen soll, ohne zu wissen, was er physiologisch wirklich tut. Vor allem berücksichtigt dieses System aber weder das Kompensationsprinzip noch die schwingungsfähige Luftsäule des Rachens und die bereits oben als wichtig erkannte hintere Engebildung.

Es wird also ein Klassifikationsschema benötigt, das nicht mehr ausschließlich auf artikulatorischen Stellungen beruht, sondern stärker auf auditiven Werten. Da die Vokoide ein auditives Kontinuum bilden (das durch langsames Gleiten von [i] über [e], [ɑ], [o] nach [u] demonstriert werden kann), müssen Referenzpunkte mit klar definierten Merkmalen willkürlich herausgegriffen werden, die dann die „Vermessung" des auditiven „Raumes" und die Bestimmung irgend welcher in Sprachen vorkommender Vokoide durch Bezug auf diese festliegenden Vergleichswerte erlauben. Ein solches System von Kardinalvokalen wurde von dem englischen Ohrenphonetiker D. Jones entwickelt[55] und stellt ein ähnlich nützliches Hilfsmittel dar wie ein Netz aus Längen- und Breitengraden zur geographischen Lokalisierung.

[54] Vgl. Pike, *Phonetics*, pp. 16 ff.
[55] Vgl. *An Outline of English Phonetics.* Cambridge [9]1969, pp. 28–39. Der Terminus stammt von A. M. Bell (*Visible Speech*, 1867, p. 16). Die Konzeption findet sich bereits bei A. J. Ellis (*The Alphabet of Nature*, 1844, p. 52). Auch H. Sweet hat sie übernommen (*Handbook of Phonetics*, 1877, p. 11). In allen diesen frühen Belegen sind Kardinalvokale als Kardinalpositionen definiert.

Da die Zungenbewegungen aus der Mittellage innerhalb des Mundes nach vorn und nach unten anatomische Grenzen haben und da sie auch nach hinten und nach oben begrenzt sind, weil ab einem gewissen Punkt Friktionsgeräusch entsteht und damit per definitionem ein Kontoid vorliegt, werden Vokoide innerhalb eines wohldefinierten artikulatorischen Raums hervorgebracht. D. Jones wählte nun aus diesem z w e i Vokoide nach extremen a r t i k u l a t o r i s c h e n Kriterien aus:

(1) den höchsten und vordersten – [i],

(2) den tiefsten und hintersten – [ɑ].

Weitere s e c h s Punkte wurden dann auf a u d i t i v e r Basis bestimmt, drei davon zwischen [i] und [ɑ] in der Weise, daß die fünf Vokoide eine Reihe auditiv gleicher Schritte bilden, d. h. daß jeder Vokoid eine auditive Qualität hat, die genau in der Mitte liegt zwischen dem Vokoid davor und danach. Diese Serie gleicher perzeptorischer Stufen wurde schließlich über [ɑ] hinaus durch nochmaliges Hinzufügen von drei Punkten fortgesetzt, wobei die Lippenrundung progressiv zunimmt. So entsteht die geordnete Reihe der acht p r i m ä r e n K a r d i n a l v o k a l e [i], [e], [ɛ], [a] [ɑ], [ɔ], [o], [u].

Diese Vokoide sind sprachunabhängig festgelegt und setzen damit ein absolutes Referenzsystem zur Bestimmung jedweder Vokoide in irgendwelchen Sprachen an die Stelle unpräziser Vergleichsangaben durch Schlüsselwörter, wie sie sich in vielen Aussprachekapiteln von fremdsprachlichen Einführungslehrbüchern und auch in Phonetikhandbüchern finden: [i] wie in frz. *pis*, [ɛ] wie in frz. *lait*, [ɯ] wie im rumänischen *cît*, [ɤ] wie im Vietnamesischen.[56] Solche Hinweise haben nur dann einen Wert, wenn die Spielart des Französischen, Englischen, Vietnamesischen etc., die für das Identitätsurteil herangezogen wird, genau beschrieben und dem Leser bekannt ist. In den meisten Fällen handelt es sich dabei sowieso nur um eine grobe Ähnlichkeitsangabe. Die Kardinalvokale sind hingegen nicht durch ihr Vorkommen in bestimmten Sprachen definiert, sondern sie definieren umgekehrt Vokoide in Sprachen auditiv. Natürlich können die Kardinalwerte auch in Sprachen selbst auftreten. Die Vokoide in gewissen französischen Aussprachevarianten von *lit, les, lait, là, las, l'eau* kommen den Kardinalvokalen zumindest sehr nahe, nicht jedoch diejenigen von frz. *sotte* und *loup*; für die Kardinalvokale 6 und 8 liefert das Deutsche z. B. in *Gott* und *gut* bessere Appro-

[56] Vgl. W. Rothe, *Phonologie des Französischen.* Berlin 1972, p. 22; P. Fouché, *Traité de prononciation française.* Paris 1969, pp. XIII ff.

ximationen. Kardinalvokale können nach dem Gesagten nicht über eine artikulatorische Beschreibung gelernt werden, sondern nur durch Imitation von Schallaufzeichnungen oder von Produktionen eines Lehrers, der das System durch intensives Training zu beherrschen gelernt hat. D. Jones hat die Kardinalvokale dreimal auf kommerziell vertriebenen 78er Schallplatten aufgezeichnet: 1917, 1943 und 1955. Inzwischen existieren auch – allerdings nicht im Handel erhältlich – akustisch wesentlich bessere Tonbandaufzeichnungen, die P. Ladefoged von einer ganzen Reihe englischer Phonetiker unter Kontrolle durch D. Jones für eine akustische Untersuchung anfertigen ließ.[57]

Es könnte eingewendet werden, daß die perzeptorische Festlegung gleicher Schritte rein subjektiv und daher auch nicht besser als ein „imitation label"-Verfahren sei. Eine Forschergruppe der Haskins-Laboratorien[58] hat jedoch Ergebnisse vorgelegt, die dem klar widersprechen. Von Vokoiden, die nach Hörerurteilen den Kardinalvokalen zumindest sehr nahe kommen, wurden Sonagramme angefertigt und jeweils der erste Formant gemessen. Mit Hilfe eines Sprachsynthetisators wurden dann Vokoide elektrisch erzeugt, die eine der gefundenen Frequenzen für den ersten Formanten sowie einen in Schritten variierten zweiten Formanten enthielten. Diejenigen Signalproduktionen wurden schließlich ausgewählt, die nach übereinstimmendem Urteil der Verfasser als die besten künstlichen Reproduktionen der Kardinalvokale angesehen werden konnten. Werden diese Formantfrequenzen in einer logarithmischen Darstellung in ein zweidimensionales Diagramm (F_1 vertikal, F_2 horizontal) eingetragen, so ergibt sich eine frappierende Ähnlichkeit mit dem gleich noch zu besprechenden Kardinalvokalviereck, und den auditiv gleichen Schritten entsprechen hier in der Tat gleiche logarithmische Frequenzabstände, auf alle Fälle im ersten Formanten (siehe Abbildung 9).

Die auditive Beurteilung von Vokoiden scheint also derselben Progression im vorderen und hinteren Bereich zu folgen, wie das auch für akustische Parameter gilt im Gegensatz zur artikulatorischen Diskontinuität. Während also bei Kontoiden eine enge Beziehung zwischen artikulatorischen Parametern und der Wahrnehmung für die symbolphonetische Dar-

[57] Siehe P. Ladefoged, The nature of vowel quality. In: *Three Areas in Experimental Phonetics.* London 1967, 50–142.

[58] P. Delattre, A. M. Liberman, F. S. Cooper, Voyelles synthétiques à deux formantes et voyelles cardinales. *Maître Phonétique* 96 (1951), 30–35; P. Delattre, A. M. Liberman, F. S. Cooper, L. J. Gerstman, An experimental study of the acoustic determinants of vowel color. *Word* 8 (1952), 195–210.

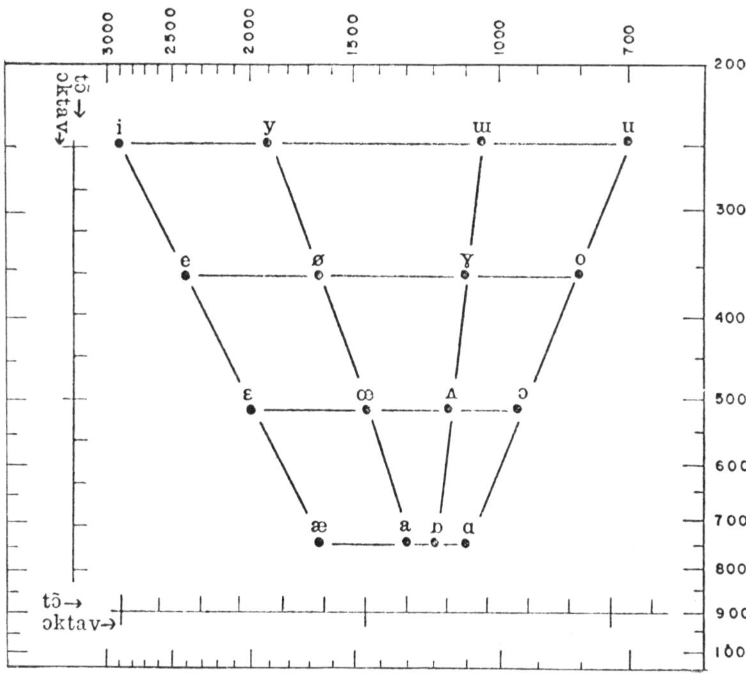

Abb. 9

Diagramm der synthetischen Kardinalvokale mit zwei Formanten[59]

stellung besteht, zeigen Vokoide eine solche Bindung nicht. Bei ihnen reflektiert die auditive Klassifikation nur die akustische Signalstruktur. Der Anknüpfungspunkt zur Meßphonetik für symbolphonetische Kategorien ist daher bei den Kontoiden mehr artikulatorisch, bei den Vokoiden akustisch bestimmt.

Es erhebt sich nun die Frage, wie kompetente Beurteiler die auditive Nähe bzw. Distanz zwischen den Kardinalvokalen selbst und zu irgend welchen anderen Vokoiden fassen, da ja hier keine räumlich-artikulatorischen Distanzen vorliegen. Welche Beschreibungskategorien sollen also verwendet werden, und wie konsistent werden sie benutzt? Wie erfolgt schließlich mit ihrer Hilfe die Darstellung in einem Diagramm? Hier hat D. Jones durch die Hintertür wieder die artikulatorische Interpretation

[59] Nach *Maître Phonétique* 96 (1951), p. 32. Siehe Fußnote 58.

der Kardinalvokale hereingebracht. Es wird wieder – contrafaktisch – die eineindeutige Beziehung zwischen Artikulationsstellung und auditivem Eindruck hypothetisch angesetzt. Der Ohrenphonetiker tut so, als ob der höchste Punkt der Zunge parallel zu den auditiv gleichen Abständen auch gleiche Schritte zurücklege. Er kommt auf diese Weise nach entsprechender Begradigung zu folgendem Diagramm des Vokoidfeldes, auf dessen Umfang der höchste Punkt der Zunge für die extremen Positionen wandern soll und in dessen Innern er ebenfalls an einer großen Zahl von Stellen lokalisiert sein kann.

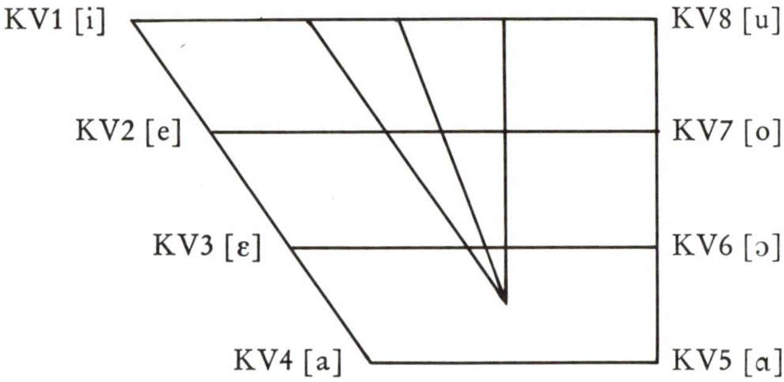

Abb. 10 Kardinalvokalviereck

In diesem regelmäßigen Vokoiddiagramm repräsentiert Zungenposition 1 auch Qualität 1 usw. Vokoidqualitäten werden in ihm auditiv durch artikulatorische Uminterpretation klassifiziert. Diese Gleichsetzung ist eine Fiktion, vor allem für die hinteren Vokoide, wie Röntgendaten zu Kardinalvokalartikulationen eindeutig beweisen.[60]

Aber sie scheint eine nützliche Fiktion in der praktischen Arbeit des Ohrenphonetikers zu sein. Der kompetente Hörer interpretiert auditive Punkte in Relation zu Kardinalwerten in artikulatorische um und hält sie im Positionsdiagramm fest. Damit ist er in der Lage, Information über die Vokalqualität für späteren Gebrauch zu speichern und darüber mit anderen Ohrenphonetikern zu kommunizieren, ja schließlich die fiktiven Zungenstellungen auch wieder in akustische Werte umzusetzen und bei einem Hörer eine dem ursprünglichen auditiven Eindruck entsprechende Qualität auszulösen, vorausgesetzt, daß er gelernt hat, mit dem

[60] Siehe P. Ladefoged, *Preliminaries*, pp. 68–69.

System umzugehen. Das Erstaunliche an dieser Vokoidklassifikation ist, daß sie trotz artikulatorischer Fiktionen die allein relevanten auditiven Verhältnisse recht gut und weitgehend auch konsistent[61] erfaßt und dabei die Systematik der zugrundeliegenden akustischen Signale sehr schön reflektiert.

Die gute Handhabung des Systems setzt aber langes und intensives Training im Produzieren der Kardinalvokale zur Gedächtnisspeicherung und im Klassifizieren von Vokoiden in sprachlichen Äußerungen voraus. Neben einer Lokalisierung eines Vokoids im Vokalviereck – also einer graphischen Darstellung – werden auch diakritische Zeichen zur symbolphonetischen Notation verwendet. ˙ und ¨ (über dem KV-Symbol) bezeichnen einen geringeren und einen größeren Grad der Zentralisierung gegenüber dem Kardinalvokal: [ε̇], [ε̈], [ɔ̇], [ɔ̈]. Für Zentralisierung wird bei hinteren Vokoiden auch ̟ (Frontierung), bei vorderen auch ̠ (Zurückziehen) verwendet (beide unter dem KV-Symbol): [ε̠], [ɔ̟]. Größere Öffnung bzw. Schließung gegenüber dem KV wird durch untergesetzte ̞ oder ˛ bzw. ̝ oder . markiert: [e̞ = ę], [e̝ = ẹ]. Eine Vokoid-Gleitbewegung, ein D i p h t h o n g (wofür 4.9. eine genauere Definition gibt), wird im Kardinalvokalviereck durch Pfeile vom Ausgangspunkt zum Zielpunkt der qualitativen Veränderung angezeigt, in der Symbolisierung durch Zeichen für Anfangs- und Endvokoid: [ai], [äε̈], [ǫ̈ų].

Große Schwierigkeiten bereitet vor allem der Parameter „Lippenstellung“, der nicht als separate artikulatorische Klassifikationskategorie im Viereck erscheint, sondern an die beiden anderen Parameter – Zungenteil und -höhe – gekoppelt ist: Kardinalvokale 1–5 haben ungerundete Lippenstellung (mit abnehmender Spreizung), Kardinalvokale 6–8 zunehmende Lippenrundung. In der Schallplattenaufnahme von 1955 hat D. Jones daher auch einen Satz s e k u n d ä r e r K a r d i n a l v o k a l e mit vertauschter Lippenstellung gegenüber den primären aufgestellt: [y], [ø], [œ], [ɶ], [ɒ], [ʌ], [ɤ], [ɯ]. Darüber hinaus enthält die Platte die jeweils in der Mitte zwischen [i] und [ɯ] sowie [y] und [u] liegenden hohen ungerundeten bzw. gerundeten Zentralvokale [ɨ] und [ʉ]. Die sekundären Kardinalvokale haben sich unter den Ohrenphonetikern als weitere Referenzpunkte kaum eingebürgert. Im allgemeinen wird versucht, die primären Kardinalvokale als auditive Bezugsqualitäten zu verwenden und durch Hinzufügen des artikulatorischen Parameters „Lippen-

[61] Vgl. P. Ladefoged, The nature of vowel quality.

stellung" zu modifizieren: „das klingt wie KV1 gerundet". Damit kommt aber das Problem artikulatorischer Kompensation herein, weshalb es auch nicht verwundert, daß Phonetiker in der Beurteilung gerundeter Vokoide sehr viel stärker schwanken.

Auch bei den Vokoiden, für deren Produktion eine fein abgestufte Gestaltung des Rachenraums charakteristisch ist – also für alle hinteren Vokoide –, ergeben sich ähnliche Probleme und größere Streubreiten, weil der Pharynx als eigene Größe im Vokalviereck gar nicht erscheint, sondern wie die Lippenstellung an die übrigen Parameter gekoppelt ist und in eine einheitliche Qualität eingeht. In dem Moment, wo nun durch Abweichen von den „normalen" Bindungen in den primären Kardinalvokalen die zusätzlichen artikulatorischen Parameter voneinander unabhängig werden, führt das System zu Schwierigkeiten. Es zeigt sich also wieder, daß das Klassifikationsschema dort am besten funktioniert, wo Artikulation, akustisches Signal und Perzeption gemeinsame Wege gehen, wo also die Artikulation als echter, nicht-fiktiver Vorgang die symbolphonetische Analyse unterstützen kann, wie bei den vorderen Vokoiden.

Die voraufgehenden Darlegungen haben gezeigt, daß zwar die symbolphonetische Analyse der Kontoide eine weitgehende artikulatorische Basis haben kann und auch muß, daß aber für die Vokoide eine auditive Klassifikation sinnvoller ist, für die nun allerdings noch ein systematisches Kategoriensystem zu erstellen ist. Die fiktive Artikulation ist unbefriedigend. Es müßte einmal der Versuch gemacht werden, akustische Parameter (Formantfrequenzen) dafür gezielt einzusetzen, zumal die Bindung zwischen diesen akustischen Größen und auditiver Qualität ja sehr eng ist. Damit ist noch gar nicht das weitere Problem angeschnitten, daß Kardinalvokale isoliert dargeboten werden, aber Äußerungsausschnitte bestimmen sollen.[62]

Nachdem nun die Problematik der Vokoidklassifikation aufgezeigt ist, wird der Leser Vokalnotationen nicht mehr so selbstverständlich hinnehmen. Im speziellen Teil der Beschreibung deutscher Laute wird das Kar-

[62] Siehe hierzu auch G. Heike, Zur Frage eines lautlichen Bezugssystems für phonetische Notationen. *Zeitschr. f. Mundartforschung* 31 (1964), 50 ff.; id., Auditive und akustische Beschreibung lautlicher Äußerungen mit Hilfe eines lautlichen Bezugssystems. *Verhandl. d. 2. Internat. Dialektologenkongr. in Marburg 1965*, pp. 356–362, Marburg 1967; W. Meyer-Eppler, *Grundlagen und Anwendungen der Informationstheorie*. Berlin, Heidelberg, New York ²1969, pp. 360–366.

dinalvokalsystem, so wie es uns derzeit vorliegt und hier beschrieben wurde, zur Klassifikation verwendet. Wer mit ihm vertraut ist, wird genau erfahren, was ich mit meinen Transkriptionen meine; alle anderen werden eine ungefähre Vorstellung vermittelt bekommen.

3.5. Die phonetische Silbe und suprasegmentelle Merkmale

Es ist immer wieder die Frage gestellt worden, ob es über den Lauten eine größere phonetische Einheit gibt, die nicht nur die Summe der Laute darstellt, sondern darüber hinaus eigenständige Gesetzmäßigkeiten aufweist. Die Diskussion um die S i l b e hat denn auch eine sehr umfangreiche Literatur hervorgebracht.[63] Zwei einander entgegengesetzte Fragestellungen können hierin unterschieden werden:

(1) Wie ordnen sich Laute zur phonetischen Silbe zusammen?

(2) Wie gliedert sich eine phonetische Silbe in Laute?

Im ersten Fall ist der Laut das primäre Element; aus ihm entsteht durch Verkettung in einem zweiten Schritt die Silbe. Im anderen Fall bildet die Silbe die Ausgangseinheit; sie wird in Laute segmentiert.

Zur ersten Fragestellung gehören die Silbentheorien von E. Sievers in „Grundzüge der Phonetik".[64] Er verbindet eine „Drucktheorie" mit einer „Schallfülletheorie", gibt aber letzterer in der 5. Auflage ein sehr viel stärkeres Gewicht. Eine Silbe wird danach mit einem selbständigen, einheitlichen Expirationshub hervorgebracht. Jede Unterbrechung der einheitlichen Expiration stört den einheitlichen Charakter und bedingt Mehrsilbigkeit. Jedoch ist nicht alles, was mit einem Expirationsstoß gesprochen wird, auch stets nur eine Silbe. Die Lautfolge [aja] läßt sich auch dann nicht einsilbig aussprechen, wenn die Expiration von Anfang bis Ende in gleicher Stärke verläuft. Das hat seinen Grund in der verschiedenen S c h a l l f ü l l e der Laute [a] und [j]. In einer mehrlautigen Silbe müssen sich die Laute hinsichtlich ihrer Schallstärke einem einzigen Laut, dem S o n a n t e n der Silbe, als K o n s o n a n t e n unterordnen. Für diese Abstufung der Schallstärke innerhalb der Silbe ist nach Sievers in erster Linie die natürliche Schallfülle der einzelnen Laute, erst in zweiter Instanz die Intensität der Expiration maßgebend. Es tritt dabei

[63] Einen Überblick bis zum Erscheinungsjahr gibt die Dissertation von H. G. Tillmann, *Das phonetische Silbenproblem.* Bonn 1964.

[64] Leipzig ^{2}1881, ^{3}1885, ^{4}1893, ^{5}1901. Die 1. Auflage erschien unter dem Titel *Grundzüge der Lautphysiologie* 1876.

eine Zunahme der Schallstärke vom Silbenanfang zum Silbengipfel, dem Sonanten, auf, anschließend wieder eine Abnahme zum Silbenende hin.

Die Laute ordnen sich in eine Schallfülleskala ein. Die Dauerlaute haben den Vorrang vor den Plosiven; innerhalb der Dauerlaute gehen die stimmhaften den stimmlosen vor; unter den stimmhaften Dauerlauten stehen die Vokoide, Liquide und Nasale (die Sonorlaute) höher als die stimmhaften Geräuschlaute (Frikative); unter den Sonoren haben die Vokoide den höheren Rang, und zwar ist ihre Schallfülle um so größer, je weiter der Öffnungsgrad ist; die Liquide liegen schließlich über den Nasalen und innerhalb der Klasse der Liquiden [r] über [l]. Damit ergibt sich folgende Skala abnehmender Schallfülle:

offene Vokoide
geschlossene Vokoide
Liquide
Nasale
stimmhafte Frikative
stimmlose Frikative
Plosive.

Diese graduelle Abstufung der natürlichen Schallfülle, der Sonorität, ist impressionistisch gewonnen, weitgehend durch einen Rekurs auf die Lautverbindungsmöglichkeiten, die in intuitiv anerkannten Silben angetroffen werden. So sind im Deutschen *Alm, Arm* und *Karl*, nicht aber *aml, amr* und *alr* als einsilbige Folgen möglich. In anderen Sprachen gelten jedoch ganz andere Gesetze, so daß dieses Kriterium für die Aufstellung einer allgemeinen, also auch sprachunabhängigen Sonoritätsskala nicht verwendet werden darf, zumal hier ein Zirkelschluß in die Argumentation kommt: Eine Silbe ist gekennzeichnet durch ein Auf und Ab der natürlichen Schallfülle; andererseits wird die Sonoritätsgradierung bestimmt durch die möglichen Lautverbindungen in Silben.

Daß die Skala nur eine bedingte empirische Basis hat, zeigt sich auch an der grundsätzlich höheren Stellung der geschlossenen Vokoide gegenüber den Frikativen. Signalphonetisch gesprochen hat [i] verglichen mit [ʒ] oder [ʃ] geringere Intensität, und auch der Gehörseindruck ist der eines „schwächeren" Lautes. Da die Schallintensität, d. h. der physikalisch-akustische Wert, des aus dem Ansatzrohr abgestrahlten Signals um so größer ist, je weiter die Öffnung und damit höher die Energieabstrahlung wird, ist eine Schallfülleskala durchaus auf eine substantielle Grundlage zu bringen, aber dazu ist empirische Forschung notwendig. Vor allem muß auch gewährleistet sein, daß die Intensität der Quellensignale in der Produktion konstant gehalten wird, was bei einem menschlichen Sprecher zumindest nicht einfach kontrollierbar ist. Ganz abgesehen von der Fragwürdigkeit der Sonoritätsskala ergeben sich jedoch grundsätzliche Schwierigkeiten in der Anwendung beider Silbentheorien auf die Silbenzahlbestimmung in einer Reihe von Silben. Während die Drucksilbentheorie für ein deutsches Wort wie *Eier* nur eine Silbe liefert, obwohl das Sprachempfinden zwei fordert, führt das Heranziehen der Schallfülletheorie in diesem Fall zwar zur richtigen Zahl, in einem anderen deutschen Wort wie *Obst* aber ebenfalls zu zwei Silben, obgleich intuitiv nur eine anerkannt wird. Sievers trug dieser Diskrepanz dadurch Rechnung, daß er Nebensilben ansetzte, über die wegen der geringen Schallfülle des darin auftretenden stimmlosen Frikativs die Hauptsilbe mit ihrem klangvollen Sonanten durchaus dominiert. Damit zeigt sich aber, daß eine eindeutige phonetische Definition dessen, was vorwissenschaftlich als Silbe vorliegt, über zwei Substanzparameter, die darüber hinaus teilweise sogar pseudophonetischen Charakter haben, nicht möglich ist.

Als Beispiel für die zweite Fragestellung soll die Silbentheorie Stetsons[65], die Bestandteil einer umfassenderen artikulatorischen Bewegungstheorie ist, kurz besprochen werden. Stetson geht von Luftstößen (chest pulses) aus, die durch die Aktivität der internen Zwischenrippenmuskeln entstehen; die Artikulationsbewegungen im Ansatzrohr sind für Stetson sekundäre, der Brustmotorik nur modifizierend aufgesetzte Veränderungen. Wichtig ist dabei die Hypothese, daß die Musculi intercostales ballistische Bewegungen ausführen, die – hervorgerufen durch einen initialen Impuls, einen schleudernden Anstoß – einen damit vorgegebenen Kurs einschlagen und nicht weiter steuerbar sind. Die Silbe ist dann ein durch eine solche ballistische Bewegung produzierter Luftimpuls. Da dessen Gestaltung im Ansatzrohr sehr viel stärker durch größere Engebildungen erfolgt, sind für Stetson die Vokoide lediglich Begleiterscheinungen des Luftstoßes, während die Kontoide eigene Elemente der Bewegung darstellen und den Impuls auslösen bzw. anhalten helfen, womit die Silbengrenzen auch durch die motorischen Abläufe festgelegt werden. Im Falle der offenen, d. h. auf Vokoid ausgehenden Silben (*da*, *See*), wird die Bewegung durch eine inspiratorische Tätigkeit abgebremst.

[65] R. H. Stetson, Motor Phonetics. *Archives néerlandaises de phonétique expérimentale* 3 (1928), 1–216. Die zweite Auflage erschien 1951 als Monographie (Amsterdam, North Holland Publishing Company).

Stetson baute seine Hypothese jedoch auf sehr begrenzten experimentellen Daten auf, die er einmal durch Kymographenaufzeichnungen der Brustkorbbewegungen, zum andern durch Registrierung des Luftdrucks in der Lunge über einen aufgeblasenen Ballon in der Speiseröhre gewann.[66] Aufzeichnungen dieser Art können zwar zeigen, daß Sprache nicht artikulatorische Aktivität ist, die auf einen kontinuierlichen Luftstrom von konstantem Druck aufgesetzt wird; aber sie können nur wenig über die bei dieser Theorie grundlegenden Muskelvorgänge aussagen. Die wenigen elektromyographischen Daten, die Stetson mit Oberflächenelektroden erhielt, ändern an dieser Kritik nichts, da auf diese Weise Muskelvorgänge nur sehr grob erfaßt werden.[66]

Diese experimentellen Mängel behoben P. Ladefoged, M. H. Draper und D. Whitteridge[67] in einer gründlicheren elektromyographischen Untersuchung der gesamten Atmungsmuskulatur mit Hilfe von Nadelelektroden. Dabei zeigte sich, daß zwar für viele der Einheiten, die wir als Silben zu bezeichnen pflegen, jeweils vor Beginn Aktivitätsimpulse auftreten, daß aber in bestimmten Fällen (z. B. in *pity, around*) für zwei Silben nur einmal ein solches Maximum erscheint, während in anderen (z. B. in *sport, stay*) zwei Gipfel für eine Silbe registriert werden. Außerdem widerlegen die Untersuchungsbefunde Stetsons Ansatz einer ballistischen Bewegung der Atmungsmuskeln, da die Aktivität sehr fein kontrolliert wird und eben nicht dem Prinzip des Alles oder Nichts folgt. Hier finden sich also wieder dieselben Diskrepanzen wie in den Sieversschen Silbentheorien und noch dazu an genau denselben Stellen. Aus diesen experimentellen Ergebnissen muß daher der Schluß gezogen werden, daß eine einheitliche phonetische, insbesondere signalphonetische Bestimmung für alle Einheiten, die wir gewöhnlich als Silben bezeichnen, unmöglich ist. Dieses Thema wird deshalb in 4.9 noch einmal unter phonologischem Gesichtspunkt aufgegriffen.

Andererseits ist es nun gerade die Silbe, mit der die suprasegmentellen Erscheinungen der Tonhöhe und der Akzentuierung verbunden werden, also Phänomene, die man gewöhnlich gerade nicht den Segmenten zuordnet, sondern als ganzen Segmentketten überlagert ansieht. Das physikalische Korrelat der Tonhöhe ist die Grundfrequenz des akustischen Signals, die sich über seine quasi-periodischen Teile hinweg mehr oder weniger stark ändert und das Schwingverhalten

[66] Vgl. hierzu 3.2.

[67] Syllables and Stress. *Miscellanea Phonetica* III (1958). IPA London, 1–14.

der Stimmbänder eineindeutig abbildet. Allerdings ist das menschliche Gehör auch in der Lage, bei Fehlen der Grundfrequenz (wie z. B. in der Telephonübertragung) über die Periodizitätsanalyse des Signals zur selben Tonhöhenwahrnehmung zu kommen, wie wenn die Grundfrequenz vorhanden wäre. Frequenz und Tonhöhenwahrnehmung stehen in einer logarithmischen Beziehung zueinander. In der Tradition der abendländischen Musik bezeichnen wir einen Ton um eine Oktave höher als einen anderen, wenn er die doppelte Frequenz hat. Diese harmonische Oktavskala wächst also mit dem diadischen Logarithmus des Frequenzverhältnisses. Zu einem anderen Ergebnis der Relation zwischen Frequenz und Tonhöhenwahrnehmung führt jedoch die Aufgabe, die Frequenz fortgesetzt so zu ändern, daß jeweils die Tonhöhe halbiert oder verdoppelt wird. Während bei der harmonischen Skala neben der Tonhöhe noch ein anderer Aspekt der Tonwahrnehmung, nämlich der Wohlklang, hereinspielt, haben wir es hier mit einer eindimensionalen Tonhöhenwahrnehmung zu tun, der melodischen Tonhöhe, deren Einheit 1 Mel ist, wobei 1000 Hz = 1000 Mel gesetzt werden und ein Ton seine Mel-Zahl um den Faktor n vervielfacht, wenn seine wahrgenommene Höhe auf den n-fachen Wert steigt. Bis 1000 Hz ist die Beziehung linear; darüber wird die Tonhöhenzunahme fortschreitend geringer, approximierbar durch eine logarithmische Verbindung.

Für die Tonhöhenwahrnehmung im Kommunikationsprozeß ist bis zu einem gewissen Grade die absolute Tonhöhe über einem Bezugspunkt wichtig, so bei der Identifikation von Frauen- und Kinder- gegenüber Männerstimmen, von freudigem und erregtem gegenüber niedergeschlagenem Sprechen (wobei in diesen letzten Fällen natürlich noch andere phonetische Bestimmungskriterien wie Tempo und Lautstärke hinzukommen). In diesem Zusammenhang kommt es nur auf die Wahrnehmbarkeit und die darauf gegründete Ausnützung phonetischer Phänomene zur Kommunikation im aktiven Vollzug an; es ist völlig irrelevant, ob ein Hörer auch in der Lage ist, absolute Tonhöhen zu benennen und in einer Reflexion über das Sprechen – also extrakommunikativ[68] – zu klassifizieren, was sowieso nur eine seltene Fähigkeit ist. Diese Scheidung zwischen Wahrnehmen und Benennen ist für die gesamte Symbolphonetik wichtig; beide Fertigkeiten muß der Ohrenphonetiker in langem Training systematisch üben und entwickeln.

[68] G. Ungeheuer, Kommunikative und extrakommunikative Betrachtungsweisen in der Phonetik. *Proceedings of the 6th Intern. Congress of Phonetic Sciences.* Prag 1970, 73–85.

Daneben ist aber für die sprachliche Kommunikation die relative Tonhöhe weit bedeutsamer, da nur diese eine Verständigung über physiologisch bedingte Tonlagenunterschiede hinweg ermöglicht. Die Tonhöhenmuster in Kapitel 1 bleiben in ihren Konturen, d. h. in ihren relativen Verläufen, von einer Männer- zu einer Frauenstimme konstant, obwohl sich sämtliche Frequenzen und damit wahrgenommenen Tonhöhen ändern können. Die Übermittlung von Bedeutungen hängt also an den Tonhöhenrelationen. Eine impressionistische Erfassung von Tonhöhenverläufen geht daher von einer subjektiven Bestimmung des mittleren Tonumfangs des Sprechers aus und setzt darin für die quasi-periodischen Abschnitte relative Tonhöhen an. Dabei hat es sich für die praktische Arbeit in der symbolphonetischen Tonhöhenanalyse als äußerst nützlich erwiesen, nicht kontinuierliche Verläufe zu bestimmen, sondern für jede Silbe eine getrennte Markierung zu geben, die entweder eine für das Gehör gleichbleibende oder in verschiedener Weise fallende und/oder steigende Bewegung anzeigt. Die Beispiele in Kapitel 1 demonstrieren dieses Vorgehen in einer graphischen Repräsentation, in einer phonetischen Tonhöhentranskription.

Stetson stellte auch eine Hypothese über den Produktionsmechanismus akzentuierter Silben auf, wonach die Bauchmuskulatur, insbesondere der Musculus rectus abdominis, die Aktivität der Zwischenrippenmuskeln verstärken soll. Auch hierzu konnte seine schlechte Versuchsanordnung keine beweiskräftigen Daten liefern. Ladefoged et al. wiesen aber in derselben Untersuchung nach, daß der Musculus rectus abdominis nicht kontrahiert für Silben, die als akzentuiert empfunden werden, daß vielmehr die gesamte Brustatmungsmuskulatur für die Akzentuierung größere Aktivität zeigt, als dies durch die Abnahme des Luftvolumens in der Lunge gefordert wird, ein Ergebnis, zu dem Stetson nicht gelangen konnte, weil er für die Musculi intercostales eine ballistische, nicht eine genau kontrollierbare Kontraktion annahm. Wenn durch lauteres Sprechen ein erhöhter mittlerer subglottaler Druck notwendig wird, treten immer noch dieselben Brustmuskeln nacheinander in Aktion, um das Druckniveau zu etablieren und zu erhalten, aber die einzelnen Stadien setzen früher ein. Die Betonung (stress) bedingt nun in diesen zur Erzeugung unterschiedlicher Lautstärkeebenen notwendigen Luftdruckniveaus, ausgelöst durch koordinierte, fein abgestufte Muskeltätigkeit, zusätzliche Verstärkungen. Ein Akzentuierungsmuster bleibt damit auf verschiedenen Lautstärken ebenso erhalten wie ein Tonhöhenmuster in verschiedenen Tonlagen.

Während auf der Produktionsseite somit ein sehr einfaches physiologisches Korrelat des impressionistischen Phänomens „Akzentuierung“ vorzuliegen scheint, gilt dies nicht mehr für das akustische Signal. Offensichtlicher Kandidat für ein akustisches Korrelat der Betonung wäre die gemittelte Schallintensität des am Ausgang des Ansatzrohrs abgestrahlten Signals, d. h. die Schallenergie, die im Mittel über eine festgelegte Zeitstrecke hinweg durch die Flächeneinheit strömt. Sie wird jedoch durch Phonation und supraglottale Artikulationen sowie durch die Höhe des mittleren subglottalen Drucks (als mittelbarer Auslöser einer bestimmten Lautstärke beim Hörer) ebenso bestimmt wie durch einen zusätzlichen subglottalen Druckanstieg (als Anzeige von Akzentuierung). Eine Trennung dieser verschiedenen Komponenten allein in der Aufzeichnung der Schallintensität ist schon deshalb schwer möglich, weil zunächst noch gar nicht bekannt ist, welche Mittlungszeiten dafür optimal wären. Außerdem wird der Druckanstieg zum Zwecke der Akzentuierung auch in eine höhere Frequenz der Stimmbandschwingung sowie in andere Dauerverhältnisse artikulatorischer Segmente – neben einer größeren Schallintensität – abgebildet, so daß die intendierte Akzentuierung im akustischen Signal nicht mehr nur durch einen physikalischen Parameter repräsentiert wird und die Betonungswahrnehmung sich eben auch auf diese drei akustischen Größen stützt. Eine Messung ist damit weit schwieriger und problematischer als im Falle der „Tonhöhe“, die im großen und ganzen nur einen physikalischen Stimulus hat, nämlich die Grundfrequenz.

Die Wahrnehmung im Bereich der Akzentuierung kann zu einer Reihe von Gradabstufungen führen, die P r o m i n e n z e n genannt werden sollen und die von der Tonhöhen-, Dauer- und Stärkewahrnehmung nicht mehr unabhängig sind. Es ist möglich, daß eine konsistente Beurteilung des S a t z a k z e n t s[69] durch verschiedene Hörer derselben Muttersprache dadurch ermöglicht wird, daß sich im Gedächtnis der Hörer feste Korrespondenzen zwischen den einfachen physiologischen Prozessen, die sie als Sprecher zur Akzentuierung ausführen und die für sie propriozeptiv und kinästhetisch[70] erfahrbar sind, sowie den komplexen Wahrnehmungsresultaten etabliert haben, so daß bei deren Auftreten auf die einzige einheitliche Grundlage, die Artikulation, zurückgeschlossen und so der intendierte Akzent richtig dekodiert wird. Damit können sich für Sprecher verschiedener Sprachen unterschiedliche Zuordnungen von Satzakzenten ergeben. Die Notation der Suprasegmentalia Dauer/Quantität, Tonhöhe/Intonation und Akzentuierung wird in 5.3. behandelt.

[69] Siehe 4.10.3, wo das Problem der Betonung nochmals unter phonologischem Aspekt aufgegriffen wird.

[70] D. h. über ein Muskel- und Bewegungsgefühl.

4. Grundzüge der Phonologie

4.0. Einleitendes

Bisher wurden phonetische Erscheinungen nur nach sprachunabhängigen, vor allem artikulatorischen Gesichtspunkten betrachtet. Es blieb dabei die Frage unberücksichtigt, in welcher Relation sie zueinander in einer bestimmten Sprache stehen. Abgesehen davon, daß nicht sämtliche Lauttypen, wie sie in Kapitel 3 besprochen wurden, in allen Sprachen vorkommen, ergeben sich sprachindividuelle Einschränkungen ihrer möglichen seriellen Abfolgen und ihrer Austauschbarkeit in einem phonetischen Paradigma sowie hinsichtlich ihrer Fähigkeit zur Wortunterscheidung. Die lautlichen Elemente dürfen also nicht nur nach ihren artikulatorischen oder akustischen Charakteristika bestimmt, sondern müssen auch in bezug auf ihre sprachspezifische Funktion untersucht werden, die bedingt wird durch das Gesamtlautsystem einer Sprache. Dieselben artikulatorisch oder akustisch definierten Lauteinheiten können in verschiedenen Sprachen unterschiedliche Funktionen haben. Diese Unterschiede sollen anhand von Beispielen klargemacht werden.

1. Der finale Frikativ in den deutschen Wörtern *dich, Buch, Dach* ist jeweils anders: [ç] – [x] – [χ]. Diese unterschiedlichen Segmente sind eine Folge wechselnder lautlicher Umgebung, durch die ihre Ausprägung artikulatorisch gesteuert wird. Der palatale Frikativ [ç] erscheint im Deutschen nach den vorderen Vokoiden, nach Kontoiden (*Milch, Mönch, Storch*) sowie initial in Wort und Morphem (*Chemie, -chen*). In allen anderen Positionen treten die beiden hinteren Frikative auf, d. h. der velare und der uvulare. Der uvulare findet sich dabei n a c h den offenen Vokoiden [a(:)] und [ɔ], der velare n a c h den geschlosseneren [u:], [ʊ] und [o:]. Aus dieser Verteilung der Frikative in deutschen Wörtern folgt, daß sie innerhalb eines Simplex nicht in derselben lautlichen Umgebung auftreten und daher Wörter nicht unterscheiden können. Erst die Derivation ermöglicht das Erscheinen im gleichen phonetischen Paradigma und damit die Wortdifferenzierung. *Kuchen, tauchen* und *rauchen* mit [x] und *Kuhchen, Tauchen* und *Frauchen* mit [ç] befolgen

alle die eingangs genannte Verteilungsregel der Frikative, vorausgesetzt, daß die morphologische Komposition berücksichtigt wird: steht der Frikativ unmittelbar n a c h einem morphologischen Einschnitt, dann gilt [ç]; sonst bestimmt der vorausgehende Vokoid den Artikulationsort. Auf diese Weise können sich in gewissen, allerdings – wie die Beispiele zeigen – isolierten Fällen M i n i m a l p a a r e ergeben, d. h. verschiedene Wörter, die sich nur in einem einzigen minimalen lautlichen Element unterscheiden, im vorliegenden Fall durch den vorderen bzw. hinteren Frikativ.

Auch das Neugriechische kennt [ç] und [x], aber hier richtet sich ihr Auftreten stets nach dem f o l g e n d e n Vokoid, und der Gegensatz der beiden im selben phonetischen Rahmen kommt nicht vor. Gegenüber deutsch ['ɛço:] *Echo*, [ra'xi:tis] *Rachitis*, ['raχə] *Rache* läßt das Griechische also nur [e'xo] „Echo“, ['exo] „ich habe“, [ra'çitis] „Rachitis“ und ['raçi] „Rücken“ zu. Die artikulatorisch vergleichbaren Laute in den beiden Sprachen erhalten damit einen unterschiedlichen linguistischen Stellenwert.

2. Während nun im Deutschen nach Ausweis von *Chemie*, *Hemd* und *fett* die drei Frikative [ç-], [h-] und [f-] in lautlichem Gegensatz zueinander stehen, d. h. nicht durch ihre lautliche Umgebung bedingt werden, erscheint im Japanischen [ç] nur vor [i], [h] nur vor [e, o, a] und [Φ] nur vor [ɯ]: [çito] „Mann“, ['hana] „Nase“, [Φɯkɯ] „Glück“. (Das Japanische kennt weder [f] noch [u].) Hier wechselt nun [ç] nicht wie im Deutschen und Griechischen mit [x] und [χ], sondern mit [h] und [Φ] nach automatischen Steuerungsgesetzen durch den phonetischen Kontext ab, wohingegen [h] und [f] im Deutschen unabhängige Einheiten gegenüber [ç] darstellen.

3. Im Deutschen kontrastieren [v] und [b], z. B. in *der Wall* und *der Ball*. Das Spanische kennt kein [v], nur ein vergleichbares [β], das nicht von [b] völlig getrennt ist, sondern mit diesem in der Weise alterniert, daß [β] intervokalisch in Wort und Satz, [b] im absoluten Anlaut und nach Nasal auftritt. Dabei ist es gleichgültig, ob in der Orthographie „v“ oder „b“ steht: *noventa* [-β-], *La Habana* [-β-], *Valencia* [b-] *y Barcelona* [β-], *Barcelona* [b-] *y Valencia* [β-], *en Valencia* [b-], *en Barcelona* [b-].

4. Im Deutschen sind die Verschlußlaute [b], [d], [g] nur intervokalisch voll stimmhaft, im Anlaut sind sie gewöhnlich mehr oder weniger ent-

stimmt. Die Entstimmung kann bis zur völligen Stimmlosigkeit gehen, wobei die Abgrenzung gegenüber [p], [t], [k] durch das Fehlen bzw. Vorhandensein der Aspiration gewährleistet wird: *Bier* [b̥] – *Pier* [ph], *dir* [d̥] – *Tier* [th], *Gier* [g̊] – *Kür* [kh]; *liebe* [b] – *piepe* [p^h], *bieder* [d] – *Bieter* [t^h], *Lage* [g] – *Bake* [k^h]. Im Französischen hingegen wird die Opposition generell durch Stimmhaftigkeit gegenüber Stimmlosigkeit ohne Hinzutreten der Aspiration gebildet: *bain* [b] – *pain* [p], *daim* [d] – *teint* [t], *Guy* [g] – *qui* [k].

5. Die stimmlosen Plosive [p], [t], [k] des Deutschen sind nach [ʃ] und vor nasaler Plosion unaspiriert, sonst aspiriert. Im Französischen sind sie generell unaspiriert, abgesehen von der Möglichkeit der aspirierten Lösung im absoluten Auslaut. Im Urdu – wie in allen anderen indischen Sprachen – ist die Aspiration jedoch nicht in derselben Weise kontextabhängig, sondern aspirierte und nicht aspirierte Plosion bilden eine freie Opposition, die zur Wortunterscheidung ausgenutzt wird: [pəina] „als zahmes Tier gehalten werden“, [phəi] „Frucht“; [tək] „sogar“, [thəkna] „ermüden“; [kan] „Ohr“, [khana] „essen“; aber deutsch *Panne* [ph], *Spanne* [p], *piepen* [-pm].

6. Sowohl das Englische (RP) als auch das Russische kennen palatalisierte und velarisierte Laterale [ļ] – [ɫ]. Während sie jedoch im Russischen in der gleichen lautlichen Umgebung vorkommen (wenn man einmal von vokalischen Differenzierungen absieht) und Wörter unterscheiden ([daļ] „Weite, Ferne“; [daɫ] „gab“), gilt im Englischen [ļ] prävokalisch, [ɫ] präkonsonantisch und final (*little* [ļ – ɫ], *tilt* [ɫ]).

Diese Beispiele zeigen, daß der Status phonetischer Phänomene in den verschiedenen Sprachen ganz unterschiedlich sein kann trotz artikulatorischer und akustischer Similarität oder Identität, und zwar so, daß in einer Sprache ein Unterschied voraussagbar ist mit Bezug auf die lautliche Umgebung, in einer anderen aber relevant, unabhängig vom Kontext festliegt, d. h. in einem phonetischen Paradigma auswechselbar ist und zur Wortunterscheidung verwendet werden kann. Aus den Beispielen geht hervor, daß die Abhängigkeit derselben Lautunterschiede von der phonetischen Umgebung ebenfalls sprachspezifisch in verschiedener Weise geregelt sein kann. Alle phonetischen Eigenschaften sind von dieser linguistischen Festlegung betroffen. Die bereits gegebenen Beispiele illustrieren dies für den Artikulationsort, die Artikulationsart, die Phonation, die Aspiration und die Sekundärartikulation.

4.1. Phonem und kombinatorische Varianten

Die Beispiele haben Laute vorgestellt, die in derselben Lautumgebung vorkommen und zur Wortunterscheidung dienen können. Daneben enthalten sie aber auch Laute, die demselben phonetischen Element zugeordnet werden können, weil sie als seine Modifikation unter dem Einfluß der Steuerung durch die Lautkette, in der sie stehen, interpretierbar sind. Im ersten Fall repräsentieren die verschiedenen Laute verschiedene, im zweiten ein und dieselbe sprachliche Einheit. So wird in Beispiel 1. ein tektaler (d. h. mit dem Zungenrücken irgendwo gegen den Gaumen artikulierter) Laut im Deutschen und Griechischen in Abhängigkeit von den für die umgebenden Vokoide notwendigen Artikulationsbewegungen geformt, mit ihnen k o a r t i k u l i e r t, wobei diese Steuerung keineswegs nur in einer einzigen, physiologisch festgelegten Richtung ablaufen muß, also nicht ein lautsprachliches Universal zu sein braucht, sondern in verschiedenen Sprachen durchaus unterschiedliche Ausprägung erfahren kann.

Die kontextbedingten Varianten in den Beispielen 2. bis 4. lassen eine ganz entsprechende Erklärung zu. Die Variabilität der Aspiration unter 5. ist aber, obwohl sie in genau abgrenzbaren Kontexten auftritt, nicht mehr nur durch Koartikulation aus den voraufgehenden und nachfolgenden Bewegungsabläufen ableitbar, sondern beruht sehr viel stärker auf Steuerungsprozessen höherer Ordnung. Dies gilt dann ausschließlich im letzten Beispiel. Obwohl also für phonetische Varianten einer linguistischen Einheit stets eine kontextuelle Bindung, d. h. eine Kovarianz mit unterschiedlichen Lautumgebungen gilt und in einem Datenkorpus deskriptiv erfaßt werden kann, sind die zugrundeliegenden Entstehungsprozesse entweder rein koartikulatorisch oder darüber hinaus bzw. ausschließlich extern gesteuert. P. Ladefoged hat hierfür die Begriffe i n t r i n s i s c h und e x t r i n s i s c h vorgeschlagen.[71]

Kontextfreie Laute der besprochenen Art werden als Realisierungen verschiedener P h o n e m e bezeichnet, die kontextabhängigen als k o m b i n a t o r i s c h e V a r i a n t e n eines einzigen Phonems. Nach einer anderen Betrachtungsweise stehen kontextgebundene Segmente, von denen keines in den maßgeblichen Lautumgebungen der übrigen vorkom-

[71] *Preliminaries to Linguistic Phonetics.* The University of Chicago Press, ²1973, p. 19.

men kann, in komplementärer Verteilung und bilden die Klasse eines Phonems, sind Allophone ein und desselben Phonems. Im Deutschen sind danach [ç], [x] und [χ] kombinatorische Varianten des Phonems /x/[72], [h] und [f] dagegen Realisierungen der Phoneme /h/ und /f/. [ç], [x] und [χ] stehen in komplementärer Verteilung und bilden die Klasse des Phonems /x/, dessen Allophone sie darstellen; [h] und [f] gehören den weiteren Klassen der Phoneme /h/ und /f/ an. Voraussetzung ist dabei allerdings für beide Interpretationsweisen dieses Beispiels, daß das nicht abgeleitete Wort als Untersuchungsrahmen gewählt wird, da sich sonst der Ansatz zweier Phoneme /ç/ und /x/ wegen der oben genannten Minimalpaare zwingend ergibt, womit allerdings die allgemeine Verteilungsregel der Segmente [ç] und [x] im überwiegenden Teil des „normalen" deutschen Wortschatzes untergeht und folglich ein wichtiges Strukturgesetz des Deutschen erst wieder durch Regeln über die Phonemverteilung (siehe hierzu 4.7.) erfaßt werden kann. Beide Lösungsversuche sind wiederholt vorgetragen worden.[73] Hier wird der erste gewählt, weil eine phonologische Analyse trotz der immer wieder aus den verschiedensten Gründen erhobenen Behauptungen des Gegenteils nur am Einzelwort und erst darauf aufbauend an Sätzen und fortlaufenden Texten möglich ist, was die Praxis jeder phonologischen Schule auch stets befolgt hat. Wenn aber das Wort von so grundlegender Bedeutung für die Analyse ist, dann soll es auch den Beschreibungsrahmen für die Phonembestimmung in einer Sprache abgeben.

Die anderen oben besprochenen Beispiele führen zu entsprechenden Phonemansätzen:

[ç], [h] und [Φ] bilden im Japanischen das Phonem /h/.

[β] und [b] sind im Spanischen ein Phonem /b/; [v] und [b] im Deutschen zwei Phoneme /v/ und /b/.

[b̥] und [b] etc. sowie [ph] und [p] etc. gehören im Deutschen zu den Phonemen /b/ etc. sowie /p/ etc. [ph] und [p] etc. sind im Urdu den Phonemen /ph/ und /p/ etc. zuzuordnen.

[ļ] und [ł] gehören im Englischen einem, im Russischen zwei Phonemen an.

[72] Phoneme und Phonemketten werden zum Unterschied von phonetischer Notation zwischen / / gesetzt. Vgl. zur Symbolisierung auch Kapitel 5.
[73] Vgl. O. Werner, *Phonemik des Deutschen.* Stuttgart 1972, pp. 48 ff.

4.2. Fakultative Varianten

Neben den bisher erörterten kombinatorischen Varianten eines Phonems bzw. verschiedenen Phonemen angehörenden Lauten gibt es auch solche Segmente in Sprachen, die zwar in denselben lautlichen Umgebungen vorkommen und miteinander vertauscht werden dürfen, die aber dabei keinen Unterschied der intellektuellen Wortbedeutung bewirken. Diese Laute werden als fakultative phonetische Varianten eines einzigen Phonems oder Laute in freier Variation bezeichnet. Sie sind also nicht mehr durch den phonetischen Kontext bedingt, sondern durch externe Faktoren, wie Sprechsituation, stilistischer Effekt, Dialektmischung, und können entweder allgemeingültig oder individuell sein. Bei deutschen Sprecherziehern ist z. B. vielfach zu beobachten, daß sie beim Rezitieren und im Vortrag gerolltes Zungen-[r] verwenden, im Gespräch jedoch Frikativ-[ʁ] und Vokalisierung in den entsprechenden Positionen. Bei diesen Sprechern sind dann [r] und [ʁ] in Wörtern wie *Regen* überindividuelle fakultative Varianten in Abhängigkeit von der Sprechsituation. Andere Sprecher kennen gerolltes [r] in der Emphase (z. B. *Raus!*), obwohl sie es sonst nicht gebrauchen. Süddeutsche und sächsische Sprecher, die in ihrem heimischen Dialekt die Differenzierung zwischen fortis und lenis Plosiven nicht durchführen, variieren zwischen den beiden Kategorien oft frei – auch in den „falschen" Wörtern –, wenn sie eine überregionale Sprechweise anstreben.

4.3. Das Phonem der Prager Schule: Phonemgehalt

Die phonologische Theorie, die Laute als Realisierungen eines oder mehrerer Phoneme ansieht und die die kontextabhängigen Segmente als kombinatorische Varianten eines Phonems wertet, ging aus von Trubetzkoy und der Prager Schule.[74] Grundlegend sind hierbei Schallgegensätze, die in einer Sprache die intellekuelle Bedeutung von Wörtern differenzieren können und die phonologische oder (phonologisch) distinktive Oppositionen genannt werden; alle anderen Schallereignisse sind phonologisch irrelevant. Jedes Glied einer solchen phonologischen Opposition ist eine phonologische oder distinktive Einheit, die maximal sein kann, wie

[74] N. Trubetzkoy, *Anleitung zu phonologischen Beschreibungen.* 2. Aufl., Göttingen 1958; id., *Grundzüge der Phonologie.* 3. Aufl., Göttingen 1962.

im Falle von *Tisch* versus *Buch*, aber auch minimal, d. h. vom Standpunkt der betreffenden Sprache nicht in noch kürzere aufeinanderfolgende phonologische Einheiten zerlegbar, wie in *Tisch* versus *Fisch* oder *Buch* versus *Tuch*. Derartige kleinste phonologische Einheiten sind die Phoneme. Da jedes Phonem mit jedem anderen Phonem per definitionem eine phonologische Opposition bildet und da in jeder dieser Oppositionen eine andere phonetische Eigenschaft den Schallgegensatz bewirkt, also phonologisch relevant ist, wird ein Phonem durch so viele phonologisch relevante Eigenschaften bestimmt, wie es Oppositionen gibt, in die es in der betreffenden Sprache eintritt.

So steht /k/ im Deutschen im Gegensatz zu /p/ und /t/: *lacken, Lappen, Latten*. Der Artikulationsort muß also gegenüber l a b i a l und a p i k a l (= mit der Zungenspitze artikuliert) distinktiv sein und soll d o r s a l oder t e k t a l (= mit dem Zungenrücken gegen den Gaumen hervorgebracht) genannt werden. *lacken* bildet aber auch mit *langen* eine Opposition, so daß der o r a l e Charakter von /k/ gegenüber dem n a s a l e n von /ŋ/ ebenfalls relevant ist. Darüber hinaus hebt sich der P l o s i v /k/ vom F r i k a t i v /x/ in *lacken* versus *lachen* ab. Schließlich zeigen *Laken* und *lagen*, daß für /k/ auch die phonetische Eigenschaft f o r t i s gegenüber l e n i s in /g/ distinktiv ist. Irrelevant ist jedoch der lautliche Unterschied zwischen p a l a t a l e m Plosiv in *Kisten* und v e l a r e m in *Kasten* sowie zwischen a s p i r i e r t e m in ['lak^{h}ən] (mit oraler Plosion) und n i c h t - a s p i r i e r t e m in ['lakŋ] (mit nasaler Plosion). Für das Phonem /k/ gilt somit die notwendige und hinreichende Definition „dorsaler oraler fortis Plosiv", d. h. /k/ muß diese distinktiven Eigenschaften im Deutschen enthalten und benötigt keine weiteren. Diese Gesamtheit aller phonologisch relevanten Eigenschaften eines Phonems ist sein p h o n o l o g i s c h e r G e h a l t. Damit sind gleichzeitig jene Eigenschaften angesprochen, die allen Varianten eines Phonems gemeinsam sind und die es von allen anderen Phonemen derselben Sprache unterscheiden.

„Jeder von den konkreten im Sprechakt erzeugten und wahrgenommenen Lauten enthält außer den phonologisch relevanten noch viele andere, phonologisch irrelevante Eigenschaften. Daher kann keiner von diesen Lauten kurzweg als Phonem betrachtet werden. Sofern aber ein solcher Laut unter anderem auch die phonologisch relevanten Eigenschaften eines bestimmten Phonems enthält, darf er als R e a l i s a t i o n dieses Phonems betrachtet werden. Die Phoneme werden durch Sprachlaute (genauer Sprechlaute, Redelaute) realisiert, aus denen jeder Sprechakt besteht. Diese Sprachlaute sind niemals die Phoneme selbst, weil ja ein Phonem keine phonologisch irrelevanten Züge enthalten darf, was für einen tatsächlich erzeugten Sprachlaut unvermeidlich ist. Vielmehr sind die konkreten Schälle, die beim Sprechen ertönen, nur materielle Symbole der Phoneme."[75] Das Phonem ist also substantiell durch ein Bündel phonetischer Merkmale definiert, die jedoch der Bedingung der phonologischen Distinktivität folgen müssen und in denen vom konkreten Schallereignis abstrahiert wird. Das Phonem der Prager Schule ist somit gekennzeichnet durch das Prinzip der abstraktiven Relevanz.[76] Ein Phonem kann daher manchmal eine rein negative Definition erhalten, die bestimmt, welche phonetischen Merkmale das Phonem gerade nicht kennzeichnen. Sollen alle kombinatorischen und fakultativen Varianten des /r/ im Deutschen in der Definition dieses Phonems, d. h. in seinem Phonemgehalt, berücksichtigt werden, so ist folgende Bestimmung erforderlich: nicht-nasaler (= oraler), nicht-lateraler, nicht-labialer, nicht-glottaler, nicht-gerillter Nicht-Plosiv.[77] /r/ kann demnach realisiert werden als gerollter, geschlagener, frikativer oder friktionsloser Zungenspitzen-, Zungenrücken- oder Zäpfchenlaut und kann stimmhaft oder stimmlos sein. Ausgeschlossen sind eben die Nasale [m, n, ŋ], die Plosive [p, b, t, d, k, g], der Lateral [l], die labialen Frikative [f, v], das glottale [h] und die gerillten Reibelaute [s, z, ʃ, ʒ].[78] Die Forderung, daß jedes Phonem sich von jedem anderen Phonem durch mindestens eine Komponente seines Phonemgehalts unterscheiden muß, ist damit voll gewährleistet.

4.4. Phonemanalyse im amerikanischen Strukturalismus

Der klassische amerikanische Strukturalismus hat versucht, ohne Rekurs auf die höhere linguistische Einheit des Wortes und die Bedeutung, allein auf der Basis von Korpusdaten und der Distributionsanalyse ihrer phonetischen Segmente zu Klassen komplementär verteilter Lauteinheiten, den

[75] N. Trubetzkoy, *Grundzüge der Phonologie*, pp. 35 f.

[76] K. Bühler, Phonetik und Phonologie. In: *Travaux du Cercle Linguistique de Prague* 4 (1931), p. 38.

[77] Die in Trubetzkoys „Grundzügen" p. 60 gegebene Definition „nichtlateraler, nichtnasaler Nichtgeräuschlaut" erfaßt nicht sämtliche Varianten, da z. B. in *Krach* nach dem Plosiv derselbe Frikativ vorkommen kann wie am Ende des Worts.

[78] Vgl. hierzu 6.1.1.6.

Phonemen, zu gelangen.[79] Von der Realisation eines Phonems durch konkrete Laute in verschiedenen Kontexten zu sprechen, hat keinen Sinn mehr bei diesem Klassenansatz, wo das Phonem gleichgesetzt wird mit der Klasse der Segmente und nicht mit dem positiv oder negativ bestimmten Phonemgehalt, der alle Varianten verbindet. Die Einheit ist also im Strukturalismus die Klasse von Allophonen, in der Prager Schule der Phonemgehalt. Erstere wird in einem bestimmten Kontext durch ein Element, ein Allophon, repräsentiert, letzterer wird durch eine kontextuelle Variante mit zusätzlichen irrelevanten Eigenschaften realisiert. Dennoch enthält die Phonemdefinition Blochs zusätzlich zum Klassenkonzept eine Komponente, die einem positiv und absolut phonetisch bestimmten Phonemgehalt genau entspricht: "The class of all segments and spans containing a given feature is a p h o n e m e."[80]

Der amerikanische Strukturalismus hat deshalb die Bedeutung bei der Phonemanalyse auszuschalten versucht, weil er aufgrund seiner behavioristischen Grundeinstellung sich auf Datenkorpora konzentrieren und in genau festgelegten strengen Prozeduren die Regularitäten datenimmanent durch Segmentation und Klassifikation eruieren wollte, ohne darüber hinausgehende Kriterien zu verwenden. Aus diesem Vorgehen folgt auch das Prinzip der Hierarchie der linguistischen Ebenen (in aufsteigender Abfolge: Phonologie, Morphologie, Syntax), da höhere Einheiten, wie Morphem und Wort, erst dann durch Distributionsanalyse festgelegt werden können, wenn die sie aufbauenden niedrigeren Einheiten der Phoneme durch dasselbe Untersuchungsprinzip bestimmt sind. Solange keine Abgrenzung höherer Einheiten aufgrund der Bedeutung oder des Wissens des Sprachbenutzers vorgenommen werden dürfen, entsteht die Gefahr des Zirkelschlusses, wenn höhere Einheiten schon zur Definition niedriger herangezogen werden, die dann wieder entscheidend sein sollen für die Festlegung der höheren. Die t h e o r e t i s c h e Ausklammerung des Morphems oder Wortes als Untersuchungsrahmen für die Phonemanalyse wird von daher verständlich. In der P r a x i s sind jedoch die Strukturalisten immer auch von Einzelwörtern und Minimalwortpaaren ausgegangen, deren Bedeutung sie kannten und zur gegenseitigen Ab-

[79] Zwei unterschiedliche Ansätze bieten: B. Bloch, A Set of Postulates for Phonemic Analysis. *Language* 24 (1948), 3 ff.; Z. S. Harris, *Structural Linguistics.* The University of Chicago Press [5]1961.

[80] op. cit. p. 36. *Segments, spans* und *feature* sind durch die Postulate genau festgelegt und inkorporieren die Prinzipien der komplementären Verteilung und der phonetischen Ähnlichkeit.

grenzung der herangezogenen Äußerungen verwendeten. Sie befolgten also auch weitgehend in ihrer praktischen Arbeit die Prinzipien, die die Prager Schule von vornherein als notwendige Voraussetzungen für die phonologische Analyse in ihre Postulate aufnahm. Gegen die strikte Trennung der phonologischen von den übrigen Ebenen wurden schon sehr früh Gegenargumente vorgebracht, so von K. L. Pike.[81] In der generativen Grammatik N. Chomskys (siehe 4.11.) wurde schließlich der Phonologie der Status einer eigenen Ebene abgesprochen.

Für eine erfolgreiche phonologische Analyse ist in einem ersten Schritt die Elimination der freien Varianten erforderlich, was die Prager Schule durch Einbeziehung der intellektuellen Wortbedeutung erreicht. Obwohl dieses Verfahren keineswegs problemlos ist, bietet es doch den sichersten Weg. Fälle wie *gespalten* neben gleichbedeutendem *gespaltet* würden nach dem Ansatz der Prager Schule zwar zu den fakultativen Varianten [n] und [t] eines einzigen Phonems führen, welches unsinnige Ergebnis aber gleich durch die zahlreichen Beispiele verworfen wird, in denen /n/ und /t/ mit Bedeutungsunterscheidung kontrastieren. Während Bloch gar kein externes Entscheidungskriterium für die Bestimmung fakultativer Varianten heranzieht und schließlich auch gar nicht in der Lage ist, sie von den distinktiven Einheiten zu trennen, versucht Harris das Problem so zu lösen, daß er die Feststellung linguistischer Äquivalenz an den Anfang seines Verfahrens stellt und dazu die Reaktion eines Hörers auf potentiell äquivalente Äußerungen in einem Paartest verwenden möchte. Ganz unabhängig davon, daß der Untersuchungs- und Zeitaufwand hierfür ungeheuerlich ist und kein praktisch arbeitender Phonetiker diesen Weg je wird einschlagen können – abgesehen von einigen Stichproben dieser Art –, garantiert auch das Testresultat keineswegs die Bestimmung freier Variation.

Für ein kleines Hörexperiment habe ich die Äußerungen ['re:gən] und ['ʁe:gən] mit fallender Intonation unter Studiobedingungen auf Band gesprochen. Es wurde dann durch Überspielen eine Testserie von 40 Äußerungen hergestellt, die entweder das erste oder das zweite „Wort" in randomisierter Folge sein konnten. Das Testband wurde 53 Germanistikstudenten (mit Deutsch unterschiedlicher Provenienz als Muttersprache) mit der einleitenden Instruktion vorgespielt, daß sie entweder

[81] Prerequisites to phonemic analysis. *Word* 3 (1947), 155 ff.; More on grammatical prerequisites. *Word* 8 (1952), 106 ff.

die Äußerung ['re:gən] oder ['ʁe:gən] hören würden und im ersten Fall eine 1, im zweiten eine 2 auf einen vorbereiteten Antwortbogen schreiben sollten. Alle 53 Versuchspersonen erreichten mehr als 75 % richtige Identifikation der beiden Äußerungen, 49 sogar 100 %. Für sie waren die beiden Aussprachen also auditiv nicht äquivalent. In einem ganz entsprechend durchgeführten Experiment mit den Äußerungen [baen] und [b̥aen] gaben jedoch 31 Hörer derselben Gruppe nur maximal 60 % und nur 2 Probanden 100 % richtige Antworten. Obwohl es sich in beiden Fällen um freie Varianten im Deutschen handelt, haben diese doch für den Hörer einen unterschiedlichen Stellenwert, so daß dieses Testverfahren freie Variation nicht in allen Fällen erfassen kann. Was den Test als Distinktion passiert, kann immer noch freie Variation im hier verstandenen linguistischen Sinne sein.

4.5. Phonetische Ähnlichkeit

Das Prinzip der komplementären Verteilung reicht zur eindeutigen Bestimmung von Phonemen nicht aus. Nichts hindert daran, die kontrastierenden Laute [ph] und [th] in dt. *pur* und *Tour* mit den ebenfalls in distinktiver Opposition stehenden Segmenten [p] und [t] in dt. *Spur* und *stur* in der Weise zu verbinden, daß [ph] und [t] bzw. [th] und [p] je eine Klasse komplementär verteilter Varianten bilden. Daß nicht diese, sondern die andere, ebenfalls mögliche komplementäre Verteilung gewählt wird, hängt an dem für die phonologische Analyse zusätzlich notwendigen Kriterium der *phonetischen Ähnlichkeit*, das sämtliche phonologischen Theorien in irgendeiner Form berücksichtigt haben. Es war in den Ausführungen zu 4.1 für die intrinsischen Allophone durch die Prozesse der Koartikulation impliziert, da die Bewegungsanpassung an verschiedene Umgebungen selbstverständlich eine gemeinsame artikulatorische Basis voraussetzt, von der aus an die Umgebung angeglichen wird. Das Prinzip der phonetischen Ähnlichkeit ist aber auch für die extrinsischen Allophone erforderlich, für die eine so einfache Koartikulation nach Ausweis der relativ leicht beobachtbaren Oberflächenartikulation und der auf ihr beruhenden phonetischen Segmentklassifikation nicht gilt. Vielleicht kann jedoch die weitere Forschung auf dem bislang immer noch nicht ausgiebig genug untersuchten physiologischen Gebiet der Sprachproduktion durchaus ähnliche Steuerungsvorgänge, insbesondere im Bereich der Muskelaktiviktät, aufzeigen.

In dem zitierten Beispiel ist sofort einsichtig, daß [ph] und [p] bzw. [th] und [t] größere phonetische Ähnlichkeit aufweisen als die Gruppierungen [ph] und [t] bzw. [th] und [p], da im ersten Fall mehr phonetische Parameter in beiden Varianten übereinstimmen: stimmloser labialer (alveolarer) Plosiv gegenüber stimmlosem Plosiv. Phonetische Ähnlichkeit ist also nicht als Ähnlichkeit der Segmente in ihrer phonetischen Totalität zu verstehen, sondern als Ähnlichkeit der einzelnen phonetischen Merkmale aus dieser Totalität, wobei im vorliegenden Fall die größtmögliche Anzahl identischer Merkmale herangezogen wurde. Neben einer solchen absoluten Ähnlichkeitsbewertung ist aber auch eine relative möglich, die nicht Identität eines bestimmten Merkmalkomplexes fordert, sondern gleichbleibende phonetische Relation innerhalb mehrerer Klassen komplementär verteilter Segmente. Das Verhältnis zwischen den aspirierten und den nicht-aspirierten Plosiven bleibt dann von Phonem zu Phonem konstant, wenn [ph] und [p] bzw. [th] und [t] zusammengefaßt werden, da jeweils der Wegfall der Aspiration den Unterschied zwischen den beiden Elementen konstituiert. Wird jedoch [ph] mit [t] bzw. [th] mit [p] verbunden, dann ist die zusätzliche Veränderung im Artikulationsort in beiden Klassen anders.

Dieses Beispiel führt also über beide Interpretationen des Ähnlichkeitsprinzips zum selben Ergebnis. Das braucht jedoch, insbesondere auf dem Gebiet der Vokoide, nicht immer so zu sein. So sind im Dänischen in bestimmten lautlichen Umgebungen die Segmente [i, e, ɛ, a] auswechselbar, nach [r] aber die Laute [ɩ, ę, æ, ɑ].[82] Werden nun die Elemente [æ] (das phonetisch dem [a] näher steht als dem [ɛ]) und [a] als Allophone eines Phonems angesehen aufgrund ihrer absoluten phonetischen Ähnlichkeit, dann müßten [ɛ] und [ɑ] zusammengruppiert werden, was nach demselben Prinzip sehr unbefriedigend wäre. Die einfachste und einzig sinnvolle Lösung ist die Identifikation von [i] und [ɩ], [e] und [ę], [ɛ] und [æ], [a] und [ɑ] mit der in allen Paaren wiederkehrenden niedrigeren Zungenstellung für das zweite Glied. Hier ist also die phonetische Relation maßgebend und führt zu einer anderen Klassenbildung.

Wurde in den besprochenen Beispielen das Prinzip der phonetischen Ähnlichkeit zur Bestimmung der Allophone eines Phonems herangezogen, so

[82] Vgl. zu diesem Beispiel und zum Problem der phonetischen Ähnlichkeit E. Fischer-Jørgensen, The Phonetic Basis for Identification of Phonemic Elements. *JASA* 24 (1952), pp. 611–617; W. F. Twaddell, On Various Phonemes. *Language* 12 (1936), pp 53 ff.

kommt es andererseits auch vor, daß mit seiner Hilfe gerade eine Vereinigung von Segmenten in einer Phonemklasse verhindert werden soll. Trubetzkoy[83] schließt den klassischen Fall einer intuitiv nicht zulässigen Phonembildung trotz komplementärer Verteilung mit Hilfe des absoluten Ähnlichkeitskriteriums aus: [ŋ] und [h] sind im Deutschen komplementär verteilt[84], dürfen aber nicht als Varianten desselben Phonems angesehen werden, da sie kein einziges gemeinsames phonetisches Merkmal besitzen (abgesehen davon, daß sie beide Konsonanten und Dauerlaute sind); denn [h] ist „stimmlos, oral, glottal, frikativ", [ŋ] hingegen „stimmhaft, nasal, velar, friktionslos". Die beiden Segmente müssen daher als Realisierungen zweier verschiedener Phoneme gewertet werden. So einleuchtend auch diese Phonemlösung ist, so wenig überzeugt die phonetische Argumentation. Wenn Ähnlichkeit in dieser absoluten Form verwendet wird, dann muß eine Schwelle bestimmt werden, wo die Ähnlichkeit aufhört und die Unähnlichkeit beginnt, was weder die Prager Schule noch sonst jemand erbracht hat. Aber das völlige Nicht-Übereinstimmen der beiden Konsonanten scheint mir auch gar nicht das Wesentliche zu sein. Wichtiger ist, daß im Deutschen bei allen Phonemen, die nasale und orale Varianten enthalten (z. B. nasalierte und orale Vokale in *Mann* und *Bad*), die nasalen stets bedingt sind durch nasale Umgebung. In [ŋ] hätten wir dann den einzigen Fall, daß ein nasales Allophon seine Nasalität unabhängig vom lautlichen Kontext besitzt, z. B. in *Wange*, und umgekehrt gerade Nasalierung seiner Umgebung bewirkt. Das sind aber genau die Charakteristika der Nasalphoneme /m/ und /n/. Wenn nun [ŋ] darüber hinaus mit /m/ und /n/ in derselben Position kommutiert, d. h. mit ihnen unter Bedeutungsveränderung vertauschbar ist (*Wammen, Wannen, Wangen*), und dieselben Ortsoppositionen sich bei den Plosiven wiederholen (*Waben, Waden, Wagen*; *Lappen, Latten, lakken*), dann muß auch für [ŋ] Phonemstatus angenommen werden.

In dieser Interpretation wird das relative Ähnlichkeitskriterium um einige Aspekte erweitert. Neben die konstante Relation zwischen oralen und nasalen Lauten sämtlicher Phoneme, die beide Allophontypen enthalten, tritt der damit verbundene konstante Unterschied im lautlichen Kontext sowie insbesondere die Konstanz der phonetischen Wirkungen, die von bestimmten Elementen des deutschen Lautsystems ausgehen. Diese Erweiterung bedeutet auch gleichzeitig die Berücksichtigung des Lautsystems als Ganzes bei der Bestimmung phonetischer Relationen. Je all-

83 *Anleitung*, p. 12; *Grundzüge*, p. 45.

84 Vgl. hierzu 6.1.1.4.4. und 6.1.3.12.

gemeingültiger diese für eine Sprache angesetzt werden können, desto mehr genügen sie der wissenschaftlichen Forderung nach Generalisierung und desto zwingender wird ihre Annahme. In dieser Richtung wird die zukünftige Diskussion um die phonetische Ähnlichkeit geführt werden müssen. Ebenso wichtig ist das Einbeziehen des dynamischen Gesichtspunktes der Steuerung auf verschiedenen Ebenen, der der Phonologie überhaupt bedeutende neue Impulse geben kann.

Zum Schluß muß noch darauf hingewiesen werden, daß phonetische Ähnlichkeit grundsätzlich in sämtlichen Untersuchungsbereichen definiert werden kann, d. h. vor allem im artikulatorischen, im akustischen und im auditiven. Ähnlichkeitsklassen sind insbesondere für die ersten beiden erstellt worden und in der Phonologie weithin artikulatorisch geblieben. Untersuchungen zur auditiven Ähnlichkeit finden gerade in neuerer Zeit verstärkte Berücksichtigung[85], obwohl vor allem auf diesem Gebiet die Forschung noch einen langen Weg vor sich hat. Wichtig ist hierbei, daß die Ähnlichkeitsbestimmungen in den verschiedenen Bereichen keineswegs kongruent zu sein brauchen. So ist stimmloser Nasal am Ende eines französischen Wortes wie *absolutisme* artikulatorisch sicher der stimmhaften Entsprechung [m] besonders ähnlich, und die phonologische Beschreibung des Französischen folgt dieser artikulatorischen Basis. Auditiv ist diese besonders enge Beziehung zu [m] jedoch nicht gegeben. Der Phonologe tut daher gut daran, genau zu definieren, welche Ähnlichkeit er seinen Analysen zugrunde legt, und die verschiedenen Kriterien nicht zu mischen, da er sonst wegen der häufigen Inkongruenz zu unterschiedlichen phonologischen Ansätzen in ein und demselben System kommt. Davon wird natürlich nicht die Forderung berührt, phonologische Analysen mit den verschiedenen Ähnlichkeitsprinzipien konsistent durchzuführen und dann hinsichtlich ihrer Divergenzen zu vergleichen.

4.6. Eineindeutigkeit (bi-uniqueness)

Komplementäre Verteilung als operationales Prinzip, d. h. als Verfahren zur Erstellung von Phonemen, setzt voraus, daß keine der Klassen aller

[85] Vgl. A. Butcher, "Brightness", "Darkness" and the dimensionality of vowel perception. *Journal of Phonetics* 2 (1974), 153–160; E. Fischer-Jørgensen, Perceptual dimensions of vowels. In: *To Honor Roman Jakobson.* The Hague 1967, 667–671; G. Ungeheuer, Extensional-paradigmatische Bestimmung auditiver Qualitäten phonetischer Signale. *Proceedings of the 5th International Congress of Phonetic Sciences.* Basel/New York 1965, 556–560.

lautlichen Umgebungen, in denen jedes einzelne phonetische Segment vorkommt, gemeinsame Elemente haben. Werden Segmente mit S_1, S_2, S_3 ... und deren Distribution über die ihnen eigenen Kontexte mit $D(S_1)$, $D(S_2)$, $D(S_3)$ ... bezeichnet, so gilt für die mit $\cap$ symbolisierten Intersektionen der Klassen, d. h. ihre Gemeinsamkeiten

$$D(S_1) \cap D(S_2) \cap D(S_3) \ldots = 0.$$

In dieser Weise erscheinen unaspirierte Verschlußlaute im Deutschen nach Frikativen und vor nasaler Plosion, wo die aspirierten gerade nicht möglich sind; die aspirierten Plosive sind vielmehr an die übrigen Stellungen gebunden, von denen hinwiederum die unaspirierten ausgeschlossen sind.

Also z. B.

$$D(p) \cap D(p^h) = 0.$$

Diese komplementär verteilten Laute bilden dann bei Berücksichtigung des Prinzips der relativen phonetischen Ähnlichkeit und der phonetischen Struktur des Gesamtlautsystems eine Phonemklasse.

Würden nun zwei Phonemklassen P_1 und P_2 einen gemeinsamen Laut S_1 enthalten, der als Element von P_1 in den Kontexten K_1, als Element von P_2 aber in den Kontexten K_2 vorkommt, wo auch ein Laut S_2 als Element von P_1 erscheint, dann wären diese beiden Klassen nicht disjunkt, obwohl die Zuordnung der Laute zu den Klassen aufgrund der Umgebungsrestriktionen eindeutig ist. Die Situation kann im Diagramm wie folgt veranschaulicht werden:

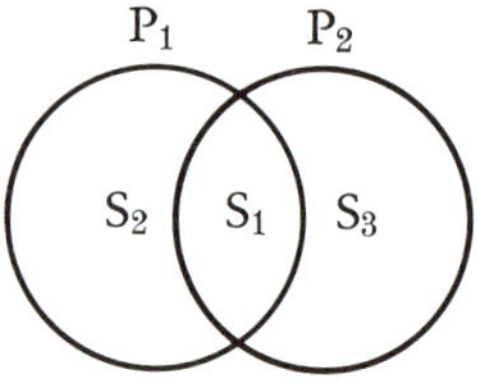

Da hier nun gilt
$S_1 \; \varepsilon \; P_1(K_1)$[86]
$S_1 \; \varepsilon \; P_2(K_2)$
$S_2 \; \varepsilon \; P_1(K_2)$,

haben die Segmente S_1 und S_2 die Kontexte K_2 gemeinsam, d. h. ihre Distributionen $D(S_1)$ und $D(S_2)$ sind nicht disjunkt. Das widerspricht jedoch dem Prinzip der komplementären Verteilung und bedeutet daher, daß eine solche Phonemgruppierung auf seiner Grundlage gar nicht gefunden werden kann. Die komplementäre Verteilung liefert nur disjunkte Phonemklassen. Andererseits gibt es aber Sprachbeispiele, die eine solche überlappende Lösung fordern.

[86] S_1 ist ein Element der Klasse P_1 im Kontext K_1.

Im Deutschen bilden die Laute [χ] und [ʁ] phonetische Oppositionen in intervokaler Stellung, z. B. in *Bachen* : *Barren, Wochen* : *(ver)worren.* Daneben kommt [ʁ] auch wortinitial, z. B. in *Rat,* vor, [χ] nach stimmlosen Plosiven, z. B. in *Pracht, Tracht, kracht* (hier auch postvokalisch). In diesen beiden Kontexten sind die Frikative komplementär verteilt, wobei der stimmlose durch Koartikulation nach stimmlosem Plosiv entsteht, so daß vom Standpunkt der phonetischen Ähnlichkeit die Segmente hier einem Phonem zugeordnet werden könnten. Das Problem ergibt sich durch das Nebeneinander von paralleler und begrenzter komplementärer Verteilung, was in Befolgung dieses operationalen Prinzips dazu führt, daß aufgrund des intervokalischen Gegensatzes generell [ʁ] dem Phonem /r/, [χ] dem Phonem /x/ zugewiesen wird. Damit sind die Phonemklassen wieder disjunkt, aber es ergibt sich die intuitiv falsche Identifizierung des postplosiven Frikativs mit dem postvokalischen in *Pracht,* wodurch zudem die strukturelle Anomalie entsteht, daß sich ein nicht homorganer Frikativ (außer /s, ʃ/) mit einem Plosiv wortinitial verbinden kann[87]; vor allem geht auch mit dieser Lösung die Parallelität zu *Brei, drei, grau* verloren.

Der einzig sinnvolle Weg kann nur sein, [χ] zwei Phonemen zuzuordnen: /ʁ/ nach stimmlosem Plosiv, /x/ in anderen Positionen. Die [ʁ]-Segmente in den übrigen Stellungen werden dann ebenfalls dem /ʁ/-Phonem eingegliedert, das schließlich als /r/ symbolisiert werden kann. Damit muß allerdings das Kriterium der komplementären Verteilung als durchgehend brauchbares operationales Prinzip verworfen werden; es kann höchstens als Deskriptionsprinzip nach vollzogener Analyse bestehen bleiben, ohne daß dann festgelegt würde, wie eine Phonemerstellung im einzelnen vorzugehen habe. B. Bloch hat für einen entsprechenden Fall aus dem Englischen zunächst die überlappende Klassenbildung gewählt, ist aber später aufgrund strikterer theoretischer Forderungen sowohl im Zusammenhang mit der komplementären Verteilung als auch mit der phonetischen Ähnlichkeit zur Disjunktion übergegangen.[88]

Es muß besonders betont werden, daß die sowohl von der Prager Schule als auch vom amerikanischen Strukturalismus erhobene Forderung nach Eineindeutigkeit (bi-uniqueness) mit dem hier gewählten Lösungsvorschlag erhalten bleibt. Aus der phonologischen Repräsentation kann nicht

[87] Vgl. hierzu 6.1.3.4.

[88] Phonemic Overlapping. *American Speech* 16 (1941), 278–284; A Set of Postulates for Phonemic Analysis. *Language* 24 (1948), 3–46.

nur die Kette phonetischer Segmente eindeutig abgeleitet werden, sondern aus letzterer läßt sich auch eine eindeutige phonologische Repräsentation bestimmen. Aufgegeben wurde dabei nur die Festlegung von Verfahrensschritten, was unerheblich ist, da das Entscheidende einer phonologischen Analyse nicht darin besteht, sondern in der Erstellung einer umfassenden, konsistenten, widerspruchsfreien Deskription der Lautstruktur einer Sprache auf empirischer Datenbasis unter Verwendung einer kleinstmöglichen Zahl von konstitutiven Einheiten bei größtmöglicher Generalisierung. Dabei ist es stets erforderlich, mit Teilanalysen zu beginnen und diese im Lichte weiterer Teilanalysen schrittweise zu revidieren, bis eine Gesamtbeschreibung möglich wird. Die Vorstellung des Strukturalismus, man könne eine abschließende phonologische Deskription in der Weise erstellen, daß man sich an die zuvor genau festgelegte lineare Abfolge von sukzessiv aufbauenden, operationalisierbaren Postulaten halte, gehört der Vergangenheit an. Phonologische Analyse bedingt immer auch Rückschau, Wiederaufgreifen alter Lösungen unter neuem Aspekt, ihre Modifikation zwecks Eingliederung in weitreichendere Zusammenhänge. Die Verfahrensschritte können also durchaus zyklisch sein.

Wird nun den oben gegebenen Beispielen zu [ʁ] und [χ] noch das Paar *scharrt* und *Schacht* hinzugefügt und wird von einer Variante des Deutschen ausgegangen, die beide Wörter mit postvokalischem [χ] realisiert, dann wird das Prinzip der Eineindeutigkeit verlassen, wenn [χ] in *scharrt* die Zuordnung zu /r/, [χ] in *Schacht* aber zu /x/ mit dem Hinweis erhält, daß *scharrt* in einer morphologischen Alternation mit Formen wie *scharren*, *scharre* steht, in denen /r/ gilt. Der Stamm in *scharrt* wird so auf dieselbe zugrundeliegende phonologische Form zurückgeführt wie der identische Stamm in *scharren*. Die phonologische Analyse zieht hier morphologische Gesichtspunkte heran, die höher bewertet werden als die phonetischen Manifestationen. Aufgrund dieser Akzentverlagerung wird auch in Kauf genommen, daß nur noch eine eindeutige Ableitung einer phonetischen Kette aus einer irgendwie gewonnenen phonologischen Repräsentation möglich ist, nicht mehr die Gewinnung einer phonologischen Symbolisierung aus einer phonetischen. Das ist die konsequente Weiterentwicklung des oben verteidigten Abgehens von disjunkten Klassen bei gleichzeitigem Aufgeben der Hierarchie der Ebenen.

Wenn schließlich auch *hart* mit der Aussprache [χ] auf /r/ zurückgeführt wird, so ist dafür entweder das Wissen des deutschen Sprechers maßgebend, daß es sich hier um ein /r/ handelt, oder ein Dialektvergleich oder aber ein diachronischer Gesichtspunkt, bei dem auch die Orthographie eine Rolle spielt, auf jeden Fall aber ein außerhalb der formalen Gegebenheiten lautsprachlicher Daten der betreffenden Sprechergruppe liegender Grund. Das Wissen des Sprechers kann begründet sein in seiner eigenen Variationsmöglichkeit, die mal [r], mal [ʀ], mal [χ] in dieser Stellung zuläßt, je nach Situation und Emphase; sie kann aber auch auf der auditiven Kenntnis des bei anderen deutschen Sprechern Üblichen oder ganz einfach auf der Orthographie beruhen. Es ist klar, daß damit ein Weg in der phonologischen Analyse beginnt, der sehr weit wegführen kann vom phonetischen Signal und schließlich endet in Symbol-Verschiebungen, die der Linguist am Schreibtisch vornimmt und bezieht auf nicht getestete Hypothesen hinsichtlich der psychologischen Realität in der Kompetenz des Sprachbenutzers. Hier ist die Position erreicht, die die generative Phonologie bezogen hat (siehe 4.11.). Die Forderung, die an die phonologische Repräsentation allerdings auch weiterhin noch gestellt werden muß, ist die nach eindeutiger phonetischer Bestimmung aus phonologischen Grundformen.

4.7. Phonemsystem, Phonemdistribution und Morphophonologie

Erstes Ziel der phonologischen Analyse einer Sprache ist die Erstellung ihres Phonemsystems, d. h. der Gesamtheit der kleinsten distinktiven phonologischen Einheiten, die tabellarisch zusammengefaßt werden. Jede Äußerung in der betreffenden Sprache ist dann eindeutig darstellbar als eine Verbindung von Elementen aus diesem System und nur von solchen. Da für die Bestimmung der Phoneme die komplementäre Verteilung von Lauten maßgebend ist, werden mit dem System auch die kombinatorischen Varianten oder Allophone erfaßt. Darüber hinaus interessiert aber auch die Verteilung der Phoneme, ihre Kombinierfähigkeit untereinander in Äußerungen, die ebenfalls sprachspezifischen Gesetzmäßigkeiten unterliegt.

Auch die Phonemdistribution kann im Sinne des amerikanischen Strukturalismus unter rein behavioristischem Aspekt untersucht werden. Für Ketten von Phonemen eines Korpus werden so ohne Berücksichtigung von Wortgrenzen, syntaktischen oder semantischen Gegebenheiten die vorkommenden Verbindungen und deren Häufigkeit bestimmt. Vorausgesetzt sind dabei nur die über genau festgelegte Verfahrensschritte an einem Korpus phonetischer Daten gewonnenen phonologischen Klassifikationen. Diese Distributionsanalyse der Phoneme baut also auf der Distributionsanalyse der Phone, der Laute auf, und in beiden Fällen sind über den jeweiligen Bearbeitungsstand des Korpus hinausgehende, im Sprecher und Hörer begründete Kriterien ausgeschlossen. Wortgrenzen können aber beispielsweise an diesem Punkt der strikt hierarchisch vorgehenden Analyse noch gar nicht bekannt sein und dürfen eben außerhalb der streng formalen Verfahren als subjektive, intuitive Größen nicht eingebracht werden.

Ein typisches Beispiel für diese Vorgehensweise liefern L. S. Hultzén, J. H. D. Allen, Jr. und M. S. Miron mit ihren Tabellen der Übergangshäufigkeiten englischer Phoneme.[89] Diese Monographie enthält die Auszählung aller in einem 20032 Phoneme langen Text vorkommenden Sequenzen von vier, drei und zwei Phonemen oder Markoffketten vierter, dritter und zweiter Ordnung. Von links nach rechts wird ein vier Phoneme breites Fenster mit der Schrittweite eines Phonems über den gegebenen Phonemtext geschoben, wobei über einen *n* Phoneme langen Text *n-3* Sequenzen vierter, *n-2* Sequenzen dritter und *n-1* Sequenzen zweiter Ordnung entstehen. In dieselbe Richtung geht auch der Versuch von Z. S. Harris[90], ein Verfahren zu entwickeln, das es erlaubt, diejenigen Textstücke zu finden, die eine morphologische Distributionsanalyse dann als M o r p h e aufzeigt, d. h. als Elemente, die auf einer höheren Ebene aufgrund ihrer Verteilungsbeschränkungen ähnliche Klassenbildungen zu M o r p h e m e n zulassen wie die Laute zu Phonemen.[91] Nachdem die Phonemrepräsentation des Textes durchgeführt ist, werden die Distributionsrelationen unter den Phonemen untersucht. Dabei wird zunächst gefragt, wieviele unterschiedliche Phoneme in verschiedenen Äußerungen in der Position unmittelbar nach den ersten *n* Phonemen einer Testäußerung möglich, d. h. austauschbar, sind. Ist der Testsatz „Du kommst", dann ergeben sich nach dem ersten Phonem /d/ durch die Äußerungen „Da kommt er", „Denn er kommt", „Dürfen wir kommen", „Dreimal

[89] *Tables of Transitional Frequencies of English Phonemes.* University of Illinois Press, Urbana 1964.

[90] From Phoneme to Morpheme. *Language* 31 (1955), 190–222.

[91] Im Deutschen demonstrieren „(ich) *rette*", „(du) *rettest*" und „(ich) *trete*", „(du) *trittst*" jeweils dieselbe Relation für *-e* zu *rett-* und *tret-*, für *-est* bzw. *-st* zu *rett-* und *tritt-* sowie für *rett-* zu *-e* und *-est*, für *tret-* bzw. *tritt-* zu *-e* und *-st*. Die morphologische Analyse ergibt so die Morpheme {rett}, {tret}, {e} 1. pers. sg. praes. und {est} 2. pers. sg., mit den Allomorphen /ret/; /tre:t/, /trit/; /ə/; /əst/, /st/, von denen /st/ an die Vokalalternation im zweiten Morphem gekoppelt ist.

reicht nicht“ zusätzlich zu /u:/ u. a. die Phoneme /a:/, /e/, /y/, /r/. Die Anzahl der möglichen Folgephoneme nach *n* Phonemen hängt von *n* ab. Die Testäußerung wird dann an den Punkten segmentiert, wo die Zahl der Nachfolger ein Maximum erreicht. Die so entstehenden Stücke werden schließlich in einer morphologischen Distributionsanalyse auf Brauchbarkeit getestet. Im allgemeinen werden die allein aufgrund der Phonemdistribution gefundenen Einschnitte mit den Morphgrenzen übereinstimmen, andernfalls sind nachträgliche Korrekturen erforderlich. In diesem Verfahren geht es, im Gegensatz zum erstgenannten Beispiel, nicht darum festzustellen, wie oft die verschiedenen Phoneme in jeder Position in einem Text vorkommen, sondern welche überhaupt erscheinen und wie groß ihre Anzahl ist.

Dieses Vorgehen kann nur methodologische Ziele verfolgen und sicherlich nicht für die praktische Arbeit mit sprachlichen Daten gedacht sein, wo Vorinformationen, auch semantischer Art, Abkürzungswege einschlagen lassen. Darüber hinaus bewirken die in 6.3. zu behandelnden segmentellen Satzverschleifungen, daß die Zahl der Phonemfolgen über Wortgrenzen hinweg stark reduziert wird, so daß gewisse morphematische Einschnitte (wenn tatsächlich von gesprochenem Material ausgegangen wird und nicht von konstruierten Sätzen mit uneingestandenem phonologischen Vorwissen) keine korrespondierenden Maxima mehr aufzuweisen brauchen. Umgekehrt kommen aber auch die Reduktionsprozesse nicht so klar zum Ausdruck, wenn das Wort nicht die Untersuchungsbasis bildet, ganz abgesehen von der gewaltigen zusätzlichen Komplizierung des Verfahrens, die gerade diese Erscheinungen bewirken. Und schließlich ist die voraufgehende phonologische Analyse ohne Wortgrundlage gar nicht durchführbar, da es unmöglich ist, die insbesondere durch die Satzreduktionen in ungeheurer Zahl hereingebrachten stilistischen Varianten in einem Distributionsverfahren an ganzen Äußerungen unter Benutzung eines Äquivalenztests auf irgendeiner Ebene zu eliminieren, was aber für die Bestimmung der Distinktivität absolute Voraussetzung ist.

Beispielsweise kommt im Deutschen außer der „deutlichen“ Aussprache von *weggegangen* ['vekg̊əgaŋən], die keine Probleme der Phonemisierung neben *Ecken* ['ekʰən] und *eggen* ['egən] bereitet, auch die situativ bedingte freie Variante ['veg̊əgaŋən] vor, die zu einer dreifachen Opposition /kʰ/ : /g/ : /g̊/ führen würde, wenn sie nicht zuvor ausgeklammert werden kann. Auch die Junkturen in 4.8. bringen für die wortfreie phonologische Analyse große Schwierigkeiten. Wenn aber das Wort bereits Grundvoraussetzung für die Erstellung von Phonemsystemen ist und darüber hinaus die Erfassung der Phonemverteilung gewaltig erleichtert sowie Prozesse der Satzverschleifungen einsichtiger macht, dann muß das Wort auch generell als Analyserahmen beibehalten werden. Das ist die Vorgehensweise der Prager Schule gewesen.[92] Man kann sogar noch sehr viel weiter gehen und über die bloße Einteilung eines Textes in Worteinheiten hinaus die phonologische Struktur bestimmter Wortklassen untersuchen, also Distributionsgesetze für Verb, Substantiv usw. aufstellen. Solche Gedanken finden sich zum Beispiel schon bei M. Cohen[93]. Sie wurden dann aufgegriffen und erweitert von J. R. Firth[94] und seinem Kreis und vor allem in anderer Form von der generativen Phonologie (siehe 4.11.).

Die Phonotaktik, wie die Analyse der Phonemverbindungen im Wort zum Unterschied von der Phonemdistribution des amerikanischen Strukturalismus genannt werden soll, liefert für verschiedene Sprachen unterschiedliche Komplexität. Die einfachste Struktur zeigen Sprachen, die nur die Abfolge Konsonant + Vokal zulassen. In einer ersten Erweiterung dieses Bauplans sind mehrere KV-Einheiten hintereinander im Wort möglich. Diese Struktur repräsentiert, mit gewissen Einschränkungen, das Japanische. Hier hat also die Anordnung der Phoneme keinen Informationswert. Daher konnte im 2. Weltkrieg für die japanischen Streitkräfte ein Morsesender gebaut werden, der z. B. für die Silbe *ka* zuerst den Vokal *a* und dann den Konsonanten aussandte, was vom Standpunkt der eindeutig festgelegten phonologischen Struktur des Japanischen irrelevant und damit möglich, für das Aufsuchen des dem Signal entsprechenden Symbols in der nach Vokalen eingeteilten Standardtabelle der japanischen Silbenzeichen aber vorteilhafter war. Sehr viele Sprachen komplexerer Struktur fordern im Einsilbler, daß Liquide und

[92] Als umfassendste Untersuchung in dieser Art ist zu nennen B. Trnka, A Phonological Analysis of Present-Day Standard English. *Prague Studies in English* 5, 1935. Beschränkt auf den Einsilbler ist die Strukturformel B. L. Whorfs für das Englische (in: Die Linguistik als eine exakte Wissenschaft. *Sprache, Denken, Wirklichkeit*, Rowohlt 1963, p. 25, zuerst erschienen in *Technology Review* 43 (1940), 61 ff.), ebenso die daran ausgerichtete Formel für das Deutsche von H. Seiler (Laut und Sinn: Zur Struktur der deutschen Einsilbler. *Lingua* 11 (1962), 375 ff.).

[93] Catégories de mots et phonologie. *Travaux du Cercle Linguistique de Prague* 8 (1939), 36 ff.

[94] Z. B. A Synopsis of Linguistic Theory, 1930–1955. In: *Studies in Linguistic Analysis*. Oxford 1962, 1–32.

Nasale stets näher am Vokal stehen, wenn sie mit Plosiven und Frikativen verbunden werden, also

P, F + L, N+V+ L, N+ P, F

Dieser Gesetzmäßigkeit folgen die indogermanischen Sprachen, allerdings mit vielen inter-sprachlichen Unterschieden. So duldet das Italienische wortfinal nur /r/, /l/ und /n/, während im Deutschen z. B. in *Herbst* nach der Liquida noch eine Verbindung von Plosiven und Frikativen möglich ist. Eine genauere Darstellung der Phonotaktik des Deutschen findet sich in 6.1.3.

Ist die morphologische Analyse ausgeführt und sind die Allomorphe verschiedener Morpheme durch regelmäßig wiederkehrende phonologische Alternationen gekennzeichnet, so lassen sich in einem weiteren Schritt Konstituenten der Morphe aufstellen, die keine Phoneme im herkömmlichen Sinn mehr sind, die aber eine einheitliche Repräsentation sämtlicher Elemente eines Morphems erlauben. Der Umlaut in der Pluralbildung im Deutschen (*Gott* : *Götter*, *Ort* : *Örter*, *Buch* : *Bücher*) gehört hierher. Die Formen /got/ und /gøt/ als Allomorphe des Morphems {Gott}[95] können z. B. auf eine gemeinsame Grundform /gOt/ gebracht werden, die das Morphem phonologisch einheitlich darstellt und in der /O/ das M o r p h o p h o n e m[96] mit den Phonemalternanten /o/ und /ø/ ist. In entsprechender Weise erhalten *Kind* /t/ und *Kinder* /d/ mit dem Morphophonem /T/ eine gemeinsame Basis, aus der sich /t/ bzw. /d/ durch die kontextuellen Restriktionen im Morphemverband ergibt: /t/ final, /d/ prävokalisch.

Dieses Morphophonem darf nicht verwechselt werden mit dem A r c h i p h o n e m[97] der Prager Schule, obwohl es zunächst so aussieht, als seien die beiden identisch. Das Archiphonem beruht jedoch auf der Überlegung, daß in bestimmten Wort- oder Morphempositionen gewisse phonologische Gegensätze gegenüber anderen Stellungen nicht vorhanden, d. h. n e u t r a l i s i e r t[97] sind. Das Deutsche kennt z. B. wortfinal keine stimmhaften Plosive und Friktive, sondern nur stimmlose, obwohl initial und zwischenvokalisch beide Typen vorkommen. In finaler Position kann bei Plosiven und Frikativen daher das phonetische Merkmal

[95] Die geschweiften Klammern symbolisieren die Klasse des Morphems.
[96] Vgl. hierzu Z. S. Harris, *Structural Linguistics*. The University of Chicago Press [5]1961, 219–242.
[97] Vgl. hierzu sowie zu dem Begriffspaar *merkmallos* – *merkmaltragend* Trubetzkoy, *Grundzüge*, 69 ff.

stimmhaft bzw. stimmlos nicht distinktiv sein; denn der Gegensatz zwischen ihnen ist ja aufgehoben. Vom Gesamtphonemgehalt dieser Phoneme in den anderen Wortpositionen bleibt daher nur der Komplex übrig, der den stimmhaften und stimmlosen gemeinsam ist und sie jeweils von allen anderen Phonemen unterscheidet. Dieses beiden gemeinsame Residuum ist das Archiphonem, z. B. /T/ in *Bund* und *bunt*. Es ist ein eigenes Phonem neben /d/ und /t/. Seine Erstellung ist allein durch phonetische Gesetzmäßigkeiten bedingt ohne Verbindung zur morphologischen Alternation.

4.8. Grenzsignale und Junkturen

Neben einer distinktiven Funktion können lautliche Erscheinungen auch eine delimitative haben, d. h. die Grenzen von Wörtern und Morphemen signalisieren. So zeigt der Glottalverschluß im Deutschen an, daß eine Morphem- oder Wortgrenze vorausgeht, wenn man von isolierten Fällen wie *Beate, Theater, Michael* mit zwischenvokalischem [ʔ] absieht. Der Glottisschlag ist hier kein Phonem, sondern ein automatischer Vokaleinsatz am Anfang eines Wortes oder eines akzentuierten Morphems [ʔ]*er*[ʔ]*obern*. Er stellt damit ein positives Grenzsignal dar.

Andererseits ließe sich aus der Reihe [ʔ]*ein, Bein, Pein, dein, kein, mein, nein, fein, Wein, Schein, sein, rein, Hain* sowie aus dem Minimalpaar [fɐˈʔaezn] *vereisen* : [fɐˈʁaezn] *verreisen* der phonematische Gegensatz von /ʔ/ zu allen anderen Konsonanten ableiten, was z. B. W. Meyer-Eppler vorgeschlagen hat.[98] Erhält [ʔ] auf diese Weise Phonemstatus, dann sind alle Vorkommen des Lautes als distinktiv zu werten, obwohl sie aufgrund sehr einfacher Gesetzmäßigkeiten vorhersagbar sind. Der Ausschluß einer Phonemisierung des Glottalverschlusses könnte von der Überlegung ausgehen, daß irgendein Konsonant aus der Liste der initial kontrastierenden als an den folgenden Vokal gekoppelt, durch ihn determiniert angesehen werden kann, da Vokale selbst in dieser Stellung nicht vorkommen, womit eine phonematische Einheit ohne Informationsverlust eingespart würde. Da [h] und [ʔ] dieselbe Distribution haben, nämlich nicht final erscheinen sowie in keine Konsonantenverbindungen

[98] *Grundlagen und Anwendungen der Informationstheorie.* 2. Aufl. Berlin/Heidelberg/New York 1969, p. 407.

innerhalb eines Morphems eintreten, und als glottale Laute phonetisch ähnlich sind, kommen sie beide für diese Eliminierung in gleicher Weise vor den anderen Konsonanten bevorzugt in Frage. Die Entscheidung zugunsten von [ʔ] kann dann ein Diskriminationstest zwischen [ʔaen], [aen] und [haen] liefern. Werden die ersten beiden Äußerungen nicht konsistent auseinandergehalten, wohl aber signifikant von der dritten auditiv getrennt, dann besteht für den deutschen Hörer die Äquivalenz von Vorhandensein und Fehlen des Glottisschlags (wobei der Sprecher normalerweise nur die Version mit [ʔ] kennt) und die distinktive Opposition zu /h/. Jede Übung zum Gehörtraining in diesem Lautbereich zeigt deutlich, daß der deutsche Hörer genau diese Gruppierung intuitiv vornimmt und erst mit zunehmender spezieller Ausbildung seiner analytischen Hörfähigkeit zu einem regelmäßigen Erkennen des Glottalverschlusses gelangt.

Dieses Beispiel veranschaulicht, daß eine Phonemanalyse auf der Basis von gesammelten Korpusdaten nicht unbedingt mit dem sprachlichen Verhalten, das über gesonderte Verfahren zu ermitteln ist, übereinstimmt. Auf der anderen Seite ist aber die Reaktionsweise des Hörers ein Abbild der orthographischen Konventionen im Deutschen und bestätigt die zunächst vorgeschlagene Interpretation von [ʔ] als Grenzsignal. Damit ist der phonologische[99] Status von [ʔ] im Deutschen ein ganz anderer als im Arabischen, wo auch jedes Wort mit einem Konsonanten beginnen muß, von denen einer der Glottalverschluß sein kann, wo dieser aber andererseits im morphologischen Aufbau arabischer Wörter sich genauso verhält wie jeder andere Konsonant. Die überwiegende Anzahl der Wörter ist auf Wurzeln aus drei Konsonanten (Radikalen) aufgebaut, wie z. B. k-t-b mit der Bedeutung „schreiben" in kátab „er schrieb", yíktib „er schreibt", káatib „Schreiber sg.", kátaba „Schreiber pl.", kitáab „Buch", kútub „Bücher", maktúub „geschrieben", máktab „Büro, Schreibtisch", maktába „Bücherei". [ʔ] kann ein solches Radikal einer Wurzel sein und muß daher wie jedes andere Konsonantenphonem phonematischen[99] Status erhalten. Für die phonologische Analyse des Arabischen ist daher seine morphologische Struktur entscheidend. Somit kann weder im Deutschen noch im Arabischen die Bestimmung des phonologischen Stellenwerts von

[99] Phonologisch bezieht sich ganz allgemein auf die Lautstruktur einer Sprache, also auch auf diejenigen Erscheinungen, die nicht Phonemcharakter haben, sondern Varianten und Grenzsignale sind, aber strengen Gesetzmäßigkeiten gehorchen, phonematisch ist dagegen eingeengt auf das Phonemsystem und seine Analyse.

[ʔ] allein mit Hilfe der phonetischen Distributionsanalyse an vorliegenden Datenkorpora adäquat durchgeführt werden. Im Falle des Deutschen ist die gezielte Einbeziehung des Hörverhaltens in Diskriminationstests erforderlich; die Funktionsweise dieses phonetischen Elements ist dann am besten mit Bezug auf Morphem- und Worteinheiten beschreibbar. Im Falle des Arabischen müssen die morphologischen Verhältnisse sofort bei der Festlegung der phonologischen Einheit berücksichtigt werden.

Bewirkt im Beispiel des deutschen [ʔ] ein Einzellaut die Signalisierung einer morphologischen Grenze, so leisten dies in anderen Fällen Lautfolgen. Deutsch [ç] zeigt nach velarem Vokal, wie in *Frauchen*, an, daß eine Morphemgrenze unmittelbar vorausgeht. Die Palatalität des Frikativs ist ein positives Grenzsignal in dieser Lautumgebung. Komplementär dazu folgt aus [x] nach velarem Vokal, wie in *rauchen*, daß gerade keine Morphemgrenze vor dem Frikativ liegt. Seine Velarität ist ein negatives Grenzsignal in diesem phonetischen Kontext. Ganz entsprechende Verhältnisse finden sich in den folgenden Beispielen:

a) Als er da *mit Rat* beistehen wollte, wurde er beschimpft.
[mit'ʁa:t]; [mit'χa:t]

b) Als er da *mit Draht* den Stecker berührte, erhielt er einen Schlag.
[mit'ʁa:t]

c) Als er *damit trat*, verlor er das Gleichgewicht und fiel hin.
[mit'χa:t]

d) Als er da *mitraten* wollte, wurde er hinausgewiesen.
['mitʁa:tn]; ['mitχa:tn]

Hier wird von einer flüssigen, nicht überdeutlichen Aussprache ausgegangen, die die satzphonetischen Reduktionen berücksichtigt, wie sie 6.3. beschreibt. [t] wird in allen Fällen unmittelbar in den Frikativ hinein gelöst. In den Beispielen a) und d) sind auch Zwischenformen hinsichtlich der zeitlichen Extension der Stimmlosigkeit im Frikativ möglich; der Frikativ kann gegen Ende stimmhaft werden.

Die Gruppensignale [tʁ] und [tχ] zeigen an, daß nicht /tr-/ bzw. nicht /dr-/ vorliegen kann. Wird auch hier nicht vom Datenkorpus ausgegangen, sondern vom potentiellen Sprechverhalten eines kompetenten Sprechers, dann ist eine positive Aussage möglich: Die freie Variation von [tʁ] und [tχ] markiert /-t|r-/, die konsistenten [tʁ] bzw. [tχ] die Gliederungen /dr-/ bzw. /tr-/. Mit dieser Formulierung erhält der Begriff

„Grenzsignal" allerdings eine andere Interpretation, als sie die Prager Schule, die ihn für die hier anstehenden Probleme geprägt hat, intendierte. Es geht dann nicht mehr darum, daß das Vorhandensein oder Fehlen eines morphologischen Gliederungseinschnitts für den Hörer im Kommunikationsakt erkennbar ist, sondern daß die Regularitäten des Sprechverhaltens in einer möglichst allgemeingültigen Beschreibung erfaßt werden. Damit wird auch dem Fehlschluß vorgebeugt, daß diese Grenzsignale Voraussetzung für die sprachliche Dekodierung im Kommunikationsablauf seien. Daß dafür jedoch die Zwänge des sprachlichen und situativen Kontextes eine wesentlich größere Rolle spielen, ist mit Sicherheit anzunehmen, wenn auch derzeit der Ablauf der Sprachperzeption und -apperzeption bei weitem nicht umfassend genug durchschaut ist.

In der voraufgehenden Diskussion wurde der morphologische Aufbau für die phonologischen Ansätze zugrunde gelegt; nur so ist auch der Terminus „Grenzsignal" einsichtig und sinnvoll. Da der amerikanische Strukturalismus aber für die phonologische Analyse keine morphologische Information verwenden konnte, mußte er die vorliegende phonetische Variabilität, die ja nicht mehr sofort als kontextabhängig erkennbar ist, in anderer Weise verarbeiten. Da [ʁ] und [χ] im selben phonetischen Kontext vorkommen, sind sie zunächst nicht einem einzigen Phonem zuzuordnen, obwohl das die intuitiv richtige Lösung ist. Sie kann aber dann erreicht werden, wenn in die symbolische Repräsentation Junkturen („junctures") eingeführt werden, die nunmehr verschiedene Kontexte für die zunächst kontrastierenden Segmente schaffen und damit die Zusammenfassung zu einem Phonem über die so gegebene komplementäre Verteilung ermöglichen.

Werden diese Junkturen mit + bezeichnet, dann lassen sich die vier Beispiele wie folgt phonologisch transkribieren:

a) /mit + 'ra:t/

b) /mit + 'dra:t/

c) /mit + 'tra:t/

d) /'mit + ra:tən/[100]

[100] Vgl. hierzu I. Lehiste, An Acoustic-Phonetic Study of Internal Open Juncture. *Phonetica* 5 (Suppl.), 1960, 1–54; id., Juncture. *Proceedings of the 5th International Congress of Phonetic Sciences.* Basel/New York 1965, 172–200.

In ganz entsprechender Weise ist die Diskrepanz zwischen paralleler und komplementärer Verteilung von [ç] und [x, χ] im Deutschen zu lösen:

/'frau + xən/

/'rauxən/.

Die Einführung der Junkturen soll dabei denselben strikten Forderungen der Distributionsanalyse folgen wie das Gruppieren von Phonen zu Phonemen. In vielen Fällen, ganz besonders wenn die freie Variation mitberücksichtigt wird, ist dieses Verfahren nicht nur ungeheuer komplex und aufwendig, sondern führt auch nicht zu den „richtigen" Lösungen, wenn nicht ein Vorwissen die Junkturen tentativ an den relevanten Stellen ansetzt und dann unter Bezug auf die Verteilung der Segmente untersucht. Die morphologischen Einheiten als phonologischer Analyse- und Beschreibungsrahmen sind daher auch hier sinnvoller.

Neben den bisher erörterten aphonematischen Grenzsignalen können auch Phoneme als solche auftreten. So zeigt das Auftreten von /ŋ/ bzw. /h/ im Deutschen an, daß kein Wortanfang bzw. -ende vorliegt. Aus der Folge Konsonant + /h/ ergibt sich eine Morphemgrenze zwischen beiden. Werden die wenigen Fälle von intervokalischem /h/ (z. B. *Uhu*, *Ahorn*) gesondert behandelt, dann signalisiert /h/ stets den Morphemanfang.

4.9. Vokal, Konsonant und phonologische Silbe

In 3.3.10 wurde eine Trennung der Laute der menschlichen Sprache überhaupt in Vokoide und Kontoide nach artikulatorischen Gesichtspunkten vorgenommen. Danach ist [j] in deutsch *ja* (wenn es friktionslos gesprochen wird) ein Vokoid, während wir es gewöhnlich unter die Konsonanten einordnen; d. h. Vokoide und Vokale sowie Kontoide und Konsonanten decken sich nicht. Es soll daher versucht werden, neben diese allgemeinsprachliche, phonetische Klassifikation eine strukturelle Bestimmung von zwei Phonemklassen zu stellen, die zwar für alle Sprachen angesetzt werden, deren Zusammensetzung aber sprachspezifisch geregelt ist. Diese Gruppierung soll dann mit der traditionellen Einteilung in Vokale und Konsonanten verglichen werden. Darüber hinaus wird auf der Basis der so gewonnenen Klassenbildung die Frage nach einer entsprechenden phonologischen Silbe und nach einer möglichen Lösung des Silbenproblems überhaupt auf funktionalem statt auf substantiellem, insbesondere meßphonetischem Gebiet (siehe 3.5) erörtert.

Die erste umfassende Untersuchung in dieser Richtung haben J. D. O'Connor and J. L. M. Trim für das Englische vorgelegt.[101] Sie gingen aus von einer umfangreichen Liste englischer Wörter in phonologischer Transkription nach „Received Pronunciation". Darin wurden alle Phonemkombinationen erfaßt, wie sie jeweils in den ersten und letzten beiden Positionen eines jeden Wortes auftraten, ohne Rücksicht auf die traditionellen Einteilungen in Vokal und Konsonant, silbisch und unsilbisch. Worttypen, die erfahrungsgemäß besondere phonologische Strukturen zeigen, wurden ausgeklammert, darunter Eigennamen, wissenschaftliche Termini, anglisierte Lehnwörter, seltene und archaische Wörter sowie Slangausdrücke und Interjektionen. In jedem der vier Örter wurde dann jedes Phonem mit jedem anderen Phonem hinsichtlich der Kontexte verglichen, die sie gemeinsam haben, und deren Anzahl bestimmt. So haben in *spar* und *saw* sowie in *pray* und *oral* /p/ und /ɔ/ in Platz 2 bzw. 1 eine identische Umgebung nach /s/ bzw. vor /r/. /p/ tritt z. B. initial vor 14 Phonemen auf und hat 13 davon gemeinsam mit initialem /t/, 12 mit /h/, 14 mit /ɩ/, 11 mit /ʊ/, 0 mit /ɑ/ und /u/. Um die gesamten kombinatorischen Möglichkeiten jedes Phonems in allen vier untersuchten Stellungen zusammen zu erfassen, wurden die Ergebnisse summiert.

Über dieses Verfahren, dessen weitere Einzelheiten hier übergangen werden können, ergeben sich zwei Klassen mit jeweils ähnlichen Distributionseigenschaften ihrer Elemente, aber klaren Unterschieden von Klasse zu Klasse. Sie stimmen genau überein mit der traditionellen Dichotomie zwischen Vokalen und Konsonanten. Diejenige Klasse, deren Elemente in post-initialer und prä-finaler Stellung häufiger vorkommen als die der anderen und außerdem, wenn auch begrenzt, monophonematische Wörter bilden, ist die Klasse der Vokale, die zentrale Einheiten in einer Abfolge darstellen gegenüber den marginalen Konsonanten der anderen Klasse. Die phonologische Silbe kann im Anschluß an diese Festsetzungen in der Weise bestimmt werden, daß die Kombinationsmuster der Wörter mit nur einem Vokal die Silbenbasis bilden, in die alle mehrvokaligen Sequenzen aufgeteilt werden. Bei nicht eindeutiger Abtrennung liefert die relative Häufigkeit der verschiedenen silbeninitialen und silbenfinalen Konsonantenverbindungen ein Entscheidungskriterium. Damit ist auch die Silbe auf distributioneller Basis definiert.

Dieses Ergebnis reflektiert allerdings zunächst einmal nur die Verhältnisse

101 Vowel, Consonant, and Syllable – A Phonological Definition. *Word* 9 (1953), 103–122.

des Englischen. Um zu entsprechenden Begriffsbestimmungen für Vokal, Konsonant und Silbe in anderen Sprachen zu kommen, müssen dort dieselben Distributionsanalysen durchgeführt werden. Was aber eine Forderung bleibt, ist eine sprachunabhängige Festlegung der drei phonologischen Kategorien, die von grundlegenden Annahmen über menschliches Sprechen ausgeht und nicht erst über eine große Anzahl untersuchter Einzelsprachen generalisiert. Dieser Weg soll im folgenden beschritten werden; er führt zu Ansätzen, die nicht mehr nur distributionell, sondern auch substantiell bestimmt sind.

Normales Sprechen ist artikuliertes Verhalten, in dem Schließ- und Öffnungsbewegungen im Ansatzrohr abwechseln, d. h. Velum, Lippen und Zunge, unterstützt durch die Unterkieferbewegung, bewirken veränderliche Engebildungen.[102] Hinsichtlich der Beeinträchtigung des Luftstroms gelten für sprachliche Artikulationen folgende Abstufungen von größter Enge bis zu größter Öffnung:

1. Vollständiger Verschluß im Ansatzrohr mit gleichzeitigem Velumsverschluß; Glottalverschluß: Verschlußlaut (Plosiv).

2. Vollständiger Verschluß im Ansatzrohr mit gleichzeitiger Velumsöffnung: Nasal.

3. Entweder örtlicher oder zeitlicher Teilverschluß, wobei die Velumsposition irrelevant ist,

3.1. mit Friktionsenge

3.1.1. zentral: zentraler Frikativ,

3.1.2. lateral: lateraler Frikativ,

3.1.3. alternierend: frikativer Vibrant,

3.2. ohne Friktionsenge

3.2.1. alternierend: friktionsloser Vibrant,

3.2.2. lateral: friktionsloser Lateral,

3.2.3. zentral: Vokoid

[102] Derartige Überlegungen finden sich bereits in der älteren Literatur im Zusammenhang mit der Silbendiskussion: E. A. Meyer, Die Silbe. *Die neueren Sprachen* 6 (1898), 479–493; P. Techmer, Naturwissenschaftliche Analyse und Synthese der hörbaren Sprache. *Internationale Zschr. für allgem. Sprachwiss.* 1 (1884), 69–170; P. Menzerath und A. de Lacerda, *Koartikulation, Steuerung und Lautabgrenzung*. Berlin, Bonn 1933.

3.2.3.1. höchster Grad der Engebildung: g e s c h l o s s e n e r V o k o i d.

.

.

.

3.2.3.n. niedrigster Grad der Engebildung: o f f e n e r V o k o i d.

Der maximale Kontrast ist der zwischen Plosiv und offenem Vokoid. Jegliches artikulierte Sprechen muß diese beiden Elemente enthalten, da sie größtmögliche Kontrastbewegungen garantieren und damit eine optimale artikulatorische Gliederung des Sprechablaufs bewirken. Sie sind daher auch in sämtlichen bekannten Sprachen festgestellt worden, ebenso wie ihre Verbindung Plosiv + offener Vokoid, die darüber hinaus zur ersten Entwicklungsstufe in der Kindersprache gehört. Je tiefer im Sprechfluß aufeinander folgende Engebildungen auf der Skala stehen, desto weniger markiert sind die artikulatorischen Einschnitte und um so eingeschränkter und speziell bedingter ist das Vorkommen der Bewegungsvorgänge. Reine Vokoidsequenzen sind in allen Sprachen begrenzt und vor allem durch den morphologischen Aufbau bedingt (wie z. B. im Französischen: *haï, loué; papa est allé à Arles*). Zahlreiche Formen pathologischen Sprechens (z. B. das der Parkinsonkranken[103]) sowie die Artikulationsweise Betrunkener zeichnen sich durch den Abbau der artikulatorischen Gliederung aus, wie sie extreme Strikturen schaffen.

Für die weiteren Überlegungen soll nun von Worteinheiten ausgegangen werden, die aus zwei Phonemen mit dieser maximalen Öffnungsbewegung bestehen, wo natürlich eine Schließbewegung vorausgehen muß, was aber vor der Lautgenerierung geschieht und daher hier unberücksichtigt bleiben kann. Exemplifiziert wird dieser Worttyp durch deutsch *da*. Die in einem Paradigma austauschbaren Öffnungsbewegungen unterschiedlicher Extension zum offenen Vokoid hin, die ebenfalls zweiphonemige Wörter sind (deutsch *sah, Schah, ja*), bestimmen eine Klasse von Phonemen gleicher Distribution in artikulatorischen Abläufen. Umgekehrt kann in dem Paradigma auch der Ausgangspunkt der Bewegung, nämlich der Verschluß, konstant gehalten und das Ende variiert werden (deutsch *Tee, die, Po, du, tu*). So ergibt sich eine zweite Klasse von Phonemen, ebenfalls mit gleicher Distribution, die sich aber von der ersten hinsichtlich des Stellenwerts in der Öffnungsbewegung unterscheiden. Auf diese Weise erhalten wir also Phonemklassen, die sprachuniversell sind, deren

[103] Vgl. H. Wode, *Linguistische Untersuchungen zum Parkinsonismus.* Basel/ New York 1970, 34 ff.

Elemente jedoch, abgesehen vom Plosiv in der einen und dem offenen Vokoid in der anderen, sprachspezifisch festliegen. Das Prinzip dieser Klassen ist dabei, daß die Verbindungen von Elementen aus verschiedenen Klassen zunächst in einer Abfolgerichtung weitgehend frei, aus derselben Klasse aber stark eingeschränkt sind. Im Falle von einphonemigen Wörtern liegt immer ein Element aus der Klasse vor, die die offenen Vokoide enthält. Diese Klasse soll V o k a l e (V), die andere K o n s o n a n t e n (K) genannt werden. Es kann auch vorkommen, daß bestimmte Phoneme beiden Klassen angehören, so /r, l/ im Tschechischen (*Brno* mit Vokal, *Praha* mit Konsonant). So erklärt sich auch der Terminus Halbvokal für /j/ im Deutschen und Englischen sowie für /w/ im Englischen. Sie sind Vokoide wie /i/ und /u/, aber andererseits in der Klasse der Konsonanten. Dieser Zwitterstellung zwischen phonetischer Substanz und phonologischer Funktion trägt der Name Rechnung, der damit an sich in einem allgemeinen phonetischen Klassifikationssystem nichts zu suchen hat.

Viele Sprachen bleiben bei dem bis jetzt beschriebenen Bewegungstyp zweiphonemiger Wörter stehen, mit der möglichen Modifikation zu einphonemigen durch Eliminierung der initialen Striktur. Komplexere Worteinheiten müssen durch Sequenzen von solchen artikulatorischen Bausteinen oder S i l b e n gebildet werden (z. B. deutsch *Kette*). Die polynesischen Sprachen und (mit Einschränkungen) das Japanische gehören zu diesem Sprachtyp. Diese Grundeinheit kann einmal durch Schließungsbewegungen, zum andern durch Öffnungs-Schließungs-Bewegungen erweitert werden. Die Elemente von K können dann auch nach denen von V stehen (z. B. deutsch *ab, tat*). Auch solche komplexeren Silben können zur Wortbildung verkettet werden (z. B. deutsch *Weste*). In diesem Zusammenhang müssen nun auch Vokoidverbindungen wie /ai/ *haï*, /ue/ *loué* im Französischen diskutiert werden. Der gegenwärtige Stand der Untersuchung zwingt noch dazu, /i, e/ hier als Konsonanten anzusehen, während sie in *pis, paix* Vokale sind. Da *haï, loué* somit auch interne Verbindungen in der Vokalklasse sein könnten, was das allgemeine kombinatorische Prinzip der Klassenbildung beeinträchtigt, muß eruiert werden, ob z. B. die Vokalverbindungen nicht als zwei Silben aufzufassen sind. Maßgebend ist hierbei die Anzahl der Fälle, die dem Kombinationsgesetz widersprechen. Wird dieses dadurch unterlaufen, so muß von zwei aufeinanderfolgenden Silben ausgegangen werden. Hilfskriterien sind dabei die mono- und biphonematische Wertung (siehe 6.1.1.7 und 6.1.2), morphologische Kriterien, Akzent und Ton (siehe 4.10). Die Aufeinanderfolge von mehreren Einheiten aus V wird in allen Sprachen gemieden bzw., wenn sie aus morphologischen Gründen häufig eintritt, oft in eine Folge K + V überführt: *loué* /lwe/. Tritt eine wahrnehmbare Veränderung der Vokoidqualität innerhalb e i n e r Silbe auf, so liegt ein D i p h t h o n g vor, bei Verteilung des Gleitens auf zwei Silben zwei M o n o p h t h o n g e. Bleibt die Qualität auditiv gleich, so ist der Vokoid ebenfalls ein Monophthong.

Schließlich lassen sich die Strukturen einvokaliger Wörter noch dadurch ausbauen, daß in der Klasse K Unterklassen in der Weise gebildet werden, daß wiederum die Kombinationen von Elementen zwischen den Klassen freier als innerhalb der Klassen sind. So gehören in den indogermanischen Sprachen die Plosive und Frikative in eine andere Klasse als die Liquide und Nasale (z. B. deutsch *plant*). Hier sind ebenfalls wieder Sequenzen der artikulatorischen Silbenkomplexe zu längeren Wörtern möglich (z. B. deutsch *Estrich, Elster*). Nach demselben Prinzip der Unterklassenbildung werden im Deutschen darüber hinaus noch aus der Klasse der Plosive und Frikative die Alveolare ausgesondert (/s/, /t/ sowie deren Verbindung /st/, ferner /ʃ/) z. B. *Abt, Klops, Obst*; *Psyche*.

Hier wird nun einzelsprachlich das Prinzip durchbrochen, daß für eine einvokalische Worteinheit auch nur eine (Öffnungs-)Schließungs-Bewegung eintritt. Welche Bewegungsabläufe zusammen mit einem vokalischen Element zugelassen sind und welche Hierarchien hinsichtlich der verschiedenen Strikturen bestehen, wird sprachindividuell geregelt. Insofern ist die Silbe trotz des zugrundeliegenden allgemeinsprachlichen Prinzips einer kombinatorischen Einheit einzelsprachlich geprägt. So haben die Nasale im Deutschen nach Ausweis von *Köln, Stern* eine höhere Engebewertung als die Liquide, wodurch Wörter wie *stellen* durch die ə-Elision einsilbig werden können, während in *Tunnel* und *raten* die Zweisilbigkeit auf jeden Fall erhalten bleibt (s i l b i s c h e L i q u i d e und N a s a l e). Wieviel Silben eine durch sekundäre Vokalelision reduzierte Form hat, bestimmt jede Sprache für sich. Japanisch /çto/ aus /çito/ ist weiterhin zweisilbig, während französisch *peuple, arbre* ohne finales /ə/ einsiblig sind. Auch bei der Verkettung von Silben können für die intervokalischen Konsonanten(verbindungen) besondere Strukturgesetze gelten, die eine Silbeneinteilung durch Bezug auf die einvokaligen Basisformen nicht nur mehrdeutig (wie in *extra* /ek-stra:/, /eks-tra:/), sondern sogar unmöglich machen. In *Egge* ist /e-gə/ wegen der Vokalkürze, /eg-ə/ wegen des stimmhaften Plosivs nicht möglich, so daß hier ein weder eindeutig initial noch eindeutig final abgrenzbarer Konsonant vorliegt.

Die Silbengliederung wird ferner durch morphologische Erweiterungen beeinträchtigt, die sich nicht unbedingt den Silbengesetzen einzufügen brauchen. Ob es zu einer neuen Syllabifizierung kommt, hängt von der einzelsprachlichen Bewertung des so entstehenden Einschnitts ab. Formen wie *Grabs, gibst* repräsentieren im Deutschen sehr häufig vorkommende morphologische Typen (an die sich auch die selteneren unteilbaren Wörter wie *Klops, Obst,* zum Teil durch Lautwandel, angepaßt haben), beeinträchtigen aber die Einsilbigkeit nicht. Für die hier gegebene Definition der phonologischen Silbe sind artikulatorische und strukturelle Gesichtspunkte maßgebend. Die Produktionsgrundlage der Silbe in Form von Öffnungs- und Schließungsbewegungen schafft die universelle Basis, die lautstrukturellen und morphologischen Gegebenheiten bewirken die einzelsprachliche Ausrichtung, so daß eine allgemeingültige physiologische, artikulatorische oder akustische Bestimmung unmöglich ist. Damit wird nichts gegen das Vorhandensein von Luftdruck- und Luftströmungseinheiten gesagt, deren Untersuchung gerade in der Sprachpathologie von größter Relevanz ist, sondern es wird nur hervorgehoben, daß diese physiologischen Einheiten nicht mit dem zusammenfallen können, was gewöhnlich unter einer Silbe verstanden wird.

Es muß zum Abschluß noch hervorgehoben werden, daß die phonologische Silbe aus der Definition von K und V abgeleitet wurde und damit keine unabhängige Einheit darstellt. Alles, was mit der Silbe erfaßt werden kann, ist auch – obgleich viel umständlicher – mit Hilfe von Ketten aus Konsonanten und Vokalen darstellbar. Dort, wo eine Abgrenzung der Silbe nicht eindeutig oder gar unmöglich ist, kann überhaupt nicht mit einer unabhängigen linguistischen Einheit operiert werden, abgesehen von dem Hinweis, daß so viele Silben in einer Lautfolge enthalten sind, wie diese Vokale hat. Trotzdem bietet die Silbe eine nützliche Konstruktion für die Beschreibung von suprasegmentellen Merkmalen.[104]

4.10. Phonologie prosodischer Erscheinungen

4.10.1. Einleitung

Wie die Segmente – Vokale und Konsonanten – können auch prosodische oder suprasegmentelle Erscheinungen, d. h. Lautdauer, Promi-

[104] Vgl. hierzu K. Kohler, Towards a Phonological Theory. *Lingua* 16 (1966), 337–351.

nenz und Tonhöhe nach dem Kriterium der phonologischen Distinktivität bzw. der kontextuellen Bedingtheit bearbeitet werden. Um die phonetisch wahrnehmbaren bzw. meßbaren Größen von der linguistischen Bewertung zu trennen, ist eine Reihe von neuen Termini eingeführt worden. Neben die phonetische Dauer tritt die phonologische Quantität, neben die phonetische Prominenz der phonologische Wort- und Satzakzent und neben die phonetische Tonhöhe der phonologische Ton und die phonologische Intonation.[105]

4.10.2. Quantität

Zahlreiche Untersuchungen haben gezeigt, daß die Länge von Segmenten, meßbar in Millisekunden (ms), um so größer ist, je weiter der für ihre Ausführung und den Übergang zum nächsten Segment notwendige Artikulationsweg ist. So haben Vokale eine um so größere intrinsische Dauer, je offener sie sind. Externe Bedingungen liefern die folgenden Konsonanten. Es wurde wiederholt gefunden, daß Vokale am längsten vor Alveolaren sind, kürzer vor Velaren und am kürzesten vor Labialen. Für Konsonanten haben sich die intrinsischen Abstufungen häufig in der Abfolge von länger zu kürzer für /b, p/, /g, k/, /d, t/ ergeben, was mit der extremen Mobilität der Zungenspitze im Gegensatz zu Zungenrücken und Lippen erklärt werden kann. Auch die Artikulations art regelt neben dem Ort die Konsonantendauer. Stimmlose Frikative haben in einigen Untersuchungen eine längere Dauer geliefert als alle anderen Konsonanten. Bei diesen in Untersuchungen für verschiedene Sprachen gefundenen Lautdauerunterschieden spielen universelle, physiologisch bedingte Differenzierungen neben sprachspezifischen eine Rolle. Gerade was den ersten Bereich der besonders interessanten Universalien anlangt, sind noch umfassende Forschungen vor allem auf meßphonetisch-physiologischem Sektor unter Bezug auf theoretische Ansätze zu artikulatorischen und physiolgischen Aspekten der menschlichen Sprache überhaupt notwendig.

Ein einschlägiges Beispiel zur sprachindividuellen Ausprägung der Vokaldauer in Abhängigkeit von stimmlosen und stimmhaften Plosiven und Frikativen liefert das Englische. Der Vokal /ɩ/ in *bid* ist länger als /i/ in *beat*, obwohl sich *bid* und *bead* sowie *bit* und *beat* wie Kürzen und

[105] Vgl. zu diesem Abschnitt I. Lehiste, *Suprasegmentals*. The M. I. T. Press 1970.

Längen verhalten. In denselben Kontexten ist also der offenere Vokal immer kürzer als der geschlossene, was zur Distinktion zwischen den beiden Vokalen beiträgt, so daß entweder die relative Dauer oder der Qualitätsunterschied als das phonologisch relevante Merkmal angesehen werden kann und das jeweils andere phonetisch bedingt ist. Da die Dauerrelation von einer Lautumgebung zur anderen erhalten bleibt, bringt der Ansatz einer phonologischen Daueropposition so lange kein Problem, wie nicht Laute aus verschiedenen Kontexten miteinander ponetisch verglichen werden. Sollen diese unterschiedlichen Dauerwerte aber ebenfalls erfaßt werden, dann ist es sinnvoller, die Qualität zum distinktiven Element zu erheben. Beim Vergleich von *bid* und *bit* kann sich sogar der gesamte lautliche Unterschied in die verschiedene Vokallänge verlagern, da für /d/ völlige Stimmlosigkeit möglich ist. Die ursprüngliche phonologische Opposition der Konsonanten wird dann in den Vokaldauern realisiert.

Daß diese Regelung der Vokaldauer eine speziell englische ist, zeigt das Deutsche, wo in der Version, die die Grundlage für die Beschreibung in dieser Monographie liefert, keine vergleichbare Kürzung vor stimmlosen Plosiven und Frikativen beispielsweise gegenüber der Stellung vor Nasalen eintritt (stimmhafte Plosive und Frikative entfallen natürlich final): *schied, schief, schien.*[106] Zum Verhältnis von langen und kurzen Vokalen in einer großen Datenmenge haben die phonometrischen Arbeiten Zwirners und seiner Mitarbeiter statistische Ergebnisse für verschiedene deutsche Mundarten vorgelegt. Danach sind die Mittelwerte der Dauer der phonologischen Längen im Osten und Südosten nur wenig länger als die Mittelwerte der Dauer der phonologischen Kürzen. Nach Nordwesten nimmt der Quotient von Längen und Kürzen allmählich zu.[107] Hier zeigen sich in der Streuung der Dauerwerte für Längen und Kürzen deutlich getrennte Maxima trotz Überlappens in einem Grenzbereich.

Quantitätsoppositionen finden sich in Sprachen sowohl bei Vokalen als auch bei Konsonanten. Im Zusammenhang mit langen Konsonanten wird immer wieder die Frage gestellt, ob sich von der einfachen Länge die

[106] Über die phonologische Wertung im Deutschen siehe 5.2.

[107] E. Zwirner, Phonometrische Isophonen der Quantität der deutschen Mundarten. *Phonetica* 4 (1959), 93–125. Vgl. auch die Kritik an der Zwirnerschen Untersuchung und einen neuen Lösungsvorschlag in der soeben erschienenen Dissertation von R. Bannert, Mittelbairische Phonologie auf akustischer und perzeptorischer Grundlage. *Travaux de l'Institut de Linguistique de Lund* X, 1976.

Geminaten, die verdoppelten Konsonanten, unterscheiden mit einer Verteilung auf zwei Silben, d. h. mit zwei Maxima für intraoralen Druck und für die Muskelaktivität der Artikulationsorgane Zunge und Lippen. Die vorliegenden experimentellen Daten geben kein einheitliches Bild. Die Frage bedarf der weiteren Erforschung mit modernen instrumentellen Mitteln. Ganz abgesehen von dieser phonetischen Entscheidung wird eine phonologische bestimmt durch die strukturellen Gegebenheiten der betreffenden Sprache. Während im Spanischen, das kaum Konsonantenverbindungen kennt, gerolltes /r/ in *perro* „Hund" gegenüber geschlagenem /ɾ/ in *pero* „aber" am besten als langer Konsonant interpretiert wird, drängt sich im Französischen aus morphologischen Gründen für den Gegensatz *mourait* /r/ „er starb" und *mourrait* /rr/ „er würde sterben" der ein- bzw. zweikonsonantige Ansatz auf. Im hier beschriebenen Deutsch finden sich konsonantische Längen, die als Doppelkonsonanz interpretiert werden müssen, nur an der Wortfuge und nur unter besonderen Bedingungen. Während *Schiffahrt* und *dasselbe* normalerweise nur intervokalisches einfaches /f/ bzw. /s/ kennen, behält *anmelden* bei Assimilation des /n/ an /m/ die Geminate bei.[108] Deutsche Dialekte, so z. B. in der Schweiz, kennen jedoch lange Konsonanten unabhängig von der Wortfuge beispielsweise in *Wasser, lassen* /ss/ gegenüber *Glaser* /s/.

Wichtig ist auch die Entscheidung der Frage, wieviele Quantitäten für eine Sprache angesetzt werden müssen. Im allgemeinen gilt bei Vorhandensein einer Quantitätsopposition bei Vokalen oder Konsonanten ein Gegensatz zwischen zwei Werten, lang und kurz. Einige Sprachen kennen jedoch darüber hinaus eine dritte, überlange Quantität, so das Estnische sowohl im Vokal- als auch im Konsonantenbereich. Auch für das Deutsche sind überlange Vokale angenommen worden.[109] Eine kritische Stellungnahme hierzu wird in 4.10.4 gegeben.

4.10.3. Wort- und Satzakzent

In zahlreichen Sprachen ist in jedem Wort, abgesehen von Formwörtern, die sich anderen Einheiten in der syntaktischen Struktur unterord-

[108] Vgl. 6.3.1.10.

[109] Siehe hierzu P. Menzerath, Beobachtungen zur deutschen Lautquantität. *Maître Phonétique* 12 (1934), 68–73; 88–93 (id. auch in *Teuthonista* 5 [1928–29], 208–212); O. v. Essen, Überlange Vokale und gedehnte Konsonanten des Hochdeutschen. *Zeitschrift für Phonetik* 10 (1957), 239–244; C. & P. Martens, *Phonetik der deutschen Sprache*. München 1961, 29 ff.

nen, eine bestimmte Silbe gegenüber allen anderen durch das Vorhandensein eines phonologischen Merkmals „akzentuiert“ ausgezeichnet, das sich in verschiedenen Kontexten in unterschiedlicher Weise durch einen größeren Grad der phonetischen Prominenz, d. h. des perzeptiv stärkeren Hervortretens, manifestiert. Dieses größere Heraustreten hängt ab von der Lautdauer, vom Tonhöhenverlauf, von der Lautqualität und von der Lautstärke. So ist in deutsch *'August* (männlicher Vorname) die erste Silbe, nämlich der Diphthong, länger als in *Au'gust* (Monatsname); bei der zweiten Silbe ist es gerade umgekehrt. Zudem kann der Tonhöhenverlauf, besonders in der Aussprache der isolierten Wörter, die Prominenz durch eine fallende oder steigende Gleitbewegung auf einer der beiden Silben unterstützen. ⟍ _ und ⟋ ‾ signalisieren beide *'August*, während *Au'gust* durch ‾⟍ oder _ ⟋ angezeigt wird. Beim Wegfallen dieser melodischen Indizien entweder im monotonen oder geflüsterten Sprechen oder aber in anderen Intonationskonturen muß sich die Dekodierung auf die übrigen Indikatoren von Prominenz stützen, vor allem auf die Lautdauer. Das Vorkommen von /ə/ in zweisilbigen Wörtern des Deutschen ist eine eindeutige qualitative Anzeige der Akzentposition.

Der Wortakzent ist somit eine abstrakte phonologische Größe, die in einer Silbe entweder vorhanden oder nicht vorhanden, also streng binär ist und die lautliche Ausprägung in verschiedenen Kontexten nach festliegenden Regularitäten steuert, so daß durchaus mehrere Prominenzabstufungen wahrnehmbar werden. Nicht alle Sprachen kennen einen Wortakzent. Das Französische bildet z. B. eine Ausnahme, da hier die Akzentuierung eine Angelegenheit der Äußerung, nicht auch der sie aufbauenden Wörter ist. Aufgrund dieses Satzakzents können verschiedene Silben eines Wortes zu prominenten werden, je nachdem welche inhaltlichen Schwerpunkte gesetzt werden, so daß also keine konstante Wortstelle ausgezeichnet ist. Die in vielen Handbüchern sich findende Angabe, die letzte Silbe außer /ə/ sei akzentuiert, bezieht sich lediglich auf die Aussprache des isolierten Wortes, d. h. auf die wertneutrale Äußerung des Wortes. Eine indifferente Äußerung bzw. ein grammatisch und inhaltlich bestimmter indifferenter Äußerungsabschnitt ist durch eine leicht stärkere Hervorhebung der letzten Silbe mit vollem Vokal gekennzeichnet. Dieser vermeintliche Wortakzent auf der letzten Silbe ist also ein Satzakzent, der sich bei Emphase beispielsweise verlagert auf die erste mit Konsonant beginnende Silbe, welcher dann zudem gelängt wird. So heißt es ohne Hervorhebung *C'est impos'sible.*, aber mit Emphase

C'est im'possible. Daneben erscheint auch die initiale Akzentuierung in der Anfangsstellung einer Äußerung: *'Impossible, mon cher, 'impossible.* Hier wird [ʔ] vorgesetzt, und mit diesem Mittel der Konsonantenbildung ist schließlich auch *C'est* [tʔ] *'impossible.* möglich.

Viele Sprachen haben einen festliegenden Wortakzent, so das Tschechische und das Ungarische auf der ersten Silbe, das Polnische auf der vorletzten Silbe. In diesen Sprachen hat der Akzent eine positive bzw. negative delimitative Funktion, kann aber trotz des Fehlens einer phonologischen Distinktion nicht ohne Beeinträchtigung der Verständlichkeit – im Gegensatz zum Französischen – verlagert werden. Das Deutsche hat einen Akzent, der zwar nicht immer auf einer bestimmten Wortsilbe liegt, dessen Position aber, vor allem aufgrund morphologischer Gegebenheiten, weitgehend vorbestimmt ist.[110] Schließlich gibt es auch Sprachen, wie z. B. das Russische, in denen der Wortakzent völlig frei und damit echt phonologisch distinktiv ist.

Für den S a t z a k z e n t ist zunächst einmal der rhythmische Aufbau des Sprechens maßgebend, hinsichtlich dessen die Sprachen nach K. L. Pike in zwei Gruppen zerfallen.[111] In der einen, zu der das Französische, das Spanische, die indischen und viele afrikanische Sprachen gehören, bilden die einzelnen Silben eine Abfolge mehr oder weniger konstanter Zeiteinheiten. Diese werden dann z. B. im Französischen zu Sinnabschnitten gegliedert, die einen finalen Akzent erhalten und von unterschiedlicher Länge sein können. In der anderen Gruppe, der das Deutsche und alle anderen germanischen Sprachen, die slawischen Sprachen sowie unter den romanischen z. B. das Italienische angehören, besteht die Tendenz, die rhythmischen Hebungen, die akzentuierten Silben, in approximativ gleichen Zeitabständen aufeinander folgen zu lassen (vorausgesetzt natürlich, daß der Sprechfluß nicht durch Häsitationen unterbrochen oder das Tempo verändert wird). Da die Anzahl der Silben in der rhythmischen Senkung, also der unakzentuierten Silben, von Takt zu Takt wechseln kann, läßt sich das Zeitraster nur dadurch konstant halten, daß die Dauer der einzelnen Silben, insbesondere der unakzentuierten, mit zunehmender Silbenzahl verkürzt wird. Hier liegt die Begründung für das in 6.3.2. zu besprechende Phänomen der s c h w a c h e n F o r m e n. In den deutschen Äußerungen

110 Siehe 6.2.1.
111 *The Intonation of American English.* Ann Arbor 1945, p. 35.

'fünf und 'fünf
hundert'fünf und hundert'fünf
'fünfundzwanzig und 'fünfundzwanzig
hundert'fünfundzwanzig und hundert'fünfundzwanzig

können jeweils gleichbleibend zwei akzentuierte Silben vorliegen mit einer, drei, vier oder sechs dazwischentretenden unakzentuierten Silben. Trotz dieser sehr unterschiedlichen Silbenzahlen ist ein gleichgebautes rhythmisches Schema möglich auf Kosten der Dauer und der Segmentstruktur der einzelnen Einheiten. *Fünfundzwanzig* kann gerade in diesen Fällen zu ['fymәntsvantsiç] werden. Das Satzakzentraster muß dabei im Deutschen so angelegt sein, daß es nur auf Wortakzente fällt, obwohl nicht sämtlichen Wortakzenten ein Satzakzent zu entsprechen braucht:

Meine 'Eltern sind in die Tür'kei gefahren.

In den durch Satzakzente markierten Abschnitten in Sprachen beider Gruppen treten weitere Satzakzentuierungen entweder zur Anzeige der Emphase oder zum Herausarbeiten von Gegensätzen auf, wofür insbesondere der Tonhöhenverlauf, die Dauer und die Lautstärke eingesetzt werden.[112] Für die emphatische Frage Was *''ist Phonetik eigentlich?* des Kapitels 1 ist die Gesamtdauer der Äußerung länger als in den übrigen dort ebenfalls angeführten Beispielen. Vor allem *ist* zeichnet sich durch Längung aller seiner Segmente, einschließlich des vorangestellten Glottisschlags sowie durch einen extremen Tonhöhenabfall aus. Die Verwendung des kontrastierenden Akzents demonstrieren die folgenden deutschen Sätze:

''Er hat ihm den Ball zurückgegeben, nicht ''sie.

Er ''hat ihm den Ball zurückgegeben, wenn ihr auch das Gegenteil behauptet.

Er hat ''ihm den Ball zurückgegeben, nicht ''ihr.

Er hat ihm ''den Ball zurückgegeben, nicht den ''andern.

Er hat ihm den ''Ball zurückgegeben, nicht den ''Schläger.

Er hat ihm den Ball zu''rückgegeben, nicht ''weggenommen.

Er hat ihm den Ball zurückge''geben, nicht zurückge''worfen.

Jedes lexikalische Element und jedes syntaktische Formativ kann diesen vor allem wieder durch den Tonhöhenverlauf signalisierten Kontrast-

[112] Im Französischen ist das Aufstellen von Gegensätzen allein durch den Akzent nicht möglich; hier sind Umschreibungen erforderlich, z. B. von der Art „C'est ... qui (que) ...".

akzent erhalten. Das Melodiemuster ＼___ ist in den Beispielen sukzessive von Wort zu Wort durch den Satz geschoben worden mit einer aufsteigenden Tonfolge _ – ‾ vor dem Abwärtsgleiten entsprechend der Anzahl der vorausgehenden Silben. Bei dieser kontrastiven Akzentuierung ist auch ein Abweichen von der Wortakzentposition gegeben: *Ich meine "benannt, nicht "ernannt.* Auch der emphatische Akzent kann im Deutschen Silben treffen, die keinen Wortakzent enthalten, vorausgesetzt, daß die Wortakzentsilbe ebenfalls emphatisch herausgehoben wird: *Das ist einfach "ver"rückt.* Wort- und Satzakzent sowie bei letzterem der rhythmisch bedingte einerseits, der Kontrast- und der Emphaseakzent andererseits müssen deutlich auseinander gehalten werden. Eine Abfolge von Prominenzabstufungen, wie sie die generative Phonologie anzusetzen versucht (siehe 4.11), kann diesen Unterschieden nicht gerecht werden.

4.10.4. Ton und Intonation

Ist in einer Sprache mit Wortakzent der Beitrag der Tonhöhe zu seiner Manifestierung nicht allein abhängig von der Satzmelodie, sondern finden sich davon getrennte distinktive Muster für verschiedene akzentuierte Silben, dann liegt der Fall der Tonakzentsprachen vor. Wichtige Beispiele liefern das Norwegische, das Schwedische, das Litauische, das Serbokroatische und das Japanische, aber auch deutsche Dialekte des Rheinlands. Das Phänomen ist seit langem unter dem Begriff der „Rheinischen Schärfung" bekannt.[113] Die Schärfung ist ein Bündel suprasegmentaler Merkmale. Bei geschärften Silben findet sich gegenüber ungeschärften neben einer Verkürzung der Dauer von lang auf halblang (die aber von der Kürze klar getrennt bleibt) und einem wesentlich größeren Intensitätsabfall eben vor allem auch ein größerer Stimmtonabglitt: ＼ gegenüber ⟍. Beispiele sind (das geschärfte Wort jeweils zuerst):

/l*u*:s/	„lose"	:	/lu:s/	„Laus"
/k*a*n/	„Kanne"	:	/kan/	„er kann"
/ʃt*i*:f/	„Steife, Stärke"	:	/ʃti:f/	„steif"
/h*u*:s/	„im Haus"	:	/hu:s/	„das Haus".

Ähnlich wie der Wortakzent in seiner Realisierung durch den Satzakzent bestimmt wird, so ist die Ausprägung des tonalen Akzents abhängig vom Tonhöhenverlauf des Satzes.

[113] Siehe hierzu G. Heike, Suprasegmentale Merkmale der Stadtkölner Mundart. Ein Beitrag zur „Rheinischen Schärfung". *Phonetica* 8 (1962), 147–165.

Da die Schärfungsmerkmale auch im Schriftdeutschen Kölner Sprecher zu finden sind, führt Heike den Ansatz von drei Vokal- und zwei Konsonantenquantitäten bei den Nasalen und Liquiden durch den Rheinländer Menzerath[114] auf die Übernahme der Dialekteigentümlichkeit zurück, die aber sicher für das Standarddeutsche anderer Mundartgebiete keine Geltung hat. Zu diesem dialektalen Ursprung der dreifachen Quantität gesellte sich noch ein orthographischer und morphologischer Einfluß, der einige nicht-rheinische Phonetiker[114] am Schreibtisch davon überzeugte, daß die Überlänge ein Merkmal des Deutschen schlechthin sei, in *liehst : liest, fliehst : fließt, lieht : Lied, blühte : Blüte, reist : reißt, heute* (von *heuen)* : *heute, braut : Braut.* In einer neueren Untersuchung hat H. W. Wodarz experimentelle Daten beigebracht, die klar gegen eine Überlänge im Deutschen sprechen.[115] Es ist daher an der Zeit, daß sie aus den phonetischen Darstellungen des Deutschen verschwindet, da sie für die gewöhnlich beschriebene Form keine empirische Grundlage hat.

Ist die tonale Distinktion nicht mehr an akzentuierte Silben in Wörtern gebunden, sondern kennzeichnet sie alle Silben (bis auf bestimmte Funktionssilben), dann haben wir es mit der Erscheinung des T o n s in T o n s p r a c h e n zu tun, wozu viele Sprachen Ostasiens und Afrikas sowie die Indianersprachen gehören. Den segmentellen Phonemen vergleichbar gilt hier eine bestimmte Anzahl von tonalen Oppositionen, wie z. B. [ma¯] „Mutter" (mit hohem ebenen Ton) gegenüber [ma↗] „Pferd" (mit tiefem ansteigendem Ton) im Pekinger Chinesisch. Für die phonologische Charakterisierung einer jeden Silbe ist also hier neben Vokal- und Konsonantenphonemen auch der jeweilige Ton maßgebend. Man kann daher auch von T o n e m e n sprechen. Auch die Toneme werden in Abhängigkeit vom Kontext realisiert, und gewisse Tonemfolgen können ebenso ausgeschlossen sein wie bestimmte Phonemsequenzen.

Während die distinktive Verwendung der Tonhöhe auf Wort- und Silbenebene nur in einer begrenzten Gruppe von Sprachen vorkommt, ist sie auf der Ebene des Satzes sprachuniversell. Hier dient also eine eingeschränkte Zahl von kontrastierenden Tonhöhenmustern der Bedeutungsdifferenzierung ganzer Äußerungen, und zwar in der Darstellungsfunktion[116] (der intellektuellen Bedeutung) ebenso wie in der Ausdrucks- und Appellfunktion[116] (der emotionalen Bedeutung). Dieser Gebrauch des Me-

[114] Siehe Fußnote 109.

[115] *Phonetische Untersuchungen zum Problem der Überlänge.* Habil.-Schrift, Bonn 1971.

[116] Siehe zu diesen Termini K. Bühler, *Sprachtheorie.* Jena 1934.

lodieverlaufs steht daher in engster Beziehung zur Semantik im weitesten Sinn und soll I n t o n a t i o n genannt werden. Als Beispiele für die Darstellungsfunktion der Intonation im Deutschen lassen sich anführen:

Er 'hat es doch (nicht) ge'tan.

Die paraphrasierende Erweiterung hierzu könnte z. B. sein: „Warum regen Sie sich denn auf."

Er hat es ''doch (nicht) ge'tan.

(„obwohl er es (nicht) hätte tun sollen").

Sie ist nicht einmal ge'kommen.

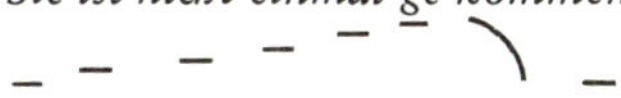

(„geschweige denn hier geblieben").

Sie ist nicht 'ein'mal ge'kommen.

(„nicht ein einziges Mal").

Sie ist nicht 'einmal ge'kommen.

(„sondern mehrmals").

Diese Beispiele zeigen sogleich die enge Kopplung von Satzakzent und Intonation. Einen etwas anders gearteten Fall exemplifizieren die folgenden Sätze:

'Wie 'weit ist es bis 'Hamburg?

'Wie 'weit ist es bis 'Hamburg?

Die erste Frage ist ein Ersuchen um Auskunft. Im zweiten Fall liegt die Antwort bereits vor, aber man hat sie entweder nicht verstanden oder kann sie nicht glauben und fragt daher nach (Echofrage).

Die Intonation dient im Bereich der Darstellungsfunktion auch der Gliederung der Rede:

Der 'brave 'Mann denkt an sich 'selbst zu'letzt.

Der 'brave 'Mann denkt an 'sich, 'selbst zu'letzt.

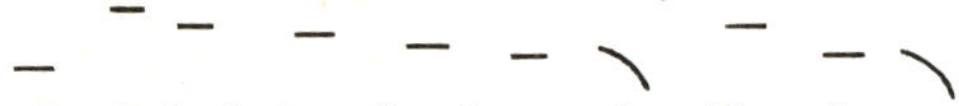

Die Ausdrucksfunktion der Intonation illustrieren die Beispiele in Kapitel 1. Die Appellfunktion kann an der Bitte bzw. dem Befehl in folgenden Sätzen demonstriert werden:

'Mach die 'Tür zu.

Ziel der phonetischen Beschreibung einer Sprache muß es sein, auch das Intonationssystem zu erfassen, d. h. eine begrenzte Zahl von intonatorischen Einheiten in ihrer paradigmatischen Opposition und ihrer syntagmatischen Verkettung aufzustellen. In 6.2.2. soll dies in beschränktem Rahmen für das Deutsche geleistet werden. Die Aufgabe ist hier weit vielschichtiger und schwieriger als bei der Erstellung des Phonemsystems, da der eigentliche Untersuchungsrahmen für die Intonation die Rede ist und da Ausdruck und Appell darin eine dominierende Rolle spielen, jedoch sich nur mit großen Vorbehalten den Prinzipien phonologischer Oppositionsbildung unterwerfen lassen. Mit der Rede sind die mannigfaltigen individuellen, regionalen, situativen und stilistischen Variationsmöglichkeiten gegeben, die die Bestimmung von linguistischen Invarianzen, aus denen die Vielfalt der Erscheinungen über Regularitätsbedingungen ableitbar ist, ungleich schwieriger machen als im Falle der Phoneme. Die bedingenden Faktoren sind eben sehr viel komplexer, da nicht die Abstraktion lautlicher Umgebungen in Einzelwörtern, sondern das kommunikative Geschehen in seiner Gesamtheit und Vielfalt das Untersuchungsgebiet absteckt. Um hier überhaupt einen Einstieg zu ermöglichen, ist eine methodologische Vereinfachung notwendig durch eine Beschränkung auf isolierte Sätze, die das Erarbeiten von linguistischen Einheiten ganz wesentlich erleichtern, dafür aber nur ein idealisiertes Abbild der kommunikativen Wirklichkeit darstellen.

4.11. Generative Phonologie

Die grundlegende Fragestellung des Strukturalismus zielte nach 4.4. darauf, mit welchen Mitteln die Regularitäten in einem Datenkorpus dargestellt und mit welchen Prozeduren sie entdeckt werden können. Das Ergebnis sprachlichen Verhaltens, eine Materialmenge, wird dabei losgelöst vom Sprechakt und von der Sprechfähigkeit, d. h. der sprachlichen Kompetenz von Kommunikationspartnern, nach festgelegten Postulaten segmentiert und klassifiziert. In einem sekundären Schritt werden dann die Resultate der Analyse auf weiteres, im untersuchten Korpus nicht vorhandenes Material verallgemeinert, aber die Frage nach der Kompetenz des Sprechers zur Schaffung dieser und vieler weiterer Daten wird im allgemeinen nicht gestellt, zumindest ist sie keine prinzipielle Problemstellung. Die voraufgegangenen Erörterungen zur Bestimmung phonologischer Einheiten haben jedoch schon verschiedentlich gezeigt, daß die Manipulation von Korpusdaten nicht ausreicht, sondern daß eine Einbeziehung des Sprechers und des Hörers erforderlich ist, wenn die Analyse für das sprachliche Verhalten relevante Aussagen liefern soll.

An diesem Punkte der wissenschaftlichen Diskussion setzte die generative Grammatik N. Chomskys[117] mit ihrer Forderung ein, daß es die Aufgabe der Linguistik sein müsse, die sprachliche Kompetenz von Sprechern und Hörern wissenschaftlich zu erfassen. Eine sprachwissenschaftliche Beschreibung muß also die Fähigkeit des Kommunikators explizieren, stets neue Äußerungen produzieren zu können, die für ein anderes Mitglied derselben Sprechergruppe trotz ihrer Erstmaligkeit verständlich sind. Das setzt eine konstruktive Basis im Sprecher und Hörer für eine unbegrenzt große Anzahl von Sätzen in der jeweiligen Sprache voraus. Sie gilt es mit adäquaten formalen Mitteln darzustellen. Hierzu gehören Symbole für linguistische Elemente sowie verschiedene Arten von Regeln, die die Strukturbeziehungen zwischen diesen Elementen aufzeigen und z. B. die Doppeldeutigkeit in dem Satz

Das Tonband, das Präsident Nixon vernichtet hat, enthielt wichtige Informationen.

durch die Objekt- bzw. Subjekt-Relation von „Tonband“ und „Präsident Nixon“ zur Handlung des „Vernichtens“ bestimmt. Der formale Regelapparat ist dabei für die Syntax generativ, d. h. er erzeugt in geordneten Schritten aus Ausgangssymbolen Symbolketten, die Sätze der Sprache mit ihren Strukturbeschreibungen. „Generieren“ bedeutet in diesem Zusammenhang nicht mehr als ein metasprachliches Aufzählen und hat nichts zu tun mit der tatsächlichen Produktion im Sprechakt, da es hier zunächst um die Explizierung der K o m p e t e n z geht, nicht um die

[117] Vgl. hierzu im Bereich der Phonologie N. Chomsky & M. Halle, *The Sound Pattern of English.* New York, Evanston, London 1968.

darauf gegründete Performanz.[118] An die Stelle des Korpus ist damit die Kompetenz des Sprechers und Hörers als zentrales Untersuchungsobjekt getreten. Für ihre Darstellung ist natürlich eine ständige Überprüfung an empirischem Material erforderlich, aber ein Datenkorpus ist nur noch Mittel zum Zweck der Explizierung eines mentalen Systems, da ein Korpus durch unvollständige Sätze und andere Folgen des eigentlichen Kommunikationsvollzugs einerseits mehr, durch seine Begrenztheit andererseits aber auch weniger enthält, als für die Kompetenz relevant ist. Mit diesem Ansatz ist also ein Mentalismus und Psychologismus in die Sprachwissenschaft eingezogen, der sich besonders im Bereich der Phonologie sehr zum Schaden der Erhellung der Regelhaftigkeit von Sprechen und Hören ausgewirkt hat, wie gleich noch zu zeigen sein wird.

Für die phonologische Komponente einer generativen Grammatik wird nun nicht ein ebensolcher generativer Ansatz wie für die syntaktische gefordert, sondern sie soll nur interpretativen Status haben, d. h. die mit Hilfe des generativen syntaktischen Regelsystems gewonnenen Ketten von lexikalischen und syntaktischen Einheiten (Formativen) lautlich interpretieren. Diese Oberflächenstrukturen bilden die Eingabe in die phonologische Komponente, die ihnen in Abhängigkeit von den jeweiligen Strukturbeziehungen unterschiedliche phonetische Manifestationen zuordnet. So haben die deutschen Konstruktionen

Handvoll Kirschen

und *Hand voll Kirschen*

verschiedene Konstituentenstrukturen, die als

$$((\S\ (\text{Hand})_{N}\ (\text{voll})_{Adj}\ \S)_{N}\ (\S\ \text{Kirschen}\ \S)_{N})_{Nom}$$

und $$((\S\ \text{Hand}\ \S)_{N}\ ((\S\ \text{voll}\ \S)\ (\S\ \text{Kirschen}\ \S)_{N})_{Adj\ P})_{Nom}$$

dargestellt werden können.[119] Die indizierten Klammern zeigen die hierarchischen Strukturen an, in die die drei lexikalischen Elemente eintre-

[118] Es kann nicht Aufgabe dieses Buches und dieses Kapitels im besonderen sein, eine gründliche Darstellung der generativen Grammatik zu geben. Einige Grundbegriffe müssen jedoch zum Verständnis der generativen Phonologie eingeführt werden, selbst auf die Gefahr hin, daß die gedrängte Kürze für den uneingeweihten Leser keine völlige Klarheit schafft. Für diesen Fall wird auf Einführungsdarstellungen, wie z. B. J. Bechert, D. Clément, W. Thümmel, K. H. Wagner, *Einführung in die generative Transformationsgrammatik*. München 1971, verwiesen.

[119] Vgl. hierzu P. Kiparsky, Über den deutschen Akzent. *Studia Grammatica VII*, Berlin 1966, p. 87.

ten, wobei N = Nomen, Adj = Adjektiv, Nom = Nominalphrase, Adj P = Adjektivphrase; § markiert darüber hinaus die Wortgrenze.

Eine zyklisch operierende Akzentregel vergibt nun zunächst innerhalb aller innersten Klammern die Akzentstufe 1 (= stärkster Akzent), wobei diese nicht auf die Silbe *-en* fallen kann; also $\overset{1}{\textit{Hand}}$, $\overset{1}{\textit{voll}}$, $\overset{1}{\textit{Kirschen}}$. Nach Anwendung der Regel werden die jeweils innersten Klammern getilgt. Die Zuordnung der Akzentstufe 1 wird dann für jedes innerste Klammerpaar so lange wiederholt, bis sämtliche Klammern getilgt sind und der Ausdruck damit eine endgültige Akzentrepräsentation erhalten hat. Bei jeder neuen Vergabe des Akzents 1 werden sämtliche anderen bereits markierten Akzente um eine Stufe erniedrigt, d. h. zahlenmäßig um 1 erhöht. Innerhalb eines Wortes werden ferner die Akzentstufen außer 1 um einen Grad herabgesetzt. Damit ergeben sich für die vorliegenden Konstruktionen folgende Ableitungen:

((§(Hand)	(voll)§)	(§ Kirschen §))
(1)	(1)	(1)
(1	2)	(1)
(1	3)	(1)
(2	4	1)

((§ Hand §)	((§ voll §)	(§ Kirschen §)))
(1)	(1)	(1)
	(2	1)
(2	3	1).

Die beiden Äußerungen sollen aufgrund ihrer unterschiedlichen Konstituentenstruktur und der daraus resultierenden anderen Anwendung der zyklischen Akzentregel (deren genaue Formulierung hier übergangen werden soll[119]) verschiedene Akzentuierungsmuster haben: $\overset{2}{\textit{Hand}}\overset{4}{\textit{voll}}$ $\overset{1}{\textit{Kirschen}}$ und $\overset{2}{\textit{Hand}}$ $\overset{3}{\textit{voll}}$ $\overset{1}{\textit{Kirschen}}$.

Die lexikalischen Elemente der Oberflächenstruktur, auf die die Regeln der phonologischen Interpretation angewendet werden, liegen in einer phonetischen Repräsentation vor. Grundlage für diese bildet die Konzeption der distinktiven Merkmale (distinctive features), wie sie in Weiterführung des Ansatzes der phonologisch relevanten Eigenschaften bei Trubetzkoy und der Prager Schule[120] zuerst

[120] Siehe 4.3.

von R. Jakobson, C. G. M. Fant und M. Halle[121] entwickelt wurden. In einer allgemeinen phonetischen Theorie, die ausgeht von den sprachsignalproduzierenden Möglichkeiten des menschlichen Sprechapparats, wird hier eine begrenzte Anzahl von Merkmalparametern, nämlich 12, aufgestellt, aus denen die Sprachen der Welt nach dem binären Prinzip des Vorhandenseins oder Fehlens ihre phonologischen Merkmaloppositionen auswählen. Das System war zunächst stark akustisch orientiert auf der Grundlage der Spektralanalyse mit Hilfe des Sonagraphen, wenn auch gleichzeitig artikulatorische Beschreibungen der einzelnen Merkmale gegeben wurden. In der Weiterentwicklung bei Chomsky und Halle[122] haben die distinktiven Merkmale eine rein artikulatorische Basis erhalten. Außerdem wurde ihre Zahl erhöht und nicht mehr festgelegt.

Das Phonem wird so in Jakobson/Fant/Halle als ein Bündel distinktiver Merkmale dargestellt. Für ein Wort läßt sich daher eine Matrix aufstellen, in der die Spalten die einzelnen Phonemsegmente, die Zeilen die Merkmale wiedergeben, und wo an den Intersektionen entweder + oder – für die Ausprägung des Segments hinsichtlich des betreffenden Merkmals bzw. 0 für Nichtbeteiligung steht. So wird z. B. *Strand* im Deutschen repräsentiert durch die Matrix[123]

	ʃ	t	r	a	n	t
vokalisch/nicht-vokalisch	–	–	+	+	–	–
konsonantisch/nicht-konsonantisch	+	+	+	–	+	+
kompakt/diffus	+	–	0	+	–	–
nasal/oral	–	–	0	0	+	–
dunkel/hell	–	–	0	+	–	–
tief/nicht-tief	0	0	0	0	0	0
gespannt/ungespannt	+	+	0	0	0	+
abrupt/dauernd	–	+	+	0	0	+
scharf/mild	0	–	0	0	0	–

An diesem Beispiel lassen sich Restriktionen der Bündelung von Merkmalen aufzeigen, die entweder logisch durch den Aufbau des Merkmal-

[121] *Preliminaries to Speech Analysis.* M. I. T. Press 1952; R. Jakobson & M. Halle, *Grundlagen der Sprache.* Berlin 1960 (Übers.).

[122] Siehe Fußnote 117.

[123] Siehe hierzu W. Meyer-Eppler, *Grundlagen und Anwendungen der Informationstheorie.* Berlin, Heidelberg, New York 1969, p. 401–408, G. Heike, Das phonologische System des Deutschen als binäres Distinktionssystem. *Phonetica* 6 (1961), 162–176.

systems oder sprachspezifisch bedingt sind. Aus den Definitionen der Merkmalpaare ± vokalisch, ± konsonantisch, ± nasal sowie ± abrupt folgt, daß kein Phonem in irgendeiner Sprache gleichzeitig +vokalisch, –konsonantisch und +abrupt oder +nasal und +abrupt sein kann. /a/ und /n/ können sich daher an der Merkmalopposition ± abrupt nicht beteiligen. Die Nichtspezifizierung von /r/ und /n/ hinsichtlich ± gespannt ist hingegen speziell dem Deutschen und einer ganzen Reihe von anderen Sprachen eigen, ist jedoch nicht sprachuniversell. Schließlich kann es auch Einschränkungen im gleichzeitigen Auftreten von Merkmalen geben, die zwar nicht im Klassifikationssystem selbst angelegt, aber trotzdem in allen Sprachen zu finden sind. Da die distinktiven Merkmale – in welcher phonetischen Manifestation auch immer – eine Hypothese über die Lautdistinktionen in der menschlichen Sprache schlechthin darstellen, müssen ihre Definitionen allgemein und relationell sein, so daß sie eigentlich nichts anderes als abstrakte Beschreibungsmarken für phonologische Einheiten sind und sich daher nicht als Grundlage für apparative Sprachidentifikationen eignen, da hierfür eine wirkliche, absolute phonetische Spezifizierung erforderlich wäre.[124] Dieses Problem zeigt sich schon bei der Charakterisierung des /r/ im angeführten Beispiel, die nur für den Vibranten eine phonetische Grundlage hat. Die hier gewöhnlich auftretende Realisierung [χ] wäre wie jeder andere Frikativ als –vokalisch und +konsonantisch und sicher nicht als +abrupt zu klassifizieren.

Auch sequentielle Merkmalrestriktionen treten auf und können wiederum universell oder sprachlich bedingt sein. So ist im Deutschen in der wortinitialen Segmentfolge

	S_1	S_2
± vokalisch	–	–
± konsonantisch	+	+
± abrupt	–	+

für S_1 nur /ʃ/ möglich, wenn man von speziellen Fremdwörtern wie *chthonisch, Phtisis* sowie von besonderen Aussprachen wie *Stil* /s/ (gegenüber *Stiel* /ʃ/) absieht. S_1 braucht daher nur in den drei Merkmalen bestimmt zu werden; alle übrigen, die S_1 zum Phonem /ʃ/ und keinem anderen machen, sind redundant, liegen in dieser Abfolge fest und können deshalb in der Matrix eine 0 erhalten. Ihre Bestimmung als + oder – kann über eine allgemeine Morphemstrukturregel

[124] Siehe G. Heike, Die „distinctive features" – Theorie und Probleme der automatischen Erkennung gesprochener Sprache. *Proceedings of the 5th International Congress of Phonetic Sciences.* Basel/New York 1965, 344–347.

erfolgen. (Schließt man auch Fälle wie *Ptolomäus* aus, dann braucht S_1 hinsichtlich des Merkmals „abrupt" ebenfalls nicht spezifiziert zu werden.) Die phonetische Darstellung von lexikalischen Elementen, d. h. die lexikalische Repräsentation, inkorporiert derartige Generalisierungen und ist daher keine phonetische Matrix, sondern eine phonologisch klassifikatorische, die erst durch die Anwendung der Regeln der phonologischen Grammatikkomponente in eine phonetisch genau spezifizierte Kette überführt wird. Diese Art der Generalisierung wird durch die Merkmalnotation ermöglicht, die natürliche Klassen markiert und darüber signifikante Verallgemeinerungen zuläßt, d. h. solche mit der größten Reichweite und dem geringsten Merkmal- und damit Notationsaufwand.

Die Generalisierung in der lexikalischen Repräsentation kann noch dadurch erhöht werden, daß morphologische Alternationen auf eine einheitliche Grundform zurückgeführt und durch eine einzige klassifikatorische Matrix phonologisch dargestellt werden, aus der sich dann sämtliche morphophonologischen Alternanzen durch ein Regelsystem herleiten lassen. Damit wird die enge Verbindung der Phonologie zur Oberflächenstruktur der Syntax noch gestärkt. Dieses Verfahren knüpft an die Morphophonologie des Strukturalismus an[125], geht aber in seiner Tragweite gewaltig darüber hinaus. So wird die Phonologie als eigene Ebene neben der Morphophonologie überflüssig; die Phonologie ist als interpretative Komponente in die Grammatik integriert. Zur Exemplifizierung dieses Prinzips kann der Plural *Strände* im Deutschen angeführt werden, dessen Stamm im Lexikon dieselbe klassifikatorische Matrix erhält wie *Strand*, und zwar wird im Gegensatz zur oben gegebenen Spezifikation, die im Einklang mit dem Prinzip der Eineindeutigkeit[126] auf einer separaten phonologischen Ebene steht, der finale Plosiv als –gespannt gekennzeichnet. Eine allgemeine phonologische Regel überführt sämtliche wortfinalen Segmente mit –gespannt in +gespannt, was im Wortinnern unterbleibt, so daß sich dann die phonetischen Repräsentationen von Singular und Plural wieder unterscheiden. In entsprechender Weise wird aus dem /a/ der klassifikatorischen Matrix /e/ hergeleitet durch eine generelle phonologische Regel, die sich auch auf andere Vokale bezieht (*Hut – Hüte*, *Gott – Götter*) und zu einer allgemeinen Frontierung bzw. Hebung führt. Diese Regeln setzen morphologische Merkmalangaben zu-

[125] Siehe 4.7.
[126] Siehe 4.6.

sätzlich zu den phonologischen im Lexikon voraus, die ihre Anwendungsbereiche genau festlegen. Während die eigenständige Phonologie des Strukturalismus und der Prager Schule eine phonematische Invarianz durch die Elimination der kontextuellen Variation erreichte, wird nun hier in der generativen Phonologie eine morphematische Invarianz durch Aufgeben des klassischen Phonems gefordert und durch das Ansetzen von einheitlichen klassifikatorischen Matrices für alle zusammengehörigen morphologischen Formen garantiert.

Da für die lexikalischen Repräsentationen dasselbe Merkmalsystem verwendet wird, können nun phonetische Angaben im Verlauf der phonologischen Herleitung u. U. mehrfach geändert werden. Hier gilt dann noch mehr die schon oben im Zusammenhang mit dem ursprünglichen Merkmalsystem von Jakobson/Fant/Halle erwähnte Abstraktion der phonologischen Indizierungsmarken. Während aber dort noch weitgehend Spezifizierungen mit relationeller phonetischer Bedeutung verwendet wurden und diese für ein Wort oder ein Morphem auch ein- für allemal festlagen, können nun hier Merkmale frei verändert werden und verlieren damit jeglichen phonetischen Inhalt. Die phonologische Komponente einer generativen Grammatik stellt sich damit so dar, daß auf lexikalische Repräsentationen in Oberflächenstrukturen der generativen Syntax ein System von geordneten phonologischen Regeln angewendet wird, die die klassifikatorischen Matrices jener in phonetische der phonetischen Repräsentation überführen. Zu diesen Regeln gehören phonologische Redundanzregeln (Morphemstrukturregeln) sowie zyklische bzw. nicht-zyklische phonologische Regeln. Die zyklischen Regeln sind vor allem die Akzentregeln, die nicht-zyklischen z. B. die Umlautregeln des Deutschen; die Redundanzregeln erfassen zusammen mit den in die lexikalischen Repräsentationen eingearbeiteten Generalisierungen die phonotaktischen Restriktionen. Phonologische Regeln ersetzen auch die binären Spezifizierungen der klassifikatorischen Matrices durch graduelle Abstufungen, die mit Zahlen notiert werden. Wichtigstes Beispiel dafür sind die Akzentregeln des Deutschen und Englischen.

4.12. Kritik an der generativen Phonologie und Neuorientierung

Die generative Grammatik hat dadurch gegenüber dem Strukturalismus einen Schritt vorwärts getan, daß sie den Sprecher und den Hörer in das

Zentrum des wissenschaftlichen Interesses stellte, statt des von ihnen losgelösten Datenkorpus. Dabei ging es den Generativisten jedoch zunächst einmal nicht darum, das sprachliche Verhalten in Kommunikationsprozessen hinsichtlich seiner Regelhaftigkeit zu untersuchen, sondern, in bedeutend engerem Rahmen, die Fähigkeit des Sprechers und Hörers zum Hervorbringen und Verstehen neuer Sätze zu explizieren. Hiermit wird zum einen vom Beobachtbaren abstrahiert und der eigentliche Untersuchungsgegenstand auf eine mentale Ebene verlegt, zum andern wird durch das Einbringen des Begriffs „Satz" ein durch die Theorie der generativen Grammatik bestimmtes Konstrukt zur Abgrenzung des Forschungsfeldes vorweggenommen. Im phonetischen Bereich zeigt sich dieser Mentalismus am deutlichsten im Zusammenhang mit den zyklischen Akzentregeln. In Abhängigkeit von der syntaktischen Oberflächenstruktur ordnen sie einer Silbenkette eine vielfältig abgestufte Prominenzabfolge zu, die keiner physikalischen, akustischen Realität zu entsprechen braucht, ja die ein ausgebildeter Phonetiker nicht einmal in einer anderen Sprache als seiner eigenen unbedingt wahrnimmt. Selbst wenn es sich um seine eigene handelt, ist es unmöglich und für die Untersuchung linguistischer Strukturen auch irrelevant, eine völlige Übereinstimmung zwischen seinen Wahrnehmungsurteilen und den Ergebnissen der Regelanwendung zu erwarten, da die Perzeption durch nicht-linguistische und folglich hier unwichtige Faktoren, wie Grenzen des Gedächtnisses, beeinflußt wird. Wenn also der linguistischen Darstellung von einem bestimmten Grad der Differenzierung ab kein auditives Erkennen mehr entspricht, dann ist dies keineswegs ein Einwand gegen das Regelsystem; denn dieses stellt eine systematische Theorie dar, die nicht Wahrnehmungsdaten von Beurteilern expliziert, sondern diesen zugrunde liegende linguistische Fakten.[127]

Damit wird es aber auch unmöglich, den Ansatz des Linguisten in irgendeiner Form zu verifizieren; denn was Bestandteil der systematischen Theorie und daher signifikant ist, bestimmt er. Gehört es zu seinen theoretischen Voraussetzungen, daß eine adäquate Phonologie in die Grammatik integriert sein müsse, dann reflektiert ein solches Phänomen eine tief sitzende Annahme über menschliche Sprache, das sich in Relation zur Syntax darstellen läßt, nicht jedoch eines, für das eine solche Beziehung nicht angebbar ist. Der Akzent zeigt im Englischen, im Deutschen und in vielen anderen Sprachen engste Verbindung zum syntaktischen Auf-

[127] Ich habe hier die Position von Chomsky/Halle, *Sound Pattern*, pp. 24–26 referiert.

bau, nicht aber Erscheinungen wie die Aspiration, die im Deutschen oder Englischen ebenfalls graduell abgestuft sind. Die zyklische Herleitung der Akzentstufen ist daher eine linguistisch signifikante, phonologisch grundlegende Regel, während verschiedene Grade der Aspiration auf der wenig interessanten Ebene phonetischer Oberflächenrealisationen angesiedelt sind. In dieser Situation ist es dann auch unerheblich, daß Wahrnehmungsdaten im Widerspruch zur Regelableitung stehen. Da die Regel eine signifikante ist, können ihre Voraussagen nicht durch Einzelfakten einfach umgeworfen werden. Damit schließt sich also der linguistische Argumentationskreis, und so ist es auch nicht möglich, den generativen Phonologen zu falsifizieren, solange er seine Grundannahme über den Status der phonologischen Ebene und den daraus folgenden Stellenwert von Regeln nicht ändert, weil widersprechende empirische Daten als unerheblich zurückgewiesen werden, obwohl sie in einer anderen Theorie einschlägig wären. Der Generativist bleibt auf diese Weise in seiner eigenen Theorie gefangen und kann sich weit vom Material der tatsächlich gesprochenen Sprache entfernen, ja schließlich ohne Bezug zum Sprachsignal abstrakte Symbole im Einklang mit seinen Postulaten manipulieren und dabei dennoch psychologistische Realitätsansprüche für sie erheben.

Für einen Phonetiker wie mich selbst kann jedoch der Forschungsgegenstand nicht eine ungreifbare mentale Größe sein, vielmehr bildet das sprachliche Produktions- und Rezeptionsverhalten das Untersuchungsobjekt, das mit verschiedenen Verfahren – darunter physikalischen und psychologischen – bearbeitet wird. Das Ziel ist die Erfassung der Regularitäten in den Prozessen der Lauterzeugung und -wahrnehmung und in den dabei wirksamen Steuerungsmechanismen. Unter diesem Aspekt ist nun die Abstufung der Aspiration bei Plosiven – ihr Fehlen nach Frikativen und ihre Reduktion mit zunehmender Entfernung vom akzentuierten Vokal –, wie sie sich im Deutschen und vielen anderen Sprachen findet, eine signifikante Erscheinung im Bereich der für den Sprechvorgang überhaupt grundlegenden Luftströmungsregulierung. Die Akzentuierungsabstufungen, die nach den Definitionen in 4.10.3 unterschiedliche Grade der Prominenz darstellen, sind hingegen zweitrangige Oberflächenerscheinungen, da sie die grundlegende linguistische Scheidung in Wort- und verschiedene Satzakzente[128] über ein einheitliches zyklisches Regelsystem gar nicht erfassen können. Sie sind darüber hinaus irreal und daher abzulehnen, wenn sie in Wahrnehmungsurteilen nicht bestä-

[128] Siehe 4.10.3.

tigt werden. Experimente zeigen immer wieder, daß verschiedene Beurteiler dann weitgehend einheitliche Akzentmarkierungen geben, wenn sie nur zwei oder höchstens drei Abstufungen in der Rede zu verteilen haben. Bei größer werdender Zahl nimmt die Streuung rapide zu, was auf die Schwierigkeit der Identifizierung und die Irrelevanz für die Wahrnehmung sowie den Kommunikationsprozeß hinweist. Unterscheidungen wie $\overset{2}{\textit{Hand}}\overset{4}{\textit{voll}}$ $\overset{1}{\textit{Kirschen}}$ und $\overset{2}{\textit{Hand}}$ $\overset{3}{\textit{voll}}$ $\overset{1}{\textit{Kirschen}}$ ergeben sich zwar nach dem in 4.11 dargestellten Prinzip, haben jedoch außerhalb linguistischer Diskussionen über Minimalpaare in der wirklich gesprochenen Sprache keine empirische Grundlage; und wenn die Unterscheidung gemacht wird, dann ist sie durch Bezug auf Segmentdauer und Tonhöhe eindeutig festlegbar, ohne daß noch eine weitere, davon unabhängige Größe herangezogen wird.

Was nun die identische lexikalische Repräsentation morphologischer Alternanten anlangt, so ist es zwar ein Verdienst der generativen Phonologie, sich um die Erforschung morphophonologischer Korrespondenzen wieder verstärkt bemüht zu haben, aber es war ein Fehler, sie mit Regeln zur Koartikulation und zur Phonotaktik sowie zur Akzentuierung in einem einheitlichen Regelsystem zusammenzufassen. Die Abwechslungen des Umlauts im Deutschen sind beispielsweise versteinerte Korrespondenzen, die ein- für allemal festliegen. Vor /p/ und /k/ kommen im deutschen einfachen Wort von den Nasalen nur die homorganen /m/ bzw. /ŋ/ vor (*Lampe, Bank*). Diese phonotaktische Restriktion ermöglicht die Repräsentation dieser Nasale als /n/ und ihre Herleitung in einer allgemeinen Regel. Aber auch hier ist die Aussprache nicht variabel, sondern durch die historische Entwicklung determiniert. In *anpassen* und *ankommen* können an der Morphemgrenze jedoch /n/ und /m/ bzw. /n/ und /ŋ/ nach stilistischen Kriterien frei variieren. Da die genannten Erscheinungen also ganz unterschiedliche Stellen in der heutigen Sprachstruktur des Deutschen einnehmen, sollten sie auch in getrennten Regeln behandelt werden. W. U. Wurzel[129] integriert sie jedoch alle in ein fortlaufend geordnetes Regelsystem, und die phonotaktische Restriktion der Nasale sowie die variable Ortsanpassung der Nasale an nachfolgende Plosive, d. h. die Steuerung ihrer Produktion im Redefluß, werden sogar durch eine einzige Regel beschrieben.[130] Der Grund für diese einheitliche

[129] Studien zur deutschen Lautstruktur. *Studia Grammatica* VIII, Berlin 1970.
[130] a. a. O., p. 212.

Behandlung so heterogener Erscheinungen hängt wiederum mit der Berücksichtigung sämtlicher Generalisierungen in e i n e r lexikalischen Repräsentation zusammen, was seinerseits bedingt wird durch die Forderung nach Inkorporierung der Phonologie in die Syntax und durch das kategorische Zurückweisen einer getrennten generativen Ebene für die Phonologie. Daneben spielen natürlich auch noch die Gesichtspunkte der Ökonomie an Notationen und Regeln eine Rolle.

Eine neue generative Phonologie muß wieder eine eigene Ebene ansetzen, die einmal phonotaktische Regeln, zum andern Regeln zur artikulatorischen Steuerung enthält, die beide unabhängig vom Lexikon sind. Für beide haben jedoch Wort- und Morphemgrenzen eine wichtige Funktion. Die phonotaktischen Regeln generieren die existenten phonologischen Segmentkombinationen in Wörtern einer Sprache und stellen Hypothesen hinsichtlich der Richtung und des Umfangs einer möglichen Erweiterung der Kombinatorik in nicht belegten lexikalischen Einheiten auf. Diese Hypothesen müssen empirisch im Experiment mit Versuchspersonen getestet werden. Das Ziel ist dabei ein Abstecken der artikulatorischen Möglichkeiten auf der Ebene potentieller Wörter für eine Sprache. Zur Darstellung ist ebenfalls ein Merkmalsystem erforderlich, das auf artikulatorischen Kategorien aufgebaut ist, wie sie in Kapitel 3 beschrieben sind. Diese Merkmale sind in eine hierarchische Ordnung eingereiht, aus der sich Folgerungen für die Ausbaufähigkeit des phonotaktisch Möglichen ergeben. Die Merkmale sind zunächst binär und werden durch Regeln in graduelle Abstufungen umgesetzt. Das positive Merkmal muß dabei so gewählt werden, daß es sämtliche kombinatorischen Varianten in einer relativen phonetischen Festlegung umfaßt.[131] Die Steuerungsregeln beschreiben dann artikulatorisch bedingte Veränderungen im Wortverband von Äußerungen. Neben den artikulatorischen Beschränkungen in einer Sprache müssen auch die auditiven bestimmt werden, die ganz anders verteilt sein können. So kann z. B. ein deutscher Sprecher zwar leicht [tla] neben [kla] produzieren, wenn er es auch vom eigenen Wortschatz her nicht kennt, obwohl er die beiden Äußerungen erst nach langem Training auditiv zu differenzieren in der Lage ist; bei [ɓa] neben [ba] ist es gerade umgekehrt. Unabhängig von diesen Regeln stehen dann die morphophonologischen Korrespondenzregeln, die nicht mehr Merkmale verändern, sondern die Entsprechungen unter verschie-

[131] Das negative Merkmal bedeutet einfach Ausschluß der phonetischen Definition des positiven. Vgl. hierzu 4.3.

denen Bedingungen angeben. Wort- und Satzakzentregeln sowie Regeln zur Intonation sind schließlich Bestandteil der syntaktischen Komponente. Die folgenden Kapitel zur Lautstruktur des Deutschen sind nicht generativ angelegt. Vielmehr wird sowohl für die Darstellung des Systems phonologischer Distinktionen als auch der Phonotaktik und der kombinatorischen Varianz auf das Phonem und seine Allophone zurückgegriffen, da sie die übersichtlichste und am leichtesten faßliche Beschreibung ermöglichen. Für die Steuerungsprozesse werden die generativen Regeln nicht formalisiert, sondern nur verbal wiedergegeben. Akzentuierung und Intonation sind in einem rein klassifizierenden Beschreibungssystem erfaßt. In allen Fällen wäre die formale generative Darstellung dem Charakter einer Einführung abträglich; für die Intonation sind darüber hinaus noch umfangreiche Forschungen notwendig, ehe ein sinnvolles umfassendes generatives System mit syntaktischen, situativen und emotionalen Bedingungen erstellt werden kann.

5. Prinzipien der Verschriftung

5.1. Laut und Schrift[132]

Nach den Erörterungen in 3.4 und 4.9 erlauben extreme Strikturen, wie sie die verschiedenen Artikulationsarten der Kontoide kennzeichnen, aufgrund ihrer multisensorischen Rückmeldung eine erste symbolphonetische Segmentation des Sprachsignals. Es wird also eine Abfolge von Kontoiden und Vokoiden sowie, unter ersteren, von Plosiven, Frikativen, Nasalen und Lateralen erfaßbar. In diesen phonetischen Grundlagen menschlichen artikulierten Sprechens liegt somit der Ansatzpunkt für eine Verschriftung auf alphabetischer Basis, der in dem Moment zur Entwicklung eines regelrechten Schriftsystems führen konnte, wo als Stütze eine semantische Komponente hinzutrat, die mit ebensolcher Regelhaftigkeit gerade an die Kontoide gebunden war. Dieser Fall war im Semitischen mit der morphologischen Gesetzmäßigkeit dreikonsonantischer Wurzeln für jeweils einen bestimmten Sinnbezirk gegeben, und so nahm auch die Alphabetschrift hier ihren Anfang. Das Prinzip des vokalischen Ablauts in den indogermanischen Sprachen setzt ebenfalls gleichbleibende Kontoide in semantisch zusammengehörigen Wortteilen voraus, wenn auch hier der Akzent nicht auf die invarianten Elemente, sondern wegen der systematischen Vokalalternationen in Flexion und Derivation auf die Verschiedenheiten gelegt wird. Eine morphologisch-semantische Verbindung mit phonetischer Segmentierbarkeit war daher auch im Sanskrit und im Griechischen bzw. Lateinischen, den Sprachen mit nachfolgender Entwicklung von Alphabetschriften, gegeben.

Lag eine entsprechende Sprachstruktur nicht vor, wie im Chinesischen und Japanischen, so setzte sich das phonetische Prinzip in der Schriftentwicklung sehr viel schwieriger durch. Daß es aber auch hier nicht völlig fehlt, zeigen schon die phonetischen Indikatoren bei chinesischen Wortzeichen. Aber zu einer weitergehenden Segmentation in Vokoide und

132 Vgl. hierzu I. J. Gelb, *A Study of Writing.* The University of Chicago Press 1952; J. Friedrich, *Geschichte der Schrift.* Heidelberg 1966.

Kontoide ist es im Chinesischen nicht gekommen, da wegen des einsilbigen Wortbaus und der darüber hinaus sehr einfachen Silbenstruktur vom Grundtyp Konsonant + Vokal (mit nur geringen Möglichkeiten finaler Konsonanten) sich eher die Tendenz zu einer Silbennotation entwickelte. Diese Ansätze kamen dann voll zur Ausbildung in den beiden japanischen Schriftsystemen Katakana und Hiragana, die dem fast ausschließlichen Aufbau japanischer Wörter aus Silben der Abfolge (Konsonant +) Vokal voll Rechnung tragen. In der Systematik der Anordnung japanischer Schriftzeichen in einer Matrix kommt jedoch das Bewußtsein für eine weiterführende Segmentation zum Ausdruck: Die Zeilen sind nach den gleichen Vokalen, die Spalten nach den gleichen Konsonanten aufgebaut. Außerdem werden diakritische Zeichen zur Angabe der Stimmhaftigkeit und des labialen Verschlusses verwendet.

Bei diesen verschiedenen Schriftentwicklungen zeigt sich immer wieder derselbe Grundsatz: phonetische Segmentation sowie Klassifikation verbindet sich mit morphologischen und semantischen Kriterien. Beide Aspekte charakterisieren mit wechselnder Gewichtsverteilung sämtliche Schriftsysteme. Auch im Bereich der Alphabetschriften gibt es für bestimmte Sprachen eine stärker phonetisch orientierte Anwendung, für andere eine mehr morphologisch geprägte Benutzung. Das lateinische Alphabet wird beispielsweise im Spanischen mit nahezu phonematischer Strenge nach der Regel „ein Zeichen für ein Phonem" verwendet, obwohl man sich auch morphologische Korrespondenzen zur orthographischen Ökonomie und Durchsichtigkeit zunutze macht. In *reloj* [rɛ'lo] „Uhr" entspricht dem letzten Zeichen kein Laut, aber das Schriftbild bewahrt die Verbindung zum Plural [rɛ'loxes] „Uhren" und macht darüber hinaus auf diese Weise keine zusätzliche Akzentangabe notwendig, da ein mehrsilbiges Wort, das in der Schrift auf Vokal, n oder s ausgeht, auf der vorletzten Silbe betont wird oder aber ein entsprechendes Akzentzeichen erhalten muß. Das Englische ist ein Beispiel für starke Betonung des morphologischen Prinzips. So enden zwar sowohl *promotion* als auch *impression* in der Aussprache auf [–ʃn], aber ersteres ist mit *promote* [-t], letzteres mit *impress* [-s] verbunden; beide markieren diese Beziehung in der Orthographie. Ein großer Teil des englischen Wortschatzes, vor allem aus dem romanisch-lateinischen Bereich, ist nach diesem Grundsatz verschriftet. Daneben gilt aufgrund von Lautentwicklungen, an die sich die Schriftnorm nicht angepaßt hat, gerade im Englischen eine starke Tendenz zur Ideographie, d. h. zum Aufgeben der phonetischen Werte einzelner Buchstaben und zur Verbindung einer Symbolfolge mit einer an das jeweilige Wort gekoppelten Aussprache, also zur symbolischen Wort- statt Lautidentifizierung. Als Extremfall kann die Wiedergabe von ⟨-ough⟩ als [ou] in *though,* [u:] in *through,* [ə] in *thorough,* [ɔf] in *cough,* [ʌf] in *enough,* [au] in *bough* angeführt werden.

Das Deutsche nimmt in seiner Rechtschreibung eine Mittelstellung zwischen dem Spanischen und dem Englischen ein. Auch hier ist häufig die morphologische Identität bestimmend, wie für *Bund* im Wechsel mit *Bunde* gegenüber *bunt* im gleichen Paradigma wie *bunte.* Auf diese Weise ergibt sich eine große Anzahl von Homophonen, d. h. von Wörtern, die gleich lauten, aber verschieden geschrieben werden, z. B. *Trotts:trotz, sonnst:sonst.* Sonderfälle stellen Beispiele wie *ißt, aß, faßt* im Gegensatz zu *ist, Aas, fast* dar. Zur Anzeige des kurzen Vokals in *essen, fassen* ist, der allgemeinen Konvention der deutschen Orthographie folgend (*Lappen, lassen, Lamm, kann, Herr*), Doppelkonsonanz erforderlich, weshalb hier das historisch entwickelte ⟨sz⟩ = ⟨ß⟩, das intervokalisch nach langen Vokalen und Diphthongen [s] in Opposition zu ⟨s⟩ = [z] symbolisiert (*Muße* : *Muse, reißen* : *reisen*), in Doppel-s aufgelöst wird, während es sonst erhalten bleibt.

In *die ältern* (einer möglichen kontrahierten Form von *die älteren*) hat sich das Bestreben durchgesetzt, die morphologische Beziehung zu *alt* in der Schrift zu erhalten, obwohl die Aussprache mit *die Eltern* identisch ist, das zudem denselben etymologischen Ursprung hat, aber in der Schrift der Lautentwicklung gefolgt ist. Im ersten Wort wird also eine morphophonologische, im zweiten eine phonologische Verschriftung erreicht. Es gibt allerdings deutsche Sprecher, die dieses Nebeneinander unterschiedlicher Prinzipien in der deutschen Orthographie nicht erkennen und aufgrund einer höheren Bewertung des phonetischen Aspekts nun umgekehrt unterschiedliche Graphien lautlich verschieden zu realisieren bestrebt sind. Sie versuchen dann im vorliegenden Fall, dem ⟨ä⟩ einen offeneren Laut als dem ⟨e⟩ zu geben, und schaffen so einen Gegensatz, der dem spontanen Sprechen zunächst nicht angehörte. In derselben Weise werden auch Buchstaben, denen gar kein Lautwert entspricht, lautlich umgesetzt, wie ⟨h⟩ zu [h] in *Ehe, gehe* etc., deren normale, unaffektierte Aussprache selbstverständlich [e:ə], [ge:ə] etc. ist. Derartige Schriftaussprachen finden sich sehr häufig, vor allem bei Sprechern, deren Rede in hohem Maße durch die Schrift dominiert wird und die zu Überdeutlichkeit neigen, wie im Lehrberuf und in gewissen Bereichen der Sprecherziehung. Sie erkennen nicht, daß die gesprochene Sprache das Primäre ist und durch das Hilfsmittel der Orthographie nur in mehr oder weniger phonetisch adäquater Form aufgezeichnet wird. Wie in Kapitel 2 ausgeführt wurde, hat aber die deutsche Orthographie darüber hinaus schon immer eine Steuerungsfunktion gehabt und insbesondere einen gewaltigen Einfluß bei der Vereinheitlichung der deutschen Aussprache ausgeübt.

Neben den Homophonen stehen die H o m o g r a p h e n, d. h. Wörter, die gleich geschrieben, aber lautlich verschieden realisiert werden, wie *des Dachs* /-xs/ : *der Dachs* /-ks/, *Tenor* /'te:no:r/ : /te'no:r/, *Heroin* /he'ro:in/ : /hero'i:n/. Die deutsche Rechtschreibung kennt also einmal die Fälle, daß ein Buchstabe oder eine Buchstabenfolge mehrere phonetische Werte besitzt (vgl. hierzu noch [g] in *Gans*, [k] in *Weg*, [ç] in *König*; [st] in *Fest*, [ʃt] in *Stoff*; [v] in *Villa*, [f] in *Vater*), zum andern, daß verschiedenen Buchstaben oder Buchstabenfolgen eine einzige lautliche Realisierung entspricht (vgl. hierzu noch [v] in *Wein* und *Villa*, [e:] in *geht* und *Beet*). Außerdem können Einzelbuchstaben Doppellaute repräsentieren (⟨z⟩ = [ts]), ebenso wie – sehr viel häufiger – Einzellaute durch Doppelbuchstaben wiedergegeben werden (⟨ck⟩ = [k]).

5.2. Phonetische Umschrift[133]

Das Ziel einer jeden Schrift ist es, Inhalte im graphischen Medium festzuhalten und somit durch die Überwindung der zeitlichen und räumlichen Determiniertheit eines einmaligen Sprechereignisses die Kommunikationsmöglichkeiten zu erweitern. In allen Schriftsystemen spielen dabei auch phonetische Gesichtspunkte eine mehr oder weniger große Rolle und führen in Abhängigkeit von der Struktur der jeweiligen Sprache entweder in Richtung auf eine Repräsentation der Silbe oder aber noch kleinerer Segmenteinheiten, der Laute bzw. der Phoneme, wie wir mit moderner Terminologie sagen können. Wird das Lautprinzip maßgebend, so macht sich auch stets wieder die Tendenz zur einheitlichen Repräsentation von morphologisch bestimmten Sinneinheiten geltend. In jeder Alphabetschrift finden sich also vorwissenschaftliche Ansätze zu den Konzeptionen des Phonems und des Morphophonems. Die verschiedenen Alphabetverwendungen unterscheiden sich nur durch die unterschiedliche Betonung dieser beiden Prinzipien. Das Spanische befolgt mehr das erste, das Englische mehr das zweite.

Es war dann wissenschaftlichen Theoriebildungen seit dem Ende des 19. Jahrhunderts vorbehalten, diese phonematischen Grundlagen zu einem

[133] Vgl. hierzu auch D. Abercrombie, *English Phonetic Texts*. London 1964.

konsistenten System lautsprachlicher Beschreibung auszubauen, und es ist keineswegs zufällig, daß die ersten Anfänge bei H. Sweet und P. Passy gerade wieder im Zusammenhang mit Fragen der Verschriftung, nämlich diesmal phonetischer Transkription auftraten. Es ging hierbei darum zu entscheiden, wieviel phonetisches Detail in eine Umschrift aufgenommen werden soll. Die Unterscheidung zwischen „broad" und „narrow" wurde zu diesem Zweck eingeführt. Sie bezog sich auf das symbolische Minimum zur eindeutigen segmentellen Wortdifferenzierung einerseits und auf darüber hinausgehende zusätzliche phonetische Information in der graphischen Fixierung andererseits. Auch K. L. Pike hat den großen Wert, ja die eigentliche Anwendung des Phonemkonzepts im Bereich der Verschriftung mit dem Untertitel seines Buches „Phonemics. A Technique for Reducing Languages to Writing"[134] klar erkannt. Eine psychologistische Interpretation des Phonems, wie sie J. Baudouin de Courtenay[135], der frühe Trubetzkoy und E. Sapir[136] vornahmen, ist dabei weder notwendig noch angebracht. Kommunikation basiert eben nicht nur auf differentieller Wahrnehmung, sondern auch auf identifikatorischen, globalen Gehörseindrücken, die mit dem System segmenteller Phoneme gar nicht beschreibbar sind. Das Phonem ist eine optimale Einheit allein für die Verschriftung.[137]

Auch der morphophonologische Ansatz in Orthographiesystemen ist in wissenschaftlichen Theorien systematisch ausgebaut worden, am konsequentesten und mit dem größten Anspruch auf absolute Geltung sowie psychologische Fundierung von der generativen Phonologie. Es ist dabei keineswegs unerheblich, daß diese Entwicklung vor allem im Zusammenhang mit dem Englischen erfolgte, das nicht nur reich an morphophonologischen Korrespondenzen, besonders in der Wortderivation ist, sondern diese auch in der normalen Orthographie einheitlich symbolisiert. Dem viel benutzten Argument der Generativisten, die englische Rechtschreibung sei gar nicht so schlecht, wie immer behauptet werde, sondern re-

[134] Ann Arbor 1947.

[135] *Versuch einer Theorie phonetischer Alternationen.* Straßburg 1895.

[136] La réalité psychologique des phonèmes. *Journal de psychologie normale et pathologique* 30 (1933), 246–265 (auch in: V. M. Makkai, *Phonological Theory: Evolution and Current Practice.* New York 1972, pp. 22–31) und Sound Patterns in Language. *Language* 1 (1925), pp. 37–51 (auch in: V. M. Makkai, op. cit., pp. 13–21 sowie in E. Fudge, *Phonology.* London 1973, pp. 101–114 und M. Joos, *Readings in Linguistics.* New York 1963, pp. 19–25).

[137] Vgl. auch K. Kohler, Anwendungsorientierte Phonetik. *Linguistische Berichte* 26 (1973), 70–78.

flektierte in adäquater Weise psychologisch relevante Basisstrukturen, ist zu entgegnen, daß die englische Schrift, wie jede andere Alphabetschrift auch, phonetisch-phonematische und morphophonologische Gesichtspunkte vereinigt und daß der Schriftbenutzer Relationen sowohl der einen als auch der anderen Art im Umgang mit seiner Orthographie beherrscht, jedoch ohne die Verabsolutierung eines Prinzips, wie sie die wissenschaftliche Theoriebildung geliefert hat, und schon gar nicht als psychologische Faktoren im lautsprachlichen Kommunikationsprozeß. In der praktischen Handhabung einer Schrift kann schon eines der beiden Prinzipien für den Schreibenden im Gegensatz zur Norm dominieren (wenn er z. B. *Kint* schreibt), und welche psychologischen Strategien beim Sprechen und Hören zur Anwendung kommen, ist eine völlig andere Frage. Sowohl das Phonem als auch das Morphophonem sind durch Systematisierung aus entsprechenden Ansätzen in Alphabetschriften hervorgegangen, und weder das eine noch das andere sollte psychologistisch uminterpretiert werden.

Für die symbolphonetische Arbeit kann nun nur ein Schriftsystem von Nutzen sein, das konsequent auf dem phonetisch-phonologischen Grundsatz aufgebaut ist und den morphophonologischen völlig ausklammert. Ein solches System muß die Mindestforderung erfüllen können, jedes Phonem einer Sprache mit einem einzigen Zeichen zu belegen und jedes Zeichen nur mit einer einzigen Phonembedeutung zu verwenden. Hier muß also die Bedingung der Eineindeutigkeit[138] unbedingt gewahrt sein, und in diesem Verschriftungsprinzip hat sie auch ihren Ursprung, selbst wenn sie mit sehr viel weitergehendem Anspruch vertreten wurde. Die so entstehende Transkription ist eine e i n f a c h e p h o n e m a t i s c h e. Abweichungen von dieser ökonomischsten aller Symbolisierungen, die mit dem geringsten Zeichenvorrat auskommt, sind nur in einer Richtung, nämlich auf größere phonetische Spezifizierung hin, möglich. Dabei können einmal Allophone, d. h. stellungsbedingte phonetische Varianten, zum andern kontextunabhängige phonetische Werte genau(er) angezeigt werden. Diese beiden Erweiterungen sollen a l l o p h o n i s c h e und p h o n e t i s c h e Transkriptionen genannt werden, so daß sich die folgenden vier Arten ergeben:

e i n f a c h e p h o n e m a t i s c h e
p h o n e t i s c h - p h o n e m a t i s c h e

[138] Vgl. 4.6.

e i n f a c h e a l l o p h o n i s c h e
p h o n e t i s c h - a l l o p h o n i s c h e.

Umschriften werden entweder von zusammenhängenden Texten oder von Einzelsätzen, -wörtern und -segmenten angefertigt. Um transkribierte Einzelelemente deutlich vom umgebenden orthographischen Text abzuheben, werden sie im Falle einer phonetischen oder allophonischen Notation in [ ] eingeschlossen, für eine phonematische hingegen zwischen / / gesetzt. Geht aus dem Kontext, z. B. einer Tabelle, klar hervor, um welche Art der Verschriftung es sich handelt, so können die Klammern und Schrägstriche wegfallen. Für die Wahl des Transkriptionstyps ist ganz wesentlich der Verwendungsbereich maßgebend, und damit werden auch typographische Gesichtspunkte überall dort wichtig, wo es auf leichte Lesbarkeit sowie wissenschaftlich triviale, aber ökonomisch wichtige Überlegungen für Drucker und Typistin und folglich auf geringste Abweichung vom lateinischen Alphabet ankommt. Einfache Transkriptionen sind so lateinisch, wie es aufgrund der phonematischen oder allophonischen Zielsetzung überhaupt möglich ist. Phonetische Erweiterungen, die oft über diakritische Zeichen erfolgen, haben beispielsweise die Aufgabe des Dialekt- oder Sprachvergleichs. Es muß noch besonders betont werden, daß keine dieser Transkriptionsarten genauer ist als irgend eine andere. Sie alle bedürfen zu ihrer Umsetzung in Sprachsignale phonetischer Konventionen, die jedoch unterschiedlich umfangreich sind, am zahlreichsten für die einfache phonematische Notation. Sie nehmen mit fortschreitender Verlagerung von phonetischer Information in den transkribierten Text selbst (durch Verwendung einer immer größeren Zahl von Symbolen mit spezifischer phonetischer Bedeutung und somit Bezug auf eine allgemeine phonetische Theorie) ab, verschwinden jedoch nie völlig.[139] Erst die Symbolisierung zusammen mit den Konventionen stellt eine adäquate Transkription dar. Die Konventionen können auch implizit durch den jeweiligen Diskussionsgegenstand festliegen.

Die verschiedenen Arten der Umschrift sollen nun noch an einigen Beispielen aus dem Deutschen illustriert werden. In einer einfachen phonematischen Notation werden die kombinatorischen Varianten [ç], [x] und [χ] alle durch ein einziges Zeichen, z. B. durch /x/, repräsentiert, das für die Phonemklasse steht; in einer allophonischen Symbolisierung er-

[139] Die phonetische Spezifizierung bedingt natürlich wegen der so notwendigen Erweiterung des Symbolvorrats auch eine ständig größer werdende Entfernung vom lateinischen Alphabet.

halten sämtliche oder auch nur einige Elemente dieser Klasse eigene Zeichen. Ganz entsprechend reicht die Notierung /r/ in einer einfachen phonematischen völlig aus. Das Zeichen steht hier nicht mit der Bedeutung, die ihm eine allgemeine phonetische Theorie verleiht, wo [r] = stimmhafter apikaler alveolarer Vibrant, sondern die in der Konvention über die Transkription speziell festgelegt ist. Soll diese phonetische Qualität bereits im Symbol explizit gemacht werden, so ist z. B. für bestimmte Spielarten des Deutschen /r/ durch /ʁ/ zu ersetzen. Die Transkription bleibt weiterhin phonematisch, aber sie wird phonetisch genauer, sie wird zu einer phonetisch-phonematischen. Kommt in diesem Fall noch die allophonische Markierung hinzu, wenn stimmhafte und stimmlose sowie vokalisierte Varianten unterschieden werden (*Regen* [ʁ], *treten* [χ], *Heer* [ɐ]), so liegt die phonetisch-allophonische Umschrift vor. Wird die Stimmlosigkeit durch [r̥] bezeichnet und [r] für Stimmhaftigkeit und Vokalisierung verwendet (mit den zusätzlichen Konventionen über Frikativcharakter bzw. Vokalisierung), dann haben wir den Fall der einfachen allophonischen Transkription. In der vorliegenden Monographie wird von der einfachen phonematischen Transkription nur dort abgewichen, wo allophonische und phonetische Werte diskutiert werden und ein Symbol die effektivste Klassifizierung erlaubt. Es wird dabei jedoch aus den oben genannten Gründen aus Beispielwörtern immer nur der relevante Teil symbolisiert.

Es ist noch eine kurze Bemerkung zur Vokal- und Diphthongnotation im Deutschen erforderlich. Mit Ausnahme der ganz offenen Vokoide besteht im Deutschen im allgemeinen eine Beziehung zwischen Qualität und Quantität in der Weise, daß in der akzentuierten Silbe der lange Vokal gleichzeitig geschlossener als der kurze ist (*Beet*, *Bett*; *Hüte*, *Hütte* etc.). Für eine phonematische Notation reicht eines dieser Merkmale völlig aus, das andere ist dann in einer phonetisch genau festgelegten Konvention jeweils impliziert. Vom Standpunkt der symbolischen Simplizität ist die Phonemisierung des Quantitätsgegensatzes vorzuziehen, da für die Länge einfach : hinter das Zeichen für die Kürze gesetzt wird.[140] Der Hinweis auf geschlossene Kürzen[141] in unakzentuierten Silben ist kein Einwand gegen diese Lösung, da die Transkriptionskonventionen die Verhältnisse in akzentuierten und unakzentuierten Silben darlegen können

[140] Vgl. 5.3.

[141] Siehe z. B. G. Ungeheuer, Das Phonemsystem der deutschen Hochlautung. In *Siebs*, 19. Aufl., Berlin 1969, p. 31.

und die Quantitätsopposition zwischen geschlossenen und offenen Vokalen auch bei fehlendem Akzent – eben mit entsprechend reduzierter Dauer – auftreten wird, wenn die sog. geschlossenen Kürzen überhaupt eine Sprechrealität außerhalb der Hochlautungsdiskussion sind. Da die Realisierung als offener oder geschlossener Vokal von einer o r t h o g r a p h i s c h e n Konsonantenfolge abhängt (*Kritik* [i], *Krittelei* [ɪ], *Kulanz* [u], *Kultur* [ʊ], liegt hier eine typische Schriftaussprache des Aussprachewörterbuchs und derjenigen wenigen vor, die sich mit viel Mühe daran halten. Die wirklich gesprochene Sprache kennt den Unterschied nicht. Für die Notation wird deshalb hier die quantitative Lösung als die einfachere gewählt. Die Qualitäten werden im übrigen im Vokalviereck markiert, was auch für die Diphthonge gilt, die ebenfalls mit den einfachsten Zeichen symbolisiert werden ([ai], [au], [oi]), ohne Verlust an phonetischer Information, da die entsprechenden Konventionen über einen Vergleich mit den Kardinalvokalen geliefert werden.

Die bisher besprochenen Arten der Transkription können als s y s t e m a t i s c h e bezeichnet werden, da sie eine phonematische Analyse der zu transkribierenden Sprache voraussetzen. Das Phonemsystem und die allophonische Variation müssen bekannt sein. Entsprechend dieser systematischen Kenntnis der Lautverhältnisse können die phonetischen Informationsteile auf Symbolisierung und Konventionen verteilt werden. Für beide zusammen gilt die allgemein phonetische Kategorisierung, wie sie in Kapitel 3 dargestellt wurde. Die Symbolisierung kann jedoch nach dem Prinzip typographischer Einfachheit einzelne Zeichen auswählen, die in den Konventionen für eine solche systematische Notation neu definiert werden. Alle Umschriften in dieser Monographie sind systematische mit unterschiedlicher phonetischer Verteilung. Jeder Beschreibung der Lautstruktur einer Sprache geht aber eine phonetische Untersuchung voraus, die gerade die Aufstellung des Phonemsystems, der allophonischen Distribution und anderer struktureller Merkmale zum Ziel hat und die sich auch der Symbolisierung zur Informationsspeicherung bedienen muß. Diese Notation kann nun nicht mehr auf der Kenntnis linguistischer Strukturen aufbauen und daher nicht systematisch sein; ihre Zeichen dürfen nur in einer allgemeinen symbolphonetischen Theorie definiert werden, da im voraus nicht bekannt ist, welche phonetischen Werte in welchen Parametern phonologische Gegensätze aufbauen. Diese Transkription soll i m p r e s s i o n i s t i s c h genannt werden.

Eine solche impressionistische Notierung gelingt um so besser, je mehr sich der Bearbeiter von den Konventionen der systematischen Umschriften für die ihm bekannten Sprachen und insbesondere auch von den phonologischen Einflüssen seiner Muttersprache sowie anderer von ihm bereits untersuchter Sprachen lösen kann und in der Lage ist, zu erfassende Schallereignisse auf allgemeine symbolphonetische Kategorien zu beziehen. Eine völlige Befreiung ist unmöglich, aber durch systematisches ohrenphonetisches Training mit gezielter Veränderung artikulatorischer Parameter in stufenweise aufgebauten Logatomen und durch lange Praxis im Arbeiten mit Informanten der verschiedensten Sprachen ist ein hoher Grad der Perfektion erreichbar, was gerade ein Phonetiker wie Pike bestens demonstriert. Der Bearbeiter geht bei seiner impressionistischen symbolphonetischen Analyse zunächst von Einzelwörtern, evtl. kurzen Sätzen aus und führt die einzelnen Schritte sofort unter dem Gesichtspunkt von möglichen Wortoppositionen durch, d. h. er folgt auf keinen Fall der vor allem vom amerikanischen Strukturalismus erhobenen Forderung, daß der Phonetiker zunächst eine detaillierte De- und Transkription artikulatorischer Vorgänge bzw. der davon gemachten Wahrnehmungen ohne Berücksichtigung linguistischer Kriterien wie Morphologie, Bedeutung, Lautgegensätze geben müsse und daß dann der Phonologe System in diese Substanz bringe.

In diesem grob abgesteckten linguistischen Rahmen kommt der Phonetiker zu einer ersten Segmentation der Sprachsignale über die Luftstromdynamik, die Unterbrechungen, turbulente und laminare Stücke liefert. Die so entstandenen aufeinanderfolgenden Signalteile werden dann auf Stimmhaftigkeit/Stimmlosigkeit untersucht, auf die Artikulationsstelle bei Plosiven und Frikativen, auf nasal/oral bei Sonanten, auf Fehlen oder Vorhandensein eines oralen Verschlusses bei Nasalen, auf Lateralität bei oralen Segmenten, auf Öffnungsgrad bei oralen nichtlateralen Sonanten durch Vergleich mit den Kardinalvokalen usw. Die Analyse tastet sich so schrittweise voran, wobei auch ständige Vergleiche mit weiteren Daten und ein wiederholtes Zurückgreifen und Modifizieren notwendig werden. Diese Analyse folgt ebenfalls keiner geradlinigen Progression. Verschiedene Parameter werden zu einem in der allgemeinen phonetischen Theorie definierten Schriftzeichen zusammengefaßt. Je erfahrener der Phonetiker ist, um so mehr Parameter wird er in seiner ersten Notation gleich vereinigen können. Auf dieser Basis führt er durch wiederholtes Abhören seine weiteren Zusätze und Veränderungen ein anhand eines Testens auf allgemeine phonetische Kategorien hin. Bei dieser Analyse ist es besonders wichtig, daß der Bearbeiter die Äußerungen des Informanten selbst artikuliert und auf Adäquatheit hin beurteilen läßt, da er so bei akzeptabler Reproduktion über seine eigene taktile und propriozeptive Rückmeldung eine zusätzliche Hilfe für symbolphonetische Klassifikation erhält. Der Ohrenphonetiker muß also auch ein intensives Training in der Lautproduktion nach demselben stufenweisen Aufbau artikulatorischer Parameter wie im Gehörstraining erhalten. Die beiden sind aufeinander bezogen und werden durch den Gebrauch von allgemeinphonetisch definierten Transkriptionssymbolen verbunden. Nach einer ersten Bearbeitungsphase setzt dann sehr bald die Untersuchung struktureller Regularitäten in den Segmenten ein, die schließlich zu einer Erstellung von Phonemen führt.

Aus diesen Darlegungen folgt, daß eine impressionistische Transkription der Tonbandaufzeichnung eines fortlaufenden Textes eigentlich nicht möglich ist, da dem Analysator einmal die artikulatorische Bestätigung, andererseits auch der Einzelwortvergleich fehlt, so daß eine phonematische Analyse, d. h. eine isolierte Wortverschriftung, gar nicht gegeben ist, weil sich zusätzliche Erscheinungen auf satzphonetischer Ebene darüberlegen. Wenn Dialektologen trotzdem zusammenhängende Rede vom Tonband analysieren, so tun sie das entweder mit zweifelhaftem Erfolg, oder sie haben aufgrund einer Kenntnis des Dialekts so weitgehende Vorkenntnisse, daß sie in Wirklichkeit eine systematische Transkription anfertigen. Das hier geschilderte Erstellen von Umschriften setzt einmal ein fundiertes theoretisches allgemeinphonetisches Wissen, darüber hinaus aber auch gezielt erworbene Fertigkeiten im systematischen Handhaben eines Zeichensystems für Gehörseindrücke voraus. Sollen Analysen verschiedener Bearbeiter vergleichbar bleiben, so muß gewährleistet sein, daß sie Symbolisierungen nach denselben Prinzipien erstellen, also durch dieselbe Ausbildung gegangen sind. Es wäre einmal sehr interessant, die Arbeiten der deutschen Dialektologie, sowohl am Deutschen Sprachatlas als auch am Deutschen Spracharchiv, auf diese Forderungen hin zu untersuchen.

5.3. Der Aufbau verschiedener Symbolsysteme[142]

Nach den Erörterungen der Grundlagen für die Erstellung einer phonetischen Umschrift in 5.2 ist die eigentliche Gestaltung eines Zeichensy-

[142] Vgl. hierzu M. Heepe, *Lautzeichen und ihre Anwendung in verschiedenen Sprachgebieten.* Berlin 1928; D. Abercrombie, *Elements of General Phonetics.* Edinburgh 1967, pp. 110–132.

stems zweitrangig; vorausgesetzt wird nur, daß es systematisch aufgebaut ist und auf der allgemeinen symbolphonetischen Klassifikation fußt. Es sollen nun noch kurz einige verschiedene Symbolisierungsmethoden vorgestellt werden.

Transkriptionen sind entweder analphabetisch oder alphabetisch. Unter den analphabetischen sind vor allem diejenigen von O. Jespersen[143] und von K. L. Pike[144] zu nennen. In beiden Fällen werden den in Kapitel 3 genannten artikulatorischen Parametern einzeln in mehreren Punkten Symbole zugeordnet und die dynamischen Koordinationen in Formeln dargestellt. Dieses System soll im symbolphonetischen Bereich eine Abbildung artikulatorischer Verläufe geben, wie sie instrumentelle Untersuchungen liefern könnten. Wegen der Unerfüllbarkeit dieser Forderung und wegen der ungeheuren Komplexität sind sie für die praktische Transkriptionsarbeit untauglich und haben auch keine Verbreitung gefunden. Unter den alphabetischen Systemen finden sich solche, die in schematischer Darstellung Artikulationskonfigurationen repräsentieren. Dazu gehört A. M. Bells 'Visible Speech: the Science of Universal Alphabetics.' (London 1867), womit die artikulatorische Schulung Gehörloser verbessert werden sollte.

An alphabetischen Systemen auf lateinischer Basis ist eine gewaltige Anzahl im Laufe der sprachwissenschaftlichen Forschung entwickelt worden, insbesondere auch im Zusammenhang mit der Dialektologie. Heepe gibt einen Überblick über ein Spektrum aus verschiedenen Sprachgebieten. In dieser Monographie wird das Alphabet der Association Phonétique Internationale (API oder engl. IPA) verwendet, dessen lateinische Basis durch griechische Buchstaben, Neuschöpfungen, Digraphien sowie diakritische Zeichen ergänzt wurde. Die für die phonetische Beschreibung des Deutschen notwendigen Zeichen und Diakritika sind in 3.3.10 für die Kontoide und in 3.4 für die Vokoide zusammengestellt (siehe auch die Tabelle im Anhang).

Die Gesellschaft wurde 1886 von einer Gruppe von Fremdsprachenlehrern, geführt von P. Passy, gegründet. Sie wollten u. a. ein Transkriptionssystem schaffen, das für die Rechtschreibreform, für die Erstellung von Schriften für ungeschriebene Sprachen und für die mündliche Erlernung fremder Sprachen dienlich sein sollte. Unter Mitwirkung der Phonetiker O. Jespersen, W. Vietor, H. Sweet und J. A. Lundell konnte

[143] *The Articulations of Speech Sounds.* Marburg 1889.
[144] *Phonetics.* Ann Arbor 1943.

1888 die erste Fassung des internationalen phonetischen Alphabets vorgelegt werden. Es wurde in der Folgezeit weiter ausgebaut, wozu auch 1925 eine Konferenz in Kopenhagen über Transkriptionsvorschläge konsolidierend beitrug, zu deren Teilnehmern u. a. die Phonetiker O. Jespersen und D. Jones gehörten. Das Publikationsorgan ‚The Phonetic Teacher' seit 1886, später umbenannt in ‚Le Maître Phonétique', verstand sich als Gegenstoß gegen die Überbetonung der geschriebenen Sprache im Sprachunterricht jener Zeit und veröffentlichte daher alle Beiträge, zunächst zu den bekannteren europäischen, später auch zu einer Vielzahl anderer Sprachen, in phonetischer Umschrift. Erst 1971 wurde diese Praxis mit der Umbenennung in ‚Journal of the International Phonetic Association' geändert. Die tragenden Säulen dieses Zeichensystems waren und sind die theoretische symbolphonetische Klassifikationsbasis, wie sie durch die führenden europäischen Phonetiker jener Zeit eingebracht wurde, und der universalsprachliche Verwendungsbereich, der von vornherein die Einbeziehung aller artikulatorischen Möglichkeiten des Menschen forderte und so die allgemeinphonetische, theoretische Grundlage voraussetzte.

Damit unterscheidet sich dieses Transkriptionssystem grundlegend von der in der deutschen Dialektgeographie – allerdings in vielen Abwandlungen – benutzten Lautschrift der Zeitschrift ‚Teuthonista', die auch von der Reihe ‚Deutsche Dialektgeographie' übernommen wurde. Sie ist ohne phonetischen Beitrag von Sievers oder Vietor, allein aus Bedürfnissen von Mundartforschern in recht wechselhafter Entwicklungsgeschichte entstanden.[145] Das System entbehrte von Anfang an der generellen theoretischen Beschreibungsbasis lautsprachlicher Erscheinungen und war sehr viel stärker mit typographischen Fragen beschäftigt, was sich an Hinweisen wie den folgenden ablesen läßt:

„Falls die Unterscheidung stimmloser Lenes oder die Wiedergabe von Stärke- und Spannungsgraden erforderlich ist, wende man sich vor der Niederschrift an die Schriftleitung ... Die Bezeichnung besonderer l-Arten unterliegt der Verabredung."[146] Es wäre eben Aufgabe einer grundsätzlichen Darstellung phonetischer Kategorien gewesen, die Prinzipien der Symbolisierung ein für allemal festzulegen und nicht zu warten, bis

[145] Vgl. hierzu P. Wiesinger, Das phonetische Transkriptionssystem der Zeitschrift „Teuthonista". *Zeitschrift für Mundartforschung* 31 (1964), 1–20; D. Möhn, Die Lautschrift der Zeitschrift „Teuthonista", a. a. O., 21–42.

[146] Zitiert bei D. Möhn, a. a. O., p. 22.

etwas im Dialektmaterial auftaucht, das dann eine Ergänzung des Zeichenvorrats erfordert. Der ad-hoc-Charakter des Alphabets, das somit kaum die Bezeichnung System verdient, kommt hier klar zum Ausdruck. Die API-Transkription hat ebenfalls zahlreiche Mängel, die gerade auch in ad-hoc-Erweiterungen liegen, aber sie übertrifft wegen ihrer sehr viel breiteren phonetischen Kategoriengrundlage und stärkeren theoretischen Fundierung die Teuthonista-Lautschrift bei weitem.[147] Erst in neuester Zeit hat man sich um eine verstärkte Systematisierung bemüht[148], allerdings zu einem Zeitpunkt, wo ein Pfeiler der deutschen Dialektgeographie, das Deutsche Spracharchiv, längst das API-Alphabet übernommen hatte und wo selbst in die Veröffentlichungen aus dem deutschen Sprachatlas die API-Transkription, wohl initiiert durch G. Heike, einzudringen begann.

Zum Abschluß sind noch ein paar Anmerkungen zur Transkription suprasegmenteller Erscheinungen erforderlich. Die Dauer kann durch Vergabe von einem, zwei und vier Punkten für ohrenphonetische Erfassung genügend differenziert werden, z. B. [i], [i·], [iː], [iːː]. Zur Quantitätsopposition wird das Vokalzeichen mit und ohne Doppelpunkt, bei dreifachem Gegensatz zusätzlich noch mit zwei Doppelpunkten versehen. Der Wortakzent wird durch ˈ vor dem Beginn der Silbe angezeigt: [ˈaugust], [auˈgust]; ˌ kann für sekundären Wortakzent stehen: [ˈai(s)ˌʃraŋk], was jedoch nicht notwendig ist, da die stärkere Prominenz der Silbe durch ihren phonematischen Aufbau festliegt. Der rhythmische Satzakzent wird ebenfalls durch ˈ vor den schweren Silben der Takte markiert: *Mein ˈFreund kommt ˈmorgen zuˈrück.* Emphatischer und Kontrastakzent erhalten ˈˈ vor Silbenbeginn: *Was ˈˈist Phonetik eigentlich? ˈˈEr hat ihm den Ball gegeben, nicht ˈˈsie.*

Der relative Tonhöhenverlauf wird in impressionistischer Transkription durch Markierung der relativen Tonbewegung in jeder einzelnen Silbe angegeben, wie in den Fragen des Kapitels 1.[149] In einer systematischen

[147] P. Wiesinger sieht in seinem Aufsatz „Das phonetische Transkriptionssystem der Association Phonétique Internationale (API) aus der Sicht der deutschen Dialektologie", a. a. O., pp. 42–49 die Vokalklassifikation der API völlig falsch, da er den Charakter sprachunabhängiger auditiver Referenzpunkte nicht durchschaut. Insbesondere ist das rein artikulatorische System des Teuthonista dem der API unterlegen.

[148] L. E. Schmitt & P. Wiesinger, Vorschläge zur Gestaltung des phonetischen Transkriptionssystems, a. a. O., pp. 57–61.

[149] Vgl. das System der englischen Schule, z. B. L. E. Armstrong & I. C. Ward, *A Handbook of English Intonation.* Cambridge ²1931.

Transkription bleiben die Markierungen auf die tonematisch relevanten Stellen der Äußerung beschränkt: ↗ *Wie weit ist es bis Hamburg? Wie weit ist es bis* ↘ *Hamburg?*[150]. Auch hier muß eine Untersuchung der Intonation vorausgegangen sein. In diesem Buch erfolgt die Notierung nach einem in 6.2.2 zu entwickelnden System. Eine weitere tonematische Notation hat Pike[151] mit vier übereinander liegenden phonemischen Tonebenen vorgeschlagen (von oben nach unten numeriert 1–4), auf denen die tatsächlich vorkommenden Konturen beginnen, enden und ihre Richtung wechseln. Mit diesen vier Tonemen läßt sich die Intonation des Englischen adäquat beschreiben; ob die Zahl auch für das Deutsche maßgebend ist, bedürfte der Untersuchung.

[150] Vgl. das tonematische System der englischen Schule, z. B. J. D. O'Connor & G. F. Arnold, *Intonation of Colloquial English.* London 1961.
[151] K. L. Pike, *The Intonation of American English.* Ann Arbor 1945.

6. Phonetische Beschreibung des Deutschen

6.1. Segmentelle Wortphonetik

6.1.1. Das Konsonantensystem

Für das Deutsche sind folgende Konsonantenphoneme anzusetzen:

p, b	t, d	k, g	h, r
m	n	ŋ	
f, v	s, z; ʃ, ʒ	x, j	
	l		

Die Tabelle links des vertikalen Strichs ist in Anlehnung an die phonetische Klassifikation in 3.3.10 nach Artikulationsart (Plosiv, Nasal, Frikativ, Lateral) und aktivem Artikulator (labial, apikal, dorsal) sowie +vot/–vot und enggerillt/weitgerillt angeordnet. +vot und –vot sind relative Bestimmungen des Stimmtoneinsatzes in den durch Komma getrennten Segmenten, jeweils bezogen auf die Ansatzrohrartikulation; + bedeutet dabei späteren, – früheren Beginn. /h/ ist außerhalb des phonetischen Systems angesiedelt, weil seine phonematische Festlegung aufgrund phonotaktischer Kriterien in 6.1.3 durchgeführt wird. /r/ streut selbst innerhalb eines einzigen Sprechers, also eines Idiolekts, allophonisch so sehr in seinen phonetischen Werten, daß nur eine negative Kennzeichnung sinnvoll ist. Da infolge distributioneller Regularitäten, die in 6.1.3. dargestellt werden, die Plosive und Frikative eine Konsonantenklasse (K_a), die Nasale, der Lateral und /r/ eine zweite (K_b) und /h/ eine dritte (K_c) bilden, reicht bei Verwendung des Klassensymbols zur Spezifizierung des /r/ das Merkmal –lateral aus. Die Regularitäten, die bei segmentellen Phonemen sowohl in den Bereichen der allophonischen Verteilung und der Phonotaktik (6.1.3.) als auch auf dem Gebiet der segmentellen Satzphonetik (6.3.) auftreten, beziehen sich meist auf Gruppen von Segmenten, die sich durch einheitliches Verhalten in der Segmentverkettung und durch gemeinsame phonetische Merkmale bzw. deren Fehlen auszeichnen. Um Aussagen über diese Regelhaftigkeiten mit ökonomischen Mitteln machen zu können, empfiehlt sich daher eine Bestimmung der einzelnen Phoneme hinsichtlich ihrer phonotaktischen und phonetischen Klassenzugehörigkeit. So wird ein Phonem zunächst einmal als Element einer der Distributionsklassen V, K_a, K_b, K_c charakterisiert, die Unterklassen der Gesamtheit der segmentellen Phoneme darstellen und von denen K_a, K_b, K_c wiederum Unterklassen der Konsonantenphoneme K sind.[152] Innerhalb dieser Klassen legen phonetische Merkmale die Zuordnung zu weiteren Unterklassen fest. So gehören die Phonemklassen /p, b, t, d, k, g/ und /f, v, s, z, ʃ, ʒ, x, j/ beide der Klasse K_a an, aber sie unterscheiden sich dadurch voneinander, daß die erste nur Plosive, die zweite nur Frikative enthält. Eine nochmalige Untergliederung ist in beiden Unterklassen nach den Merkmalen +vot und -vot möglich: /p, t, k/ und /b, d, g/, /f, s, ʃ, x/ und /v, z, ʒ, j/. Eine sich mit diesen Einteilungen überschneidende Klassifizierung gliedert K_a in labiale, apikale und dorsale Konsonanten: /p, b, f, v/, /t, d, s, z, ʃ, ʒ/ und /k, g, x, j/. Schließlich sondern die Merkmale enggerillt und weitgerillt /s, z/ und /ʃ, ʒ/ aus den apikalen Frikativen aus. In ähnlicher Weise wird die Klasse K_b durch die Merkmale nasal und nicht-nasal in die Unterklassen /m, n, ŋ/ und /l, r/ aufgeteilt, von denen die zweite häufig als L i q u i d e benannt wird, was aber keine substantielle phonetische Spezifizierung, sondern eine abstrakte Markierung ist. Die Klasse der Nasale untergliedert sich wieder durch die Merkmale labial, apikal und dorsal; /l/ und /r/ unterscheiden sich als lateral und nicht-lateral. Da K_c nur /h/ enthält, ist eine weitere Merkmalspezifizierung nicht erforderlich.

Jedes Phonem wird also durch eine Verbindung aus einem Distributionsklassensymbol, einem S e r i e n e l e m e n t (6.1.3.), und einer Kombination von Merkmalen, die weitere Unterklassenbildungen vornehmen, dargestellt. Das Prinzip der Merkmalbestimmung ist dabei, daß eine phonetische Charakterisierung nach den Kategorien des Kapitels 3 entweder gilt oder nicht. Gilt sie nicht, so ist über die phonetische Substanz nichts Spezifisches ausgesagt. Auf diese Weise ist die unabdingliche Forderung erfüllbar, daß die phonetischen Angaben für alle kontextuell bedingten Allophone gelten müssen. Kann eine allophonische Variation nicht unter einem einheitlichen substantiellen Merkmal subsumiert werden, so ist eine Spezifizierung angemessen, die – wie im Falle des deutschen /r/ = Nicht-lateral – eine bestimmte konkrete phonetische Festlegung gerade ausschließt, darüber hinaus aber keine phonetischen Werte angibt.

[152] Siehe 6.1.3.

Wird hingegen ein Phonem hinsichtlich eines Merkmals positiv gekennzeichnet, dann ist damit eine Substanzdefinition gegeben, die für sämtliche Allophone Gültigkeit hat.

Wenn sich Phoneme in dieser Weise durch Vorhandensein und Fehlen eines Merkmals unterscheiden, ist eine binäre Anzeige durch + und – angebracht. In den Fällen, in denen Phoneme durch verschiedene Werte entlang eines phonetischen Parameters differenziert werden – wie Labiale, Apikale und Dorsale hinsichtlich des Artikulationsortes –, ist eine solche Binarisierung nicht unmittelbar einsichtig. Da jedoch phonematische Regularitäten auch dann noch den Ausschluß bestimmter phonetisch definierter Merkmale voraussetzen können (wie z. B. die Einschränkung, daß in deutschen wortinitialen Konsonantenverbindungen /l/ nicht nach apikalen Plosiven oder /v/ nicht nach Labialen vorkommt), ist eine generelle Dichotomisierung der Merkmale sinnvoll, wobei beide Werte, + und –, Unterklassen markieren, von denen die positive die jeweils im Merkmal angegebene phonetische Bewertung enthält, während diese für die negative nicht gilt. Die hinsichtlich eines Merkmals negative Klasse kann dann durch weitere Merkmale wiederum in positive und negative Unterklassen unterteilt werden. So ist an sich die Dreiheit labial, apikal, dorsal phonetisch differenziert. Um sie aber in eine Dichotomie mit positiven und negativen Merkmalen zu überführen, sind zwei Schritte der Unterklassenbildung erforderlich, z. B. +apikal/–apikal, –apikal +labial/ –apikal –labial. Die in allen Merkmalen negative Bewertung kann dabei durchaus phonetisch definierbar sein, wie im vorliegenden Fall als dorsal. Für die phonematische Klassifikation ist dies nicht mehr erforderlich, für die weitere phonetische Beschreibung jedoch unumgänglich.

Welche phonetischen Parameter bei der Dichotomisierung die positive Merkmalbildung liefern, hängt ab von ihrer Funktion in der phonetischen Struktur der betreffenden Sprache, d. h. insbesondere auch von den Bedingungen der sprachlichen Produktion und Rezeption, die auch sprachuniverselle, u. a. physiologische, Grundlagen haben. So ist der Apikal die einzige Lautkategorie, die zusätzlich zu Zungenrücken- und Lippenbewegungen, wie sie für alle Lautproduktionen auftreten, auch eine Zungenspitzenartikulation erfordert. Da die Zungenspitze ferner sowohl muskulär als auch sensorisch besser ausgestattet ist als Zungenrücken und Lippen, was zu feiner gesteuerter und schnellerer Artikulationsabwicklung führt, und da schließlich apikale Phoneme sowohl in der Phonotaktik (6.1.3.) als auch in der Koartikulation und Steuerung (6.3.0.) eine auf diesen physiologischen Grundlagen basierende besonders ausgezeichnete Stellung haben, wird die Klasseneinteilung zuerst nach ±apikal vorgenommen. Die weitere Unterteilung nach ±labial (statt ±dorsal) ist zunächst noch arbiträr.

Die fortschreitende Unterklassenbildung innerhalb der zunächst distributionell bestimmten Phonemklassen einer Sprache erfolgt unter Bezug auf das Gelten phonetischer Merkmale. Jede solche Unterklasse ist dabei durch die jeweilige Gültigkeit der Merkmale aller Klassen über ihr definiert. Werden mehrere Punkte entlang einem phonetischen Parameter binarisiert, so erhalten sämtliche so entstehende Klassen Spezifikationen in allen für die Dichotomisierung notwendigen Merkmalen. Für die Konsonantenphoneme des Deutschen ergeben sich so folgende Festlegungen:

/p/ K_a +vot +plosiv –apikal +labial
/b/ K_a –vot +plosiv –apikal +labial
/t/ K_a +vot +plosiv +apikal –labial
/d/ K_a –vot +plosiv +apikal –labial
/k/ K_a +vot +plosiv –apikal –labial
/g/ K_a –vot +plosiv –apikal –labial
/f/ K_a +vot –plosiv –apikal +labial
/v/ K_a –vot –plosiv –apikal +labial
/s/ K_a +vot –plosiv +apikal –labial +eng
/z/ K_a –vot –plosiv +apikal –labial +eng
/ʃ/ K_a +vot –plosiv +apikal –labial –eng
/ʒ/ K_a –vot –plosiv +apikal –labial –eng
/x/ K_a +vot –plosiv –apikal –labial
/j/ K_a –vot –plosiv –apikal –labial
/m/ K_b +nasal –apikal +labial
/n/ K_b +nasal +apikal –labial
/ŋ/ K_b +nasal –apikal –labial
/l/ K_b –nasal +lateral
/r/ K_b –nasal –lateral
/h/ K_c.

Diese Spezifizierungen enthalten zum Teil Redundanzen, d. h. Merkmale, die durch die Unterklassenbildung und damit durch andere Merkmale impliziert sind. So müssen K_a ±vot ±eng gleichzeitig –plosiv +apikal –labial sein, weil nur die Apikale nach ±eng weiter untergliedert werden. Auch für K_b ±lateral gilt aus dem entsprechenden Grunde –nasal. Ferner sind alle Phoneme mit +labial auch notwendigerweise –apikal. In einer redundanzfreien Merkmalanzeige morphematischer Einheiten im

Lexikon können diese Bestimmungen daher entfallen; sie werden durch allgemeine phonologische Klassenbildungsregeln ergänzt. Für Aussagen über phonotaktische Regularitäten (6.1.3.) sind sie jedoch erforderlich.

Es sollen nun im folgenden die allophonische Variation und die sonstige phonetische Realisierung für die einzelnen Phoneme besprochen werden.

6.1.1.1. /h/

Die glottale Turbulenz wird durch das Ansatzrohr gefiltert. Da die Artikulationsorgane Zunge und Lippen bereits die Positionen für den nachfolgenden Vokal einnehmen, entstehen unterschiedliche Raumgeräusche, also verschiedene [h], z. B. in deutsch *hier*, *Heer*, *Haar*, *Hur*, die als die entsprechenden stimmlosen Vokale [i̥], [e̥], [ḁ], [u̥] bezeichnet werden können. Je größer die Engebildung für den Vokal ist, um so leichter tritt noch zusätzliche Friktion im Ansatzrohr auf. Intervokalisch und häufig auch initial ist /h/ stimmhaft: *Ahorn, Haus* [ɦ]. Durch erhöhten Luftverbrauch während des Schwingvorganges wird hier Turbulenz erzeugt (vgl. 3.3.2).

6.1.1.2. Die Plosive: K_a +plosiv

6.1.1.2.1. ±vot: /p, t, k/ vs. /b, d, g/

Vor Vokalen und wortfinal erscheint +vot als Aspiration, die um so stärker ist, je näher der Plosiv dem Akzent steht; auch v o r dem akzentuierten Vokal ist sie größer als d a n a c h: *tut* [thu:tʰ], *tute(t)* ['thu:tʰə(tʰ)], *Telefon* [tʰelə'fo:n]. Geht den prävokalischen Plosiven ein apikaler Frikativ /ʃ/ oder /s/ voraus, so ist die Aspiration sehr gering, oder sie fehlt sogar völlig; wortfinal ist sie jedoch vorhanden: *Stute* ['ʃtu:tʰə], *huste* ['hu:stə], *tust* [thu:stʰ]. Fehlende Aspiration bedeutet, daß die Stimmbänder im Moment der Verschlußlösung des Plosivs oder zumindest unmittelbar danach zu schwingen beginnen. Nach Frikativen und wortfinal sowie morphemfinal vor Konsonanten besteht keine Opposition zwischen +vot und –vot: *spät* [ʃp], *steht* [ʃt]; *Rat*, *Rad* [tʰ], *Grab* [pʰ], *Tag* [kʰ]; *rund* [tʰ], *rundlich* [t], *runde* [d], *bunte* [tʰ]. Die Zuordnung finaler Plosive zu +vot ergibt sich aus der Aspiration, die sich bei /b, d, g/ nirgendwo findet. Die Bestimmung postfrikativer Plosive als +vot trotz fehlender Aspiration stützt sich einmal darauf, daß Aspiration durchaus möglich ist, besonders bei langsamem, deutlichem Sprechen, und auf die phonotaktische Regularität, daß auf diese Weise im Deutschen Verbindungen von Plosiven und Frikativen insgesamt als +vot gekennzeichnet werden können: *Zeit* /ts/, *Psyche* /ps/, *Xanten* /ks/, *Pferd* /pf/, *tschechisch* /tʃ/, *Ptolomäus* /pt/, *ktenoid* /kt/, *Phthisis* /ft/, *chthonisch* /xt/, *Sphäre* /sf/, *Szene* /sts/, *Sport* /ʃp/, *Stein* /ʃt/ und die entsprechenden Verbindungen wortfinal.[153] Einzige Ausnahme hiervon bilden Verbindungen von /v/ und /j/ mit vorausgehenden Plosiven und Frikativen: *Quelle* /kv/, *schwer* /ʃv/, *Fjord* /fj/.

Plosive mit +vot sind ebenfalls nicht aspiriert, wenn ein anderer Plosiv unmittelbar folgt, sei es innerhalb eines Wortes oder über Wortgrenzen hinweg, vorausgesetzt, daß kein Satzeinschnitt, z. B. in Form einer Pause, auftritt: *Akt* [ktʰ], *Abt* [ptʰ], *Abkommen* [pkh], *Wenn man ihn bittet, tut er das sicher.* ['bitʰət 'thu:tʰ], ['bitʰətʰ ‖ 'thu:tʰ][154]. Die Zuordnung dieser Plosive zu +vot erfolgt aus den bereits genannten Gründen. Auch bei nasaler Plosion infolge von ə-Elision[154] wird +vot unaspiriert realisiert: *Lappen* [–pm], *Latten* [–tn], *lacken* [–kŋ]. Die Markierung als +vot wird bedingt durch die normalerweise bestehende Opposition zu *laben* [–bm], *laden* [–dn], *lagen* [–gŋ]. Folgt auf einen Plosiv mit +vot $K_b \pm$lateral, so setzt ebenfalls der Stimmton erst verspätet ein, was aber in diesem Falle nicht zur Aspiration, sondern zur initialen Stimmlosigkeit von /l/ und /r/ führt: *Platz* [pl̥], *klar* [kl̥], *Preis* [pʁ̥], *trat* [tʁ̥], *Kranz* [kʁ̥]. Das /r/ kann sogar völlig entstimmt werden: [pχ], [tχ], [kχ]. Auch über Wort- und Morphemgrenzen hinweg ist diese Entstimmung möglich: *mit List* [tl̥], *mit Recht* [tʁ̥], rundlich [tl̥][155]. Folgt am Wortanfang auf K_a +plosiv +vot ein Nasal, so wird der Verschluß zunächst mit Aspiration gelöst, erst dann kann auch noch Entstimmung des Nasals erfolgen: *Knie* [kʰn], *Pneu* [pʰn].

Die Aspiration ist in ihrem zeitlichen Ablauf zunächst nicht eine durch das Ansatzrohr gefilterte glottale, sondern eine am Artikulationsort des Plosivs im Mundraum erzeugte Turbulenz, d. h. ein lokaler Frikativ. Den Unterschied zwischen [h] (z. B. in *Haus*) und verschiedenen Aspirationsfrikativen (z. B. in *Paul, Tau, kauen*) zeigen Sonagramme sehr deutlich. Der Turbulenzgrad ist dabei geringer als bei den Frikativen [Φ], [s], [x]. Am schwächsten ist er in der Aspiration des Labials, wo die Annäherung an [h] in der spektralen Darstellung am größten ist; am stärksten ist der Charakter eines lokalen Frikativs nach dem Alveo-

[153] Siehe die umfassende Darstellung in 6.1.3.
[154] Siehe hierzu 6.3.1.
[155] Vgl. 4.8.

lar, wo der flache Reibelaut [θ̠] erscheint.[156] Entsprechend finden sich Unterschiede in der Schallintensität der drei Aspirationen: [t] > [k] > [p]. Auch die Dauer ist verschieden. In allen Fällen tritt der Übergang zur echten Aspiration auf, also zur Ansatzrohrresonanz [h], die bestimmt wird durch die Konfiguration für den nachfolgenden Vokal, jedoch zu unterschiedlichen Zeitpunkten nach der Verschlußlösung für die drei Plosive. Wenn es sich eingebürgert hat, die Aspiration durch ein nachgestelltes [h] zu bezeichnen, so ist das eine Konvention, die die phonetische Differenzierung nicht erfaßt und letztlich auf die griechischen und lateinischen Grammatiker zurückgeht, bei denen spiritus asper und die Aspiratae in einem Zusammenhang gesehen wurden, da auch die Schrift eine Tenuis vor dem spiritus asper in die entsprechende Aspirata verwandelte.

–vot wird nur intervokalisch als volle Stimmhaftigkeit realisiert, initial vor Vokalen und allen K_b setzt die Stimmbandschwingung erst kurz vor oder im Moment der Verschlußlösung ein: *bade* ['b̥a:də], *Glanz* [g̊l], *grau* [g̊ʁ], *Gnade* [g̊n], *Gmund* [g̊m]. Auch in der lateralen und nasalen Plosion ist Entstimmung möglich: *laben* [b̥m], *laden* [d̥n], *lagen* [g̊ŋ]; *Adel* [d̥l]. In der Folge Nasal + Plosiv + Nasal kann dies zur totalen Stimmlosigkeit und zum Übergang zu +vot führen, d. h. zum Zusammenfall mit Plosiven der Klasse +vot: *Enden* [nd̥n], [ntn], *Enten* [ntn].

In den Positionen, in denen Plosive mit +vot und solche mit –vot unterschieden sind, weist +vot den späteren Stimmtoneinsatz auf. Die Relation bleibt in allen Stellungen erhalten, die absoluten Zeitpunkte verschieben sich jedoch. Sie sind früher in *lagen* [gŋ] vs. *Laken* [kŋ] als in *Bar* [b̥] vs. *Paar* [ph] oder *Blatt* [b̥l] vs. *Platz* [pl̥], *grau* [g̊ʁ] vs. *Kranz* [kʁ̥]. Im Falle der Entstimmung in der nasalen und lateralen Plosion hört die Schwingung nach dem vorangehenden Vokal bei erhaltenem –vot später auf als bei +vot. +vot bezieht sich also im Gegensatz zu –vot bei den Plosiven immer auf den späteren Beginn der Stimmbandschwingung in bezug auf die Verschlußlösung oder auf das frühere Aufhören in Relation zur Verschlußbildung. Es gibt natürlich Dialekte, in denen die Differenzierung ±vot bei den Plosiven völlig aufgehoben ist und generell ein entstimmter unaspirierter Verschlußlaut verwendet wird (abgesehen von der Aspiration bei wortfinaler Plosion). Hierzu gehören Sachsen und Thüringen sowie der Südwesten des deutschen Sprachgebiets.

[156] Siehe 3.3.7.

6.1.1.2.2. Apikal und dorsal: /t, d/ vs. /k, g/

Apikale Plosive werden entweder dental oder alveolar gebildet. Dorsale Plosive hängen in ihrem tektalen Artikulationsort vom folgenden und vorausgehenden Vokal ab und variieren von postpalatal bis postvelar entsprechend dem artikulatorischen Weg vom einen zum anderen. Je weiter vorn vor allem der folgende Vokal gebildet wird, desto palataler ist der Plosiv: *Kiel* [k̟], *Karte* [k̠], *Kerze* [k], *Sieg* [k], *Tag* [k̠]; *Gier* [g̟], *gar* [g̠], *gern* [g].

6.1.1.3. Die Frikative: K_a –plosiv

6.1.1.3.1. ± vot: /f, s, ʃ, x/ vs. /v, z, ʒ, j/

Frikative mit +vot sind gekennzeichnet durch starke Turbulenz und durch Glottisöffnung, also durch Stimmlosigkeit, während der gesamten Artikulation, abgesehen von ganz kurzen Übergängen von und zu umgebenden Sonorlauten. K_a –plosiv –vot ist wie K_a+plosiv –vot wortfinal und morphemfinal vor Konsonanten nicht möglich: *primitiv* [f], *primitive* [v]; *las* [s], *lesen* [z], lesbar [s]. /ʒ/ kommt nur in Fremdwörtern vor und wird von vielen Sprechern, vor allem in Süddeutschland, in +vot überführt: *Genie, Garage.* /z/ steht nur intervokalisch in Opposition zu /s/: *Muse, Muße*; *reisen, reißen*; wort- und morpheminitial hat es kein /s/ neben sich: *See* /z/, *heilsam* /z/. Der Gegensatz kann hier jedoch über Fremdwörter eindringen: *sechs* /z/, *Sex* /s/. Das Süddeutsche kennt generell nur /s/.

/z/ und /ʒ/ haben stärkere Turbulenz als /v/ und /j/, bei denen sie ganz fehlen kann, so daß friktionslose Dauerlaute entstehen. Entsprechend diesem Unterschied verhalten sich die beiden Gruppen auch verschieden nach Phonemen mit +vot. Während /z/ und /ʒ/ in diesen Positionen auch über Wortgrenzen hinweg zu den stimmlosen Entsprechungen /s/ und /ʃ/ werden können, gilt für /j/ und /v/ nur partielle Entstimmung: *ratsam* /ts/, *hat sich* /ts/, *das Genie* /sʃ/; *Fjord* [fj̊], *Quelle* [kv̥], *schwer* [ʃsv̥], *das Jahr* [sj̊], *hat wohl* [tv̥]. In den Dialekten, die den Vokal in der Vorsilbe ⟨ge⟩ elidieren, ergibt sich die Konsonantenverbindung /kf/, die von /kv̥/ verschieden ist: *gefallen* /'kfaln/ oder /'kfalə/, *Quallen* /'kv̥aln/ oder /'kv̥alə/. Ebenso wird generell /sf/ von /sv̥/ und /sç/ von /sj̊/ getrennt: *das Fett* /sf/, *das Wetter* /sv̥/; *das chemische Produkt* /sç/, *daß jemand* /sj̊/. Solange der Gegensatz erhalten bleibt, wird also +vot bei K_a–plosiv in den jeweiligen Kontexten nach demselben Prinzip von –vot getrennt wie bei K_a+plosiv:

die Stimmbandschwingung setzt später ein in Relation zur Ansatzrohrartikulation.

6.1.1.3.2. -apikal -labial: /x/, /j/

Der Artikulationsort von /x/ variiert zwischen palatal und uvular. Der palatale Frikativ steht nach den vorderen Vokalen – einschließlich der Diphthonge, die auf vorderen Vokoid ausgehen – sowie nach den Konsonanten /l, r, n/, ferner wort- und morpheminitial; der uvulare Frikativ folgt den offenen hinteren Vokalen /a(:)/ sowie /o/; der velare Frikativ gilt in allen anderen Fällen, d. h. nach den hinteren geschlossenen und halboffenen Vokalen sowie nach dem Diphthong, der auf einen solchen endet: [ç] in *siech, sich, Gespräch, Dächer, Tücher, Küche, höchst, Löcher, Teich, euch*; *Milch, Storch, Mönch*; *Chemie, -chen* (Diminutivsuffix, z. B. in *Mädchen, Frauchen*), [χ] in *brach, Dach, doch,* [x] in *Tuch, Wucht, hoch, auch.* Diese Verteilung bezieht sich, wie schon in 4.1. und 4.8. dargelegt wurde, auf die morphematische Einheit.

Im Schweizerdeutschen fehlt [ç]; hier tritt auch nach vorderen Vokalen und Konsonanten velarer oder gar uvularer Frikativ ein. Wie in vielen anderen Dialekten und Akzenten, vor allem im süddeutschen Raum, wird außerdem die wortinitiale Graphie ⟨ch⟩ als /k/ realisiert, so daß in dieser Stellung [ç] ebenfalls entfällt: *Chemie* /k/. Wird *-chen* aus der Schriftsprache (für das einheimische *-lein*) übernommen, so erhält es ganz entsprechend den hinteren Frikativ. Auch im bayrisch-österreichischen Bereich gelten z. T. andere kombinatorische Varianten. So steht z. B. hier nach /r/ der velare Frikativ [x]. In weiten Gebieten des Rheinlandes, der Pfalz und des Rhein-Neckar-Raums wird nicht zwischen [ç] und [ʃ] geschieden; beide fallen unter einem stark palatisierten [ʃ̡] zu sammen, z. B. in *mich, misch(en).*

/j/ ist stets palatal.

6.1.1.3.3. ± enggerillt: /s/, /z/ vs. /ʃ/, /ʒ/

In /s/ und /z/ wird zwischen Zungenspitze und Alveolen eine enge Rille so gebildet, daß der Luftstrom auf die Zähne trifft und Turbulenz vor allem auch dadurch entsteht. In anderen Sprachen, z. B. im Spanischen und weithin auch im Englischen, artikuliert das Zungenblatt, während die Zungenspitze gesenkt ist. Der Luftstrahl wird auf diese Weise nicht gegen die Zähne geleitet, und der Laut hat einen „dumpferen“ Klang. Für /ʃ/ und /ʒ/ bildet die Zungenspitze eine weitere Öffnung an den

Alveolen; ferner sind diese Laute außerhalb des Rheinlands häufig stark velarisiert und labialisiert, auch vor und nach hohen vorderen Vokalen: *Fisch, Schiff* [ʃ̫].

6.1.1.3.4. +labial: /f/, /v/

/f/ und /v/ sind labiodental, auch nach bilabialem /p/, so daß /pf/ keine echte homorgane Verbindung darstellt.

6.1.1.3.5. Frikative statt /g/ und /k/

In einigen Dialekten (z. B. Berlin) wird /g/ durch [j] und [γ, ʁ] ersetzt mit derselben Verteilung wie [ç] und [x, χ]: [j] in *ganz, gut, Gegend* (2 x); *Könige, Königin*; [γ, ʁ] in *Wagen, Jugend, Auge*. So wie in morphophonologischer Alternation wortfinal sonst /k/ statt /g/ steht (*Siege* /g/ vs. *Sieg* /k/), da final keine K_a–vot möglich sind, finden sich in diesen Dialekten entsprechend final [ç] und [x, χ], wiederum mit der bekannten Verteilung: [ç] in *König, Sieg*; [x, χ] in *Flug, Tag*. Finales /k/ tritt in diesen Spielarten des Deutschen nur für orthographisches ⟨k, ck⟩ auf. Andere Dialekte bewahren initiales /g/ und kennen nur die anderen genannten Fälle von Frikativersatz. Wieder anderen Varianten, vor allem im Nordwesten, sind nur die stimmlosen Frikativisierungen eigen. Die Hochlautungsnormierung ist in dieser Frage einen Mittelweg gegangen, indem sie für den Buchstaben ⟨g⟩ /g/ bzw. /k/ forderte, abgesehen von der Graphie ⟨ig⟩, die final und vor Konsonant als [iç], sonst als [ig] zu realisieren ist; folgt in der nächsten Silbe nochmals[ç], so soll aus Gründen des Wohlklangs [ik] gelten. Daher verlangen die Aussprachewörterbücher /k/ in *Sieg, Tag, Flug*, /g/ in *ganz, gut, Gegend, Könige, Königin, Wagen, Jugend, Auge*, [ç] in *König(tum), Königsaal*, aber wieder /k/ in *Königreich* und *königlich*. Die Normierung hat hier im wesentlichen die süddeutschen Verhältnisse zugrundegelegt, abgesehen von der arbiträren Festsetzung hinsichtlich ⟨ig⟩, wofür in diesen Gebieten generell /ig/ bzw. /ik/ erscheint.

6.1.1.4. Die Nasale: K_b +nasal

6.1.1.4.1. Glottisverhalten

Der phonologische Gegensatz stimmhaft/stimmlos ist für die Nasale nicht maßgebend. Verschiebungen des Stimmtoneinsatzes ergeben sich jedoch in ganz entsprechender Weise wie bei K_a–vot in Abhängigkeit vom Kontext. Normalerweise sind die Nasale stimmhaft. Nach wortinitialem

K_a +plosiv +vot kann jedoch auf eine Aspirationsphase Entstimmung des Nasals folgen: *Knie* [kʰn̥].

6.1.1.4.2. Artikulationsort

Der Apikal ist wie im Falle der Plosive entweder dental oder alveolar. Vor /f/ ist für /n/ der Übergang zu /m/ möglich: *Senf*. /m/ kann vor /f/ als Labiodental [ɱ] realisiert werden: *Senf, Triumph*. Der tektale Artikulationsort des dorsalen Nasals paßt sich wie bei den dorsalen Plosiven an die umgebenden Vokale an, so daß der Weg minimalisiert wird. Je weiter vorn sie gebildet werden, desto palataler ist der Nasal: *Gang* [ŋ̠], *Ding* [ŋ], Dinge [ŋ̟].

6.1.1.4.3. „Sproßkonsonanten" und Konsonantenausfall

Erfolgen die Hebung des Velums und die Öffnung der Glottis vor dem Übergang zur Artikulation eines nachfolgenden Frikativs oder Plosivs, dann entsteht der mit dem Nasal homorgane stimmlose Plosiv, also [p] nach [m], [t] nach [n], [k] nach [ŋ], labiodentaler Verschluß [p*] nach [ɱ]: *Senf* [ntf], [mpf], [ɱp*f], *manch* [ntç], *Gans* [nts] = *ganz, Dienst* [ntst], *Mensch* [ntʃ], *Gams* [mps], *Ramsch* [mpʃ], *Hengst* [ŋkst], *Amt* [mpt], *hängt* [ŋkt]. Diese „Sproßkonsonanten" sind eine Folge von Koordinationsverschiebungen zwischen den Bewegungsabläufen der einzelnen Sprechorgane.

Wenn sich umgekehrt die Velumshebung und die Glottisöffnung gegenüber der anschließenden Ansatzrohrartikulation verzögert, wird der mit dem Nasal homorgane Plosiv eliminiert: *Glanz, ganz* [ns], Mumps [ms], *Sphinx* [ŋs], *Trench* [nʃ], *Kampf* [mf], [ɱf], *prompt* [mt], *Punkt* [ŋt]. Auch diese Aussprachen finden sich bei deutschen Sprechern und sind in gleicher Weise durch Störung der artikulatorischen Synchronisation bedingt.

Durch das koartikulatorische Nebeneinander von [ntç] und [nç] innerhalb des soeben beschriebenen allgemeineren Rahmens ergibt sich auch eine problemlose Eingliederung derjenigen Flexionsformen von *röntgen*, die /t/ oder /st/ an den Stamm anhängen, also *er, ihr röntgt, du röntgst, röntgte, geröntgt*. Während bei vokalischer Endung /tg/ nach 6.1.3.12. möglich ist (neben [tç]), sind die Folgen /tkt/ und /tkst/ nach den phonotaktischen Gesetzen des Deutschen nicht zugelassen (siehe 6.1.3.4./10.). Die Aussprachen /røntçt/ und /røntçst/ mit den Varianten /nçt/ und /nçst/, welche auch bei solchen Sprechern auftreten, die in den vokalischen Fällen (*röntge, röntgen*) /tg/ kennen, integrieren das Paradigma von *röntgen* voll in die phonetische Struktur deutscher Wörter. Das Duden-Aussprachewörterbuch hat selbst in der 2. Auflage diese Gesetzmäßigkeit nicht erkannt und fordert noch immer die durch eine papierene Schreibtischphonologie geschaffenen Versionen *röntgt* [rœntkt] und *röntg*! [rœntk]. (Für den Imperativ ist doch wohl allenfalls *röntge* /–n(t)çə/ oder /–ntgə/ möglich.) Die anderen beiden Wörterbücher, Siebs und WDA, drücken sich um das Problem und registrieren diese Formen nicht.

In ganz entsprechender Weise tritt der Sproßkonsonant [t] bzw. [t]-Ausfall auch nach /l/ und vor /s/ auf, je nachdem ob sich die Zungenseiten verfrüht oder verspätet heben (zusammen mit Öffnen der Glottis) in Relation zur Zungenspitzenartikulation. *erhältst* und *erhellst* können entweder mit /lts/ oder mit /ls/ zusammenfallen.

6.1.1.4.4. Der phonematische Status von /ŋ/

/ŋ/ hebt sich von /m/ und /n/ dadurch ab, daß es wort- und morpheminitial nicht vorkommen kann. Es tritt final, vor /ə/ und Konsonanten auf, steht jedoch im Gegensatz zu den anderen Nasalen vor den übrigen Vokalen nur, wenn eine Morphemgrenze interveniert, da sonst stets /g/ zwischengeschaltet wird: *eng(e)* /ˈeŋ(ə)/, *Sänger* /ŋər/, *Hengst* /ŋ(k)st/ (6.1.1.4.3.), *hängt* /ŋ(k)t/ (6.1.1.4.3.), *Bank* /ŋk/, *Bedingung* /ŋuŋ/; *distingiert* /ŋgi:/, *evangelisch* /ŋge:/, *Tangens* /ŋge/, *Tango* /ŋgo:/, *Ungarn* /ŋga/. (In vielen Spielarten des Deutschen, und zwar sowohl im Südosten als auch im Norden, kommt /ŋ/ final nicht vor, da dort /ŋk/ steht: *jung* /ŋk/.)

Diesen Regularitäten könnte in Anlehnung an die Orthographie damit Rechnung getragen werden, daß grundsätzlich für /ŋ/ und /ŋg/ eine Basisform *ng* angesetzt wird, auf die eine Assimilationsregel und eine Elisionsregel Anwendung finden:

$$1.\quad \mathrm{n} \begin{Bmatrix} \mathrm{k} \\ \mathrm{g} \end{Bmatrix} \rightarrow \text{ŋ} \begin{Bmatrix} \mathrm{k} \\ \mathrm{g} \end{Bmatrix}$$

$$2.\quad \mathrm{g} \rightarrow \text{ø} \;/\_\_ \begin{Bmatrix} \S \\ \mathrm{K} \\ \text{ə} \end{Bmatrix}$$

Diese Regeln sind geordnet, d. h. 2. kann erst zur Anwendung kommen, wenn 1. durchlaufen ist. Die Notationskonventionen sind dabei, daß die links vom Pfeil stehende Symbolkette durch diejenige rechts des Pfeils ersetzt wird und daß /__ zu lesen ist als „im Kontext vor", wo § = Morphemgrenze, K = irgendein Konsonant und { } = Alternativen. Die beiden Regeln generieren sämtliche vorkommenden Verteilungen von /ŋ/ und /ŋg/. Auf diese Weise wird /ŋ/ aus dem Phoneminventar eliminiert und gleichzeitig eine Erklärung dafür gegeben, weshalb /ŋ/ morpheminitial nicht vorkommen kann und warum es keine Langvokale vor sich duldet. Im Deutschen ist eben eine Konsonantenfolge aus Nasal + Plosiv, auf die /ŋ/ hiermit zurückgeführt wird, grundsätzlich initial nicht möglich, und außerdem sind Langvokale vor Konsonantengruppen sehr begrenzt. Die Rechtschreibung reflektiert diesen Ansatz, der außerdem einen Bezug zur historischen Lautentwicklung herstellt.

Trotz der Einblicke, die diese Analyse in die synchrone und diachrone Struktur des Deutschen verschafft, wird sie hier nicht gewählt, sondern /ŋ/ weiterhin als separates Phonem neben /m/ und /n/ beibehalten. Ich bin eben der Meinung, daß eine phonologische Beschreibung in erster Linie die Regularitäten der Produktion und Rezeption in einer Sprache erfassen soll. Dafür liefert jedoch die Basisform *ng* zusammen mit den beiden Regeln keine brauchbare Grundlage. Bei der hier postulierten Assimilation und Elision kann es sich nicht um Steuerungsprozesse im Sprechverhalten handeln, wie sie in 6.3.1. beschrieben werden, sondern um Versteinerungen historischer Entwicklungen, die mit demselben Begriffsapparat dargestellt werden. Es werden Korrespondenzen zwischen /ŋ/ und /ŋg/ in ihrer Verteilung aufgezeigt und in den Rahmen umfassenderer Distributionsgesetze gestellt, wodurch sich gleichzeitig Beziehungen zur Diachronie und Rechtschreibung erfassen lassen, in ähnlicher Weise wie bei der Bestimmung morphophonologischer Entsprechungen; aber mit der Regelhaftigkeit artikulatorischer Abläufe hat das nichts zu tun. Diese strukturellen Verbindungen müssen selbstverständlich ebenfalls analysiert werden, aber in einem separaten Schritt und nicht vermengt mit der Darstellung echter Artikulations- und Perzeptionsbedingungen.

6.1.1.5. K_b +lateral: /l/

Für den Lateral ist die phonologische Opposition stimmhaft/stimmlos wiederum irrelevant. Der Einsatz phonetischer Stimmhaftigkeit wird durch die Lautumgebung bestimmt und liegt nach K_a+vot stets später als nach K_a–vot, wo mit dem Ende der K_a-Artikulation auch die Stimmbandschwingung beginnt. In allen anderen Fällen ist /l/ durchgehend stimmhaft. Es gilt also *Platz* [pl̥], *schlafen* [ʃl̥], *Blatt* [b̥l], *Esel*

[zl], *Land* [l], *alt* [l]. Nach stimmlosen Plosiven ist die Entstimmung länger und die Turbulenzbildung stärker als nach stimmlosen Frikativen.

/l/ ist auch hinsichtlich des aktiven Artikulators phonologisch nicht festgelegt, aber es wird stets apikal realisiert, und zwar wie alle anderen apikalen Segmente entweder dental oder alveolar. Es ist außerdem palatalisiert, in süddeutschen Dialekten sogar in extremer Weise; im Rheinland tritt hingegen, vor allem final, Velarisierung auf. In anderen Varianten des Deutschen zeigt sich bei Vokalisierung von /ʁ/ häufig in einem nachfolgenden Lateral (oder Nasal) Velarisierung: *Karl* [khɑɫ], *kahl* [kha:l̡] (*Harn* [hɑn̴], *Hahn* [ha:n]).

6.1.1.6. K_b –lateral: /r/

Die Realisierung des /r/ist dialektal, stilistisch und allophonisch bestimmt. Im alemannischen und bayrisch-österreichischen Sprachraum, aber auch in Schleswig-Holstein, gilt weithin apikaler Vibrant [r] bzw. die Reduktion zum Anschlag [ɾ]; auch uvularer Vibrant [ʀ] kommt vor. Sonst sind uvularer Frikativ [ʁ] und friktionsloser Laut [ʁ̞] vorherrschend, die immer mehr an Verbreitung zunehmen und insbesondere über die Städte auch in die [r]-Gebiete eindringen. Die Hochlautung hatte zunächst nur [r], wie es im klassischen Drama lange auf der Bühne galt, dann auch [ʀ], neuerdings schließlich ebenfalls [ʁ] zugelassen. Sprecherzieher, die in der Ausübung ihres Berufs, d. h. beispielsweise in der Rezitation und im Unterricht, die alte Tradition des [r] bewahren, jedoch in der Unterhaltung auf [ʁ] überwechseln, zeigen eine charakteristische stilistische Variation. Auch bei Sprechern, die normalerweise nur [ʁ] kennen, kann [r] oder [ʀ] in emphatischen Äußerungen als Stilmittel auftreten: *Raus*!

Wichtiger und interessanter als diese diaphonische[157] und freie Variation sind aber die kombinatorischen Varianten. In [r]-Gebieten findet sich häufig noch die Bewahrung des Konsonanten in sämtlichen Wortpositionen, also auch final, obgleich dann vielfach als [ɾ] bzw. stimmlos als [r̥]. Weit verbreiteter ist hingegen die Vokalisierung des /r/, die besonders charakteristisch für die [ʁ]-Sprecher ist. Es sollen daher nun die allophonischen Varianten für diese noch näher erörtert werden. [ʁ] bzw. [ʁ̞] gilt nur initial prävokalisch sowie intervokalisch und nach K_a–vot:

[157] Phonetische Unterschiede bei entsprechenden Phonemen in verschiedenen Dialekten.

rot, fahre, Brot, Draht, Griechen. Nach K_a+vot tritt Entstimmung zu [ʁ̥] ein, die sogar den völlig stimmlosen Frikativ erreichen kann, vor allem nach Plosiven: *protzen, trat, kriechen*; *Schrank, Frage.* Wortfinal wird /r/ zu einem Vokoid, der in seiner Qualität dialektal sehr stark schwankt und über den in Abbildung 11 angegebenen Kardinalvokalbereich diaphonisch streut.

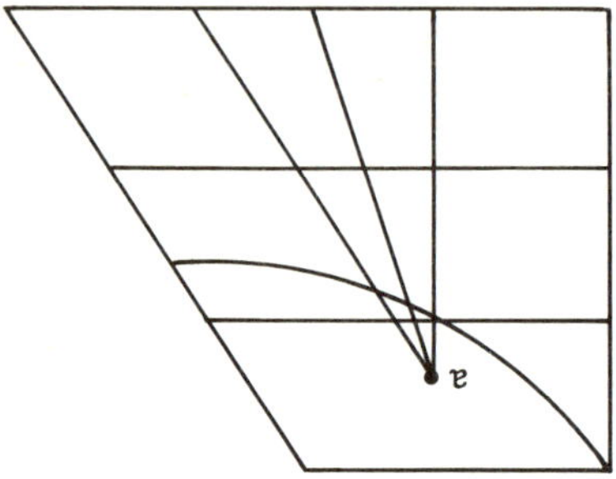

Abb. 11 Der Streubereich von /ər/

Der darin markierte Wert [ɐ] stellt eine mittlere Realisierung dar, die dieser Beschreibung zugrunde gelegt wird. Durch die Vokalisierung entstehen Lang- und Kurzdiphthonge, bestehend aus den Vokalphonemen und [ɐ] : *hier* [i:ɐ], *wirr* [ɩɐ], *Heer* [e:ɐ], *Herr* [ɛɐ], *Uhr* [u:ɐ], *Ohr* [o:ɐ] etc.; auch bei sekundärem /ə/-Ausfall (6.3.1.1.): *ihrem* [ˈi:ʁəm] → [ˈi:ɐm] → [ɩɐm]. Im Falle von /a(:)r/ und /ɔr/ ergeben sich normalerweise keine Diphthonge, sondern Monophthonge dunklerer Qualität: *Haar* [ɑ:], *ha* [a:], *Wirrwarr* [ɑ], *Knorr* [ɒ]. Entsprechend wird /ər/ als [ɐ] wiedergegeben: *bitter* [ɐ] vs. *bitte* [ə]. Damit werden *Seher* und *sehr* gleichlautend: [ze:ɐ]. Vor Konsonant tritt zumindest nach langem Vokal dieselbe Vokalisierung wie final ein: *Wert* [e:ɐ], *bohrt* [o:ɐ], *führt* [y:ɐ] etc. Nach kurzen Vokalen zeigen einige Varianten, so im Rheinland, Entwicklung zu [χ] vor stimmlosen Plosiven und Frikativen, sonst [ʁ]: *Wirt* [ɩχ], *hart* [aχ], *Hort* [ɔχ], *Dorf* [ɔχ], *Herrn* [ɛʁ]. Andere, wie z. B. meine eigene Aussprache, kennen auch hier die bereits besprochenen Vokalisierungen.[158]

[158] Vgl. hierzu W. Meyer-Eppler, Zur Spektralstruktur der /r/-Allophone des Deutschen. *Acustica* (Beih.) 9 (1959), pp. 246–250; H. Ulbrich, *Instrumentalphonetisch-auditive R-Untersuchungen im Deutschen.* Berlin 1972.

6.1.1.7. Biphonematische Wertung von /pf/ und /ts/

Es ist sehr viel argumentiert worden, ob /pf/ und /ts/ Phonemverbindungen oder neue Einzelphoneme neben /p/, /f/, /t/ und /s/ darstellen, ob sie also b i p h o n e m a t i s c h oder m o n o p h o n e m a t i s c h zu werten sind.[159] Nach Trubetzkoy[160] ist eine monophonematische Behandlung möglich, wenn sich die Teile nicht auf zwei Silben verteilen, wenn die Verbindung durch eine einheitliche Artikulationsbewegung oder im Wege des allmählichen Abbaus eines Artikulationsgebildes erzeugt wird und wenn die Dauer der Lautfolge nicht die Dauer der in der betreffenden Sprache vorkommenden Realisationen anderer Phoneme überschreitet. /pf/ in *Pferd, Pflaume, Pfriem* und /ts/ in *Zeit, zwei* können damit als weitere Einzelphoneme auftreten, nicht aber /ks/ und /ps/ in *Max, Klops* sowie /ʃp/ und /ʃt/ in *Sport, Splitter, sprechen, Stadt, Straße*. Die Wertung von /pf/ und /ts/ als Einzelphoneme muß dann gefordert werden, wenn gezeigt werden kann, daß sie in solchen Lautstellungen vorkommen, wo im Deutschen keine Phonemverbindungen zugelassen werden. Das sieht Trubetzkoy aus folgenden Gründen gewährleistet:

1. Das Deutsche duldet zwar im Anlaut Kombinationen eines Konsonanten mit /l/, /r/ oder /v/ in weitem Umfang (*klar, glatt, plump, Blei, fliegen, schlau*; *kriechen, Griechen, Preis, Brei, frei, Schrei*; *Qual, schwimmen*), aber von Verbindungen zweier Konsonanten mit /l/, /r/ und /v/ kommen außer /ʃpl/, /ʃpr/ und /ʃtr/ nur /pfl/, /pfr/ und /tsv/ vor.
2. Im Anlaut echt deutscher Wörter werden Verbindungen des Typs Plosiv + Frikativ nicht zugelassen, da Wörter wie *Psalm, Xanthippe* das deutliche Gepräge der Fremdartigkeit tragen.

Die Entscheidung über die Wertung beruht also auf phonetischen und phonotaktischen Gesichtspunkten, aber keines der distributionellen Argumente überzeugt. Da initial mögliche /ʃpl/, /ʃpr/ und /ʃtr/ aufgrund des zweiten phonetischen Kriteriums nicht monophonematisch gewertet werden können, kommen /pfl/ etc. eben doch neben eindeutigen Konsonantenverbindungen vor. Also sollten auch /pf/ und /ts/ biphonematischen Status erhalten. Der Hinweis auf das Vorkommen von /ps/, /ks/

[159] Vgl. die Zusammenstellung einiger Lösungsvorschläge in O. Werner, *Phonemik des Deutschen.* Sammlung Metzler Bd. 108, Stuttgart 1972, pp. 50–55.
[160] *Grundzüge der Phonologie,* pp. 50–55; *Anleitung zu phonologischen Beschreibungen,* pp. 13–18.

gegenüber /pf/, /ts/ in Fremdwörtern wäre nur dann stichhaltig, wenn damit eine gleichzeitige phonologische Fremdartigkeit, die sich z. B. in Artikulationsschwierigkeiten äußert, nachzuweisen wäre. Sind aber *Psalm, Xanten* und *Xaver* selbst dem Dialektsprecher, dessen begrenztem Wortschatz *Xanthippe, Psyche* etc. nicht angehören, wirklich „fremd" in dem genannten Sinne? Die Antwort ist klar negativ.

Trubetzkoy und alle anderen Autoren, die zu diesem Thema geschrieben haben, ließen sich sogar noch einen gewichtigen phonotaktischen Gesichtspunkt für die monophonematische Bewertung von /pf/ entgehen. Es ist die einzige K_a-Verbindung, die keinen apikalen Konsonanten enthält. Eine Behandlung als Einzelphonem würde hier die größtmögliche Regularität schaffen, aber eben keine Entscheidung für /ts/ liefern. Wenn nun schon Überlegungen zur Phonemdistribution bei der Lösung dieser Fragestellung eine Rolle spielen, so sollte auch die Rückwirkung einer monophonematischen Wertung auf die Komplexität phonotaktischer Aussagen berücksichtigt werden. Bei sämtlichen prä- und postvokalischen K_a-Verbindungen, die nicht morphematisch bedingt sind, müssen /pf/ und /ts/ als Einzelphoneme ausgeschlossen oder eingeschränkt werden. In diesem strukturellen Faktum bildet sich die historische Entwicklung ab, die zur Aufnahme einer zunehmenden Anzahl von neuen K_a-Gruppen führte, ausgehend von den durch Lautwandel entstandenen Kristallisationspunkten [pf] und [ts], die z. B. im Englischen fehlten, wodurch der Einführung initialer /ps/, /ks/ etc. (*psychology* [s–]; *xylophone* [z–]) dort stärkerer Widerstand entgegenwirkte. Diese Überlegung, die sich wieder sehr viel mehr auf den Sprachbenutzer und auf die für ihn bestehende Eingliederung fremder Kombinationen in sein reguläres artikulatorisches Verhalten bezieht, zwingt dann zur biphonematischen Wertung, obwohl am historischen Ausgangspunkt einheitliche Phoneme anzusetzen sind. Aber dieser Zustand hat sich grundlegend gewandelt.

6.1.1.8. Das Grenzsignal [ʔ][161]

Der Glottisschlag steht potentiell vor jedem mit Vokal beginnenden Wort und Stamm-Morphem: [ʔ]*er* [ʔ]*obern*, [ʔ]*ich* [ʔ]*er*[ʔ]*arbeite.* In den ganz wenigen Fällen intramorphematischer Vokalfolgen ist zur Vermeidung

[161] Vgl. hierzu E.-M. Krech, *Sprechwissenschaftlich-phonetische Untersuchungen zum Gebrauch des Glottisschlageinsatzes in der allgemeinen deutschen Hochlautung.* Basel/New York 1968 (= Bibliotheca Phonetica 4); W. U. Wurzel, *Studien zur deutschen Lautstruktur.* Studia Grammatica VIII, Berlin 1970, pp. 261–263.

des Hiats, des Hinübergleitens, ebenfalls der Glottisverschluß möglich, wenn der Akzent nicht auf dem ersten Vokal liegt: *(The*[ʔ]*ater, Be*[ʔ]*ate, Micha*[ʔ]*el,* aber nur *Trio* /tri:o:/. [ʔ]wird in den genannten Positionen nun auch vorwiegend realisiert nach einer Sprechpause vor betontem und unbetontem Vokal sowie im Innern einer nicht unterbrochenen Äußerung vor betontem Vokal; [ʔ] ist seltener innerhalb einer Sprecheinheit vor unbetontem Vokal: [ʔ]*ich* ([ʔ])*er* [ʔ]*arbeite,* [ʔ]*ein Tisch,* [ʔ]*éin Tisch, weil* ([ʔ])*ein Tisch, weil* [ʔ]*éin Tisch*; *Lieb'* ([ʔ]) *und Leid, Wein* ([ʔ]) *und Gesang.* Aus dieser Regel folgt einmal das häufigere Auftreten in *Theater* als in *Michael,* zum anderen das fast generelle Fehlen in der Enklise, d. h. in den Verben nachgestellten unbetonten Pronomina (*weiß ich, bin ich, hat er, hab ich, les ich*). Bei wortfinalen Konsonanten, die in einer morphophonologischen Alternation +vot/–vot stehen, tritt bei Wegfall des Glottalverschlusses der Konsonant mit –vot auf: *hab ich* [b] oder [b̥], *Lieb' und Leid* [b]oder [b̥], *les ich* [z] oder [z̥], aber *weiß ich* [s], *hat er* [tʰ], obwohl unter Situations- und Tempobedingungen der Rede auch in Beispielen des zuletzt genannten Typs –vot erscheinen kann. Der Glottisschlag ist auf alle Fälle wieder obligatorisch bei kontrastivem Akzent: *hat* [ʔ]"*er* , *Wein* [ʔ]"*und Gesang.* Unabhängig von Akzentuierung und Pausensetzung hängt das Auftreten des harten Stimmeinsatzes auch von der Vokalqualität ab; es ist am häufigsten vor /a/, am seltensten vor /i/, /u/, /y/, korreliert also mit dem Öffnungsgrad des Vokals.

6.1.2. Das Vokalsystem

Für das Deutsche sind folgende Vokalphoneme anzusetzen:

M o n o p h t h o n g e

i:, i; y:, y	u:, u
e:, e; ø:, ø	o:, o
ɛ:	a:, a

D i p h t h o n g e

ai, oi, au

R e d u k t i o n s v o k a l
(in unbetonten Silben)

ə

Die Liste der Monophthonge ist aufgebaut nach der in 3.4. besprochenen Trennung in zwei Klassen von Vokoiden entsprechend zweier artikulatorischer Prinzipien der Erzeugung. Die linke Gruppe ist gekennzeichnet durch eine lineare Zungensenkung und eine ebenso lineare Verringerung des Abstandes zwischen den deutlich getrennten Formanten 1 und 2, die rechte Gruppe wird bestimmt durch eine progressiv sich nach unten und hinten verlagernde Engebildung zwischen Zunge und Gaumen/Rachenwand, wobei die Formanten 1 und 2 sehr eng beieinander liegen und eine absteigende Frequenzskala bilden. Diese beiden Klassen sollen als ± vorn bezeichnet werden.

Innerhalb dieser Unterklassen bilden die Vokale (außer /a:/, /a/ und /ɛ:/), wie in 5.2. bereits ausgeführt wurde, jeweils Paare, in denen unter gleichen Kontextbedingungen ein längerer und geschlossenerer Vokal einem kürzeren und offeneren gegenübersteht; bei /a:/ und /a/ spielt nur die Quantität eine Rolle[162]. Aufgrund dieser Korrespondenzen ergibt sich die Möglichkeit, entweder den Qualitäts- oder den Quantitätsunterschied zum differenzierenden Merkmal zu erheben und den jeweils anderen als eine phonetische Folge des phonologischen Gegensatzes anzusehen. Hier wird die quantitative Lösung gewählt. Für eine phonetisch-phonematische Transkription bieten sich dann die Symbole /i:, ɩ oder ɪ/, /y:, ʏ/, /u:, ɷ oder ʊ/, /e:, ɛ/, /ø:, œ/, /o:, ɔ/ an, für eine einfache phonematische /i:, i/, /y:, y/, /u:, u/, /e:, e/, /ø:, ø/, /o:, o/.[163] Die Unterklassen ± vorn der Distributionsklasse der Vokale V werden also durch das Merkmal ± lang in zwei weitere Subkategorien geteilt.

In jeder dieser Klassen werden in den als ± vorn bezeichneten Artikulationsparametern drei Stufen festgelegt, die als tiefe, mittlere, hohe Frequenzposition von Formant 1 interpretierbar sind. Es ist nicht sinnvoll, diese Skala zu binarisieren, da dies für phonotaktische und sonstige phonetische Regeln keinen Vorteil bringen würde. Die V +vorn t i e f , m i t t e l werden durch ± gerundet weiter differenziert: /y:, y, ø:, ø/ vs. /i:, i, e:, e/. Für V –vorn ist diese Kategorisierung phonologisch irrelevant, obwohl sie gerade auch wieder die V t i e f , m i t t e l von den V h o c h phonetisch scheidet. Damit ergeben sich folgende Merkmaldarstellungen der Vokale des Deutschen.

[162] Im Niederdeutschen kann die Kürze stärker frontiert sein als die Länge.

[163] Die Zeichen [ɩ], [ɪ], [ʏ], [ɷ], [ʊ] sowie auch [ə], [ɐ] haben keine festliegenden Kardinalwerte, wie manchmal irrtümlich behauptet wird (so in der 2. Aufl. des Duden-Aussprachewörterbuchs, p. 26), sondern werden für jede Sprache in einer phonematischen Transkription durch die Konventionen neu definiert.

/i:/ V +lang +vorn –gerundet t i e f
/i/ V –lang +vorn –gerundet t i e f
/e:/ V +lang +vorn –gerundet m i t t e l
/e/ V –lang +vorn –gerundet m i t t e l
/ɛ:/ V +lang +vorn –gerundet h o c h
/y:/ V +lang +vorn +gerundet t i e f
/y/ V –lang +vorn +gerundet t i e f
/ø:/ V +lang +vorn +gerundet m i t t e l
/ø/ V –lang +vorn +gerundet m i t t e l
/u:/ V +lang –vorn t i e f
/u/ V –lang –vorn t i e f
/o:/ V +lang –vorn m i t t e l
/o/ V –lang –vorn m i t t e l
/a:/ V +lang –vorn h o c h
/a/ V –lang –vorn h o c h

Die Unterscheidung zwischen /e:/ und /ɛ:/ ist eine Schriftaussprache zur Differenzierung der Graphien ⟨e⟩ und ⟨ä⟩ und wird weitgehend, vor allem im Norddeutschen, zugunsten von /e:/ aufgegeben: *Gewehr: Gewähr, Ehre: Ähre, sehe: sähe.*

Die Diphthonge sind monophonematisch gewertet, da so keine Verbindungen von Elementen aus der Klasse V innerhalb ein und derselben Silbe zugelassen werden und folglich umgekehrt eindeutige Verhältnisse hinsichtlich der Silbenzahl herrschen, die sich somit durch die Anzahl der Vokalphoneme bestimmt. Auf diese Weise wird im Sinne der in 4.9. gemachten Aussage verfahren, daß die phonologische Silbe in den Definitionen für K und V impliziert sei und daher keine unabhängige Einheit darstelle. Die Entscheidung für monophonematischen Status der Vokale wird gestützt durch Gegensatzpaare wie *heroisch* vs. *täuschen, algebraisch* vs. *Fleisch, Naivität* vs. *Taifun.* In ihnen zeigt sich, daß bei echter Vokalfolge, hier z. T. gestützt durch den Morphemschnitt, der erste Vokal +lang sein muß, wobei natürlich die phonetische Ausprägung vom Akzent abhängt, aber trotzdem durchweg zum Gegensatz mit dem Diphthong führt. Vokalfolgen, vor allem mit dem Akzent auf dem zweiten Vokal, kommen in Fremdwörtern in großer Anzahl vor: *Kloake* /oa:/, *Hyäne* /yɛ:/, *Etui* /ui:/, *speziell* /ie/, *asiatisch* /ia:/, *Petroleum* /eu/, *Vitriol* /io:/. Insbesondere unakzentuiertes /i/, aber auch /e/, kann in /j/ überführt werden, sofern nicht $K_a K_b$ unmittelbar vorausgehen (*speziell* /tsje/, *asiatisch* /zja:/, *Petroleum* /lju/, aber *Vitriol* /trio:/). Die Vokalfolge wird also, wenn irgend möglich, durch Übergang zu K+V eliminiert, wozu sich am besten die Vokale mit tiefem Formant 1 eignen (vgl. 4.9.).

Die Merkmalnotierung der Diphthonge muß dann nur vom Ausgangspunkt –vorn h o c h bzw. m i t t e l die Richtung auf ±vorn sowie t i e f e r angeben:

[ai] V –vorn h o c h +vorn t i e f e r
[oi] V –vorn m i t t e l +vorn t i e f e r
[au] V –vorn h o c h –vorn t i e f e r

In Silben ohne Worthauptakzent, d. h. beispielsweise in der Wortkomposition, sind sämtliche Vokale und Diphthonge der akzentuierten Silben ebenfalls möglich, zusätzlich aber noch der Reduktionsvokal /ə/, der einfach durch V –akzentuiert ohne weiteren Zusatz symbolisiert werden kann: *bitte, bekommen* [bə . . . ən], *totem* gegenüber *Totem* [ɛ].

Die phonetische Realisierung der Vokale und Diphthonge wird in den folgenden Kardinalvokaldiagrammen angezeigt.

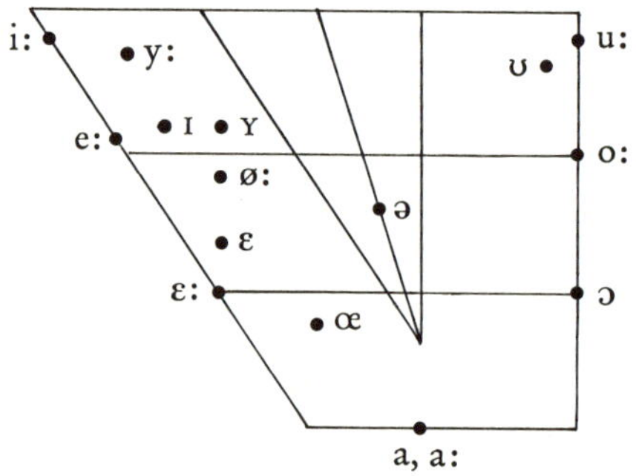

Abb. 12 Die Realisierung der Monophthonge

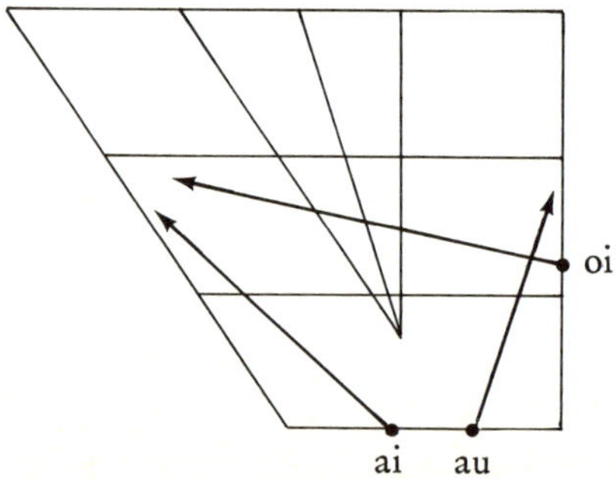

Abb. 13 Die Realisierung der Diphthonge

Durch die /r/-Vokalisierung treten weitere, diesmal zentrierende Diphthonge in der phonetischen Realisierung auf:

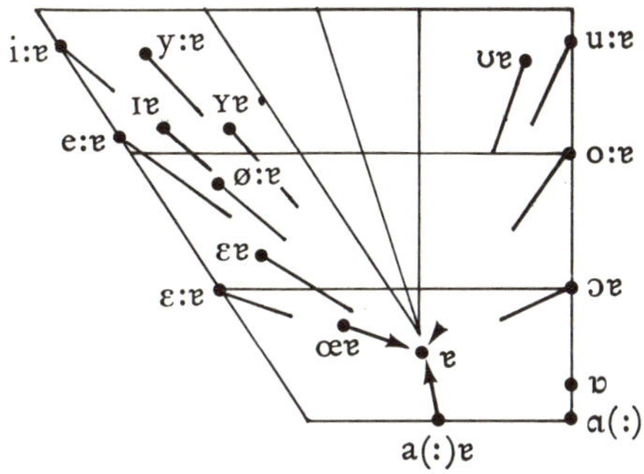

Abb. 14 /ɐ/-Diphthonge

6.1.3. Phonotaktik

Aufgrund der Überlegungen in 4.9. zur Phonemdistribution wurde eine Klasseneinteilung in Vokale und Konsonanten vorgenommen. Das Deutsche gehört nun zu den Sprachen, in denen prä- und postvokalisch im Wort Konsonantenverbindungen zugelassen werden, die aber wiederum Restriktionen unterliegen, so daß sich eine weitere Unterteilung der Konsonanten nach Kriterien ihrer kombinatorischen Potenz ergibt. /h/ ist dadurch ausgezeichnet, daß es als einziges Konsonantenphonem morphemintern in keine Konsonantengruppierungen eintritt; es bildet daher eine eigene Klasse, die mit K_c bezeichnet werden soll. Die übrigen Konsonanten verbinden sich miteinander im einsilbigen Wort derart, daß die Nasale, /r/ und /l/ immer näher am Vokal stehen als die Frikative und Plosive; diese so entstehenden beiden Klassen erhalten die Symbolisierung K_b und K_a. Wird in Fällen wie *retten, reden, Büttel, Adel* der Vokal /ə/ vor dem Nasal oder Lateral elidiert, dann kommt ein K_b h i n t e r ein K_a und damit in weitere Entfernung von einem Vokal zu stehen, aber hier bleibt eben trotz Vokaltilgung die Zweisilbigkeit erhalten; /n/ und /l/ erfüllen also in diesen Fällen eine vokalische Funktion, so daß hiermit kein Widerspruch zu der für die Klasseneinteilung maßgebenden obigen Regel entsteht.

Für den deutschen Einsilbler läßt sich dann mit Hilfe der Klassensymbole K_a, K_b, K_c und V folgende Strukturformel erstellen, nach der diese als phonologische S e r i e n e l e m e n t e zu Worteinheiten verkettet werden:

$$\left(\left\{\begin{array}{l}(K_a)\,(K_a)\left\{\begin{array}{l}K_a\\ K_b\end{array}\right\}\\ \qquad\qquad\quad K_c\end{array}\right\}\right)V(K_b)\quad\left(\left\{\begin{array}{l}K_a\\ K_b\end{array}\right\}\right)\quad(K_a)\quad\left(\left\{\begin{array}{l}K_a\,(+K_a)\\ +K_a\,(K_a)\end{array}\right\}\right)$$

In dieser Formel umschließen die geschweiften Klammern Alternativen, die runden Klammern Elemente, die fehlen oder vorhanden sein können; + zeigt eine Morphemgrenze an: *schimpf* + *st*. Danach ist ein Vokalphonem das in einem deutschen Wort einzig notwendige Segment. Allerdings gibt es außer den Namen für die Vokalbuchstaben nur wenige Wörter dieser einfachen Struktur, meist sogar nur Interjektionen (*ih*!, *eh*', *äh*!, *ah!*, *oh!*, *uh!*, *Ei*, *Au*, *au!*, *oi!*).

Es sollen nun die aus der Gesamtstrukturformel sich ergebenden möglichen Ketten von Klassensymbolen daraufhin untersucht werden, welche Elemente der jeweiligen Klassen an den einzelnen Stellen in der Kette auftreten können. Das führt zu einer Spezifikation der Serienelemente durch phonetische Merkmale. Zur Abkürzung für prä- und postvokalische Gruppen wird dabei K verwendet.

6.1.3.1. (K)V und (K)VK

Steht der Vokal final, so muß er +lang oder Diphthong sein (*sie* /i:/, *See* /e:/, *sah* /a:/, *so* /o:/, *Schuh* /u:/, *früh* /y:/, *Höh*' /ø:/, *sei* /ai/, *Sau* /au/, *Heu* /oi/). Die Aufeinanderfolge –vorn ± vorn entspricht also der Quantität +lang und wird daher für alle weiteren Quantitätserörterungen unter dieser subsumiert. Steht V vor einfachem Konsonanten, so ist ± lang möglich (*riet* /i:/, *ritt* /i/, *Beet* /e:/, *Bett* /e/, *Saat* /a:/, *satt* /a/, *Schoß* /o:/, *schoß* /o/, *Beil* /ai/, *Baum* /au/, *euch* /oi/). Ausgenommen sind die Diphthonge vor /r/, da hier stets eine zusätzliche Silbe /ər/ auftritt (*Feier* /aiər/, *Feuer* /oiər/, *Bauer* /auər/). Vor /ʃ/ kommen umgekehrt insbesondere die Diphthonge vor (*Rausch* /au/, *Geräusch* /oi/, *Fleisch* /ai/), allerdings auch einige Langvokale (*wusch* /u:/, *beige* /be:ʃ/). Vor mehr als einem Konsonant besteht die Tendenz zu –lang, wenn keine Morphemgrenze interveniert (*Akt* /a/, *Abt* /a/, *Ernst* /e/, *Kerl* /e/, *Bank* /a/, *Amt* /a/, *Dorf* /o/, aber *kamt* /a:/, *fragt* /a:/, *erfährst* /ɛ:/). Am ehesten findet sich noch Langvokal vor durchgehend alveolaren Verbindungen, einschließlich /r/ (*Reiz* /ai/, *Kauz* /au/, *Kreuz* /oi/, *Diez*

/iː/, *Fez* /eː/, *Flöz* /øː/; *feist* /ai/, *Trost* /oː/, *Wust* /uː/, *wüst* /yː/, *Biest* /iː/; *Mond* /oː/, *Freund* /oi/, *Feind* /ai/, *Mainz* /ai/; *Wert* /eː/, *Erz* /eː/, *Art* /aː/, *Harz* /aː/, *Arsch* /aː/). Darüber hinausgehende Beispiele sind *Obst* /oː/, *Probst* /oː/, *Keks* /eː/, *Pieps* /iː/, *Koks* /oː/, *Wuchs* /uː/.

6.1.3.2. $\left\{\begin{matrix}K_a\\K_b\end{matrix}\right\}$ V(K) und (K)V $\left\{\begin{matrix}K_a\\K_b\end{matrix}\right\}$

Prävokalisch kommen sämtliche Konsonantenphoneme in K_a und K_b vor, außer /ŋ/; postvokalisch sind alle K_a –vot ausgeschlossen.

6.1.3.3. K_aK_a und K_bK_b

Innerhalb des Einsilblers gilt bei Konsonantenfolgen $\overset{1}{K_a}$ α plosiv i Ort $\overset{2}{K_a}$ β plosiv j Ort und $\overset{1}{K_b}\,\overset{2}{K_b}$ (wo sich der Zahlenindex auf die Position in der Verbindung, i, j Ort auf den jeweiligen Artikulationsort – markiert durch die Merkmale ±apikal ±labial – bezieht und α, β = ±), daß, für $\alpha = \beta$, i Ort $\neq$ j Ort und $\overset{1}{K_b} \neq \overset{2}{K_b}$. Plosiv- oder Frikativ-Verbindungen dürfen also nicht im Ort übereinstimmen, selbst wenn ein Wechsel in den Merkmalen ±vot und ±eng erfolgt. /pp/, /pb/, /bp/ etc., /sʃ/, /ʃs/ (ohne Morphemgrenze zwischen beiden Konsonanten), /ll/, /nn/ etc. sind damit innerhalb des Einsilbers nicht zugelassen. Gruppen aus zwei bis vier K_a sind außerdem durchgehend durch +vot gekennzeichnet, mit Ausnahme der initialen Verbindungen, die /v/ und /j/ als letztes Glied enthalten (*Klaps* /ps/, *Psyche* /ps/, *Obst* /pst/, *schimpfst* /pfst/, aber *twisten* /tv/, *Quelle* /kv/, *schwer* /ʃv/, *zwei* /tsv/, *Fjord* /fj/). Gilt ein Merkmal für mehrere Serienelemente gleichzeitig, so wird es hinter die zwischen [ ] eingeschlossenen Segmente gesetzt, also [K_aK_a] +vot.

6.1.3.4. [K_aK_a] +vot V(K) und (K)V [K_aK_a] +vot

In K_aK_a muß mindestens ein Phonem +apikal sein. Ist dies nur für eines der Fall und ist es gleichzeitig +plosiv, so steht es an zweiter Stelle. Sind beide Konsonanten –plosiv, was nur initial möglich ist, dann ist der erste +apikal. Eine Ausnahme bildet nur /pf/. Damit ergeben sich folgende Möglichkeiten:

/ʃt/ : *Stiel, Gischt*;
/st/ : *Stil, Rast*;
/ʃp/, /sp/ : *Spiel* /ʃp/, *Visp* (Ortsname) /sp/;

/sk/ : *Skalp, Disk*;
/ʃk/ : z. B. im Mehrsilbler *Schkeuditz*; final findet sich kein Beispiel;
/sf/ : z. B. im Mehrsilbler *Sphäre*;
/sx/ : z. B. im Mehrsilbler *Schola*;
/ts/ : *zehn, Latz*;
/ps/ : *Psalm, Gips*;
/ks/ : *Dachs, Wachs*, initial nur im Mehrsilbler (*Xerxes, Xerox*);
/tʃ/ : *tschüs, Matsch*;
/pʃ/ : *Pschorr, hübsch*;
/kʃ/ : bei Übernahme dialektaler Vokalelision in der Vorsilbe *ge-* (*gschert*); final findet sich kein Beispiel;
/pt/ : *Abt, Haupt*, initial nur im Mehrsilbler (*Ptolomäus*);
/kt/ : *Akt, Jagd*, initial nur im Mehrsilbler (*ktenoid*);
/ft/ : *oft*, initial nur im Mehrsilbler (*Phthisis*);
/xt/ : *echt, acht*, initial nur im Mehrsilbler (*chthonisch*);
/pf/ : *Pferd, Kopf*.

Ausgeschlossen sind also die Verbindungen /fp/, /xp/, /px/, /fk/, /kf/, /xk/, /kx/; /sf/ und /sx/ final, /sʃ/ generell (nach 6.1.3.3.); /xs/, /fs/ und /ʃs/ (letzteres nach 6.1.3.3.), wenn keine Morphemgrenze dazwischen liegt (vgl. 6.1.3.10); /tp/, /tk/, /kp/, /pk/, /tf/, /tx/.

Die eingangs aufgestellte Regel grenzt die artikulatorischen Möglichkeiten in der Kombinatorik von K_a im Deutschen ein. Es ist allerdings fraglich, ob sich i n i t i a l e Doppelplosive wirklich voll eingereiht haben. Die Entscheidung kann nicht über eine Untersuchung des Wortmaterials, in dem die Verbindungen tatsächlich vorkommen, d. h. über die Beurteilung als „fremd" oder „einheimisch" gefällt werden, da auf diese Weise die Strukturierung der Lautproduktion gar nicht zu erfassen ist. Vielmehr sind z. B. Produktionstests an Logatomen mit einer repräsentativen Sprecherpopulation erforderlich, damit durch eine statistische Evaluierung der artikulatorische Schwierigkeitsgrad festgelegt und daraus Folgerungen für die Integration von Lautmustern in die phonetische Gesamtstruktur einer Sprache gezogen werden können.

Selbst wenn zu den übrigen oben aufgeführten Kombinationen einzelne Fälle nicht belegt sind, kann ein deutscher Sprecher sie dennoch nachvollziehen und ohne Schwierigkeiten z. B. in Nonsenswörtern oder Wörtern anderer Sprachen bilden, was nicht mehr ohne weiteres für die damit ausgeschlossenen Verbindungen gilt. Das System hat nahezu die Grenzen seiner Ausbaufähigkeit erreicht. Erweiterbar wäre es sicher noch um die

Gruppen mit /s/ bzw. /ʃ/, wo nur solche mit /ʃ/ bzw. /s/ belegt sind, also um initiales /sp/, /ʃf/, /ʃx/. /kf/ und /tf/ können vermutlich ebenfalls eingegliedert werden, beispielsweise als Entlehnungen aus Dialekten mit /ə/-Ausfall in der Silbe *ge-*, z. B. in *G'fahr*, und Reduktion des Artikels *die*, z. B. in *d'Fahrt*; die Parallelität zu /pf/ sowie /kv/ (vgl. 6.1.3.6.) liefert Ansatzpunkte für die Integration.

6.1.3.5. $K_aK_aK_a$V(K) und (K)V $K_aK_aK_a$

Ist die initiale Gruppe [K_aK_a]+vot = /ts/, so ist sie linksbündig wiederum durch einen Apikal –/s/–, rechtsbündig durch K_a–vot = /v/ erweiterbar: *Szene* /sts/ (ein Einsilbler kommt im Wortschatz nicht vor), *zwei* /tsv/. /sts/ wird von vielen Sprechern zu /s:/ oder gar zu /s/ reduziert. Die finale Verbindung [K_aK_a]+vot ist ebenfalls durch einen Apikal – /t/ – rechtsbündig ausbaufähig, und zwar ohne Morphemgliederung nur bei /ps/, /ts/, /ks/: *Obst, jetzt, Text.* Ferner kann /s/ an /ft/ und /xt/ angehängt werden mit nochmaliger Erweiterung um +/t/ (nach 6.1.3.10.): *seufzt, ächzt.*

6.1.3.6. (K_a) K_aK_a –vot

K_a–vot in initialen Verbindungen mit anderen K_a ist –plosiv+labial, also /v/. Es ist nur nach K_a–labial möglich, d. h. nach /d/, /t/, /g/, /k/, /s/, /ʃ/: Von den so entstehenden Konsonantengruppen gehören nur /kv/, /ʃv/ und /tsv/ dem autochthonen deutschen Wortschatz an: *Quelle* /kv/, *schwer* /ʃv/, *zwei* /tsv/. Die anderen Folgen sind aber ohne weiteres bildbar, da sie unter die hier einzig maßgebende artikulatorische Bedingung eines nicht-labialen vorausgehenden Konsonanten fallen. So sind auch die „Fremdwörter“ *Dvořak* /dv/, *twisten*, *Twen* /tv/, *Gwendolin* /gv/, *Swebe*, *Svarabhakti* /sv/ in diesem Punkte völlig „naturalisiert“. Die stimmhaften apikalen Frikative /z/ und /ʒ/ sind vor /v/ nicht möglich, da stimmhafte Frikative in Konsonantenkombinationen generell eingeschränkt sind (siehe 6.1.3.7.).

6.1.3.7. (K_a) K_aK_b V(K)

Vor K_b ist kein dorsaler Frikativ möglich; von den stimmhaften Frikativen kommt in dieser Position nur der labiale – /v/ – vor und auch nur vor K_b–nasal: *wringen* /vr/, *Vladimir* /vl/. Daß auch hier die Verbindung /vl/ in einem ganz offensichtlichen Fremdwort auftritt, ist wiederum irrelevant, da für einen deutschen Sprecher, der /vr/ kennt, die

Erweiterung der kombinatorischen Möglichkeiten um /vl/ ohne weiteres strukturell gegeben ist. Fehlt jedoch /vr/, wie im Süddeutschen, wo *wringen* als /r–/ ausgesprochen wird, dann ist auch /vl/ nur schwer möglich, da es ein neues strukturelles Muster etablieren müßte; der Ersatz durch /fl/ wird von daher verständlich. K_b+nasal steht nur nach einfachem K_a und darf nach K_a+plosiv nicht mit diesem im Artikulationsort übereinstimmen. K_b–nasal ist auch nach K_a–plosiv+apikal K_a und K_aK_a–plosiv +labial zugelassen, allerdings K_b+lateral nicht nach K_a+plosiv +apikal. Damit ergeben sich folgende Kombinationen:

/fr/ : *frei, Frau*;
/vr/ : *wringen, Wrist*;
/fl/ : *Flug, flach*;
/vl/ : z. B. im Mehrsilbler *Vladimir*;
/ʃr/ : *Schrank, Schrei*;
/ʃl/ : *schlau, schlank*;
/sr/ : *Srinagar*;
/sl/ : *Slang, Slip*;
/pr/ : *Preis, prall*;
/br/ : *Brei, braun*;
/pl/ : *Platz, platt*;
/bl/ : *Blei, blank*;
/tr/ : *treu, traut*;
/dr/ : *drei, Dreck*;
/kr/ : *Kreis, krumm*;
/gr/ : *grau, Gras*;
/kl/ : *klein, Klotz*;
/gl/ : *Glanz, Glas*;
/fn/ und /fm/ : nicht belegt, aber möglich, wie die mühelose Wiedergabe von frz. *fenêtre* /fn/ mit elidiertem /ə/ zeigt;
/ʃm/ : *schmal, Schmuck*;
/ʃn/ : *schnell, Schnee*;
/sm/ : z. B. im Mehrsilbler *Smoking*;
/sn/ : *Snob, Snack*;
/pn/ : *Pneu* /pnø:/, *pneumatisch* /pnoi–/;
/bn/ : nicht belegt;
/tm/ : *Tmesis*;
/dm/ : nicht belegt;
/km/ : *Khmer*;
/gm/ : *Gmund*;

/kn/ : *Knie, Knopf*;
/gn/ : *Gneis, Gnom*;
/ʃpr/ : *Spruch, Sproß*;
/ʃpl/ : *Spließ, Splitter*
/ʃtr/ : *streng, Streit*;
/skr/ : nur in Mehrsilblern (*Skribent, Skrofel, Skrotum*);
/skl/ : nur in Mehrsilblern (*Sklave, Sklerose*);
/spr/ : *Sprint*;
/spl/ : *Spleen*;
/str/ : *strikt, Struktur*;
/ʃkr/ und /ʃkl/ : nicht belegt;
/sfr/ : z. B. im Mehrsilbler *Sphragistik*;
/sfl/ : nicht belegt;
/pfr/ : *Pfriem, Pfropf*;
/pfl/ : *Pflicht, Pflock*.

Fehlende oder zahlenmäßig schwache Belege, die darüber hinaus weitgehend aus Dialekten (*Gmund*) oder anderen Sprachen stammen, sind kein Einwand gegen die strukturelle Möglichkeit dieser artikulatorischen Verkettung im Deutschen.

6.1.3.8. (K) V $K_bK_a(K_a)$ (K_a)

Vor K_a+apikal ist K_b+nasal mit jedem Artikulationsort möglich, also K_b+nasal ±apikal ±labial (*Hand* /nt/, *Hemd* /mt/, *hängt* /ŋt/, *Gams* /ms/, *Gans* /ns/, *längs* /ŋs/, *Ramsch* /mʃ/, *Mensch* /nʃ/); vor K_a–plosiv –apikal gilt nur K_b+nasal +apikal = /n/ (*Senf* /nf/, *Mönch* /nx/), und vor K_a+plosiv –apikal muß sich der Nasal an den Artikulationsort des Plosivs angleichen, d. h. [K_b+nasal K_a+plosiv] –apikal ±labial (*plump* /mp/, *Dank* /ŋk/). K_a ± lateral können vor sämtlichen finalen K_a stehen, so daß sich folgende Gruppen ergeben:

/rp/ : *Korb, herb*;
/lp/ : *Kalb, gelb*;
/rt/ : *Ort, Art*;
/lt/ : *alt, hold*;
/rk/ : *Werk, karg*;
/lk/ : *Kalk, Balg*;
/rf/ : *Dorf, Wurf*;
/lf/ : *elf, zwölf*;
/rs/ : *Vers, Lars*;

/ls/ : *als, Hals*;
/rʃ/ : *Barsch, Dorsch*;
/lʃ/ : *welsch, falsch*;
/rx/ : *durch*; *Storch*;
/lx/ : *Milch, solch.*

Diese Verbindungen können durch ein weiteres K_a so ausgebaut werden, daß sämtliche finalen K_aK_a aus 6.1.3.4. entstehen, wenn auch die wenigsten belegt sind und zudem von diesen eine ganze Reihe nur mit Morphemgrenze zwischen den Konsonanten auftreten, also unter 6.1.3.10. gehören, oder Eigennamen und spezielle Wörter sind. Belege finden sich für

/rʃt/ : in „umgangssprachlicher" Ausdrucksweise *das ist mir Wurscht*;
/rst/ : *erst, Fürst*;
/lst/ : *Wulst*;
/rts/ : *Harz, Erz*;
/rps/ : *Knirps*;
/rks/ : *Murks, Marx*;
/rtʃ/ : *Bartsch* (Eigenname);
/rpt/ : *erbt, zirpt*;
/rkt/ : *Markt, wirkt*;
/rft/ : *Werft, dürft*;
/rxt/ : *Furcht, horcht*;
/lts/ : *Salz, Milz*;
/lps/ : *Rülps*;
/lft/ : *Delft*;
/nst/ : *Dienst, Wanst, sonst*;
/ŋst/ : *Angst*;
/nts/ : *ganz, Glanz*;
/mps/ : *Mumps*;
/ŋks/ : *Sphinx*;
/ntʃ/ : *Trench*;
/mpt/ : *prompt*;
/ŋkt/ : *Punkt, distinkt*;
/nft/ : *sanft, Brunft*;
/mpf/ : *Trumpf, Kampf.*

Als nochmalige Erweiterungen ohne zusätzlichen morphematischen Einschnitt treten /rpst/ und /rtst/ auf: *Herbst, Arzt.* Alle anderen derartigen Fälle gehören zu 6.1.3.10.

6.1.3.9. (K)V $K_b K_b$ (K_a) (K_a)

Es sind die Kombinationen K_b–nasal K_b+nasal (außer /ŋ/ = K_b+nasal –apikal –labial) sowie K_b–lateral K_b+lateral zugelassen, also

/rm/ : *Harm, Sturm*;
/lm/ : *Halm, Film*;
/rn/ : *Harn, Korn*;
/ln/ : *Köln*;
/rl/ : *Kerl, Quirl.*

Als Erweiterung mit K_a ohne morphologische Gliederung kommen nur *Worms* /rms/ und *Ernst* /rnst/ vor. Alle anderen Fälle gehören unter 6.1.3.10.

6.1.3.10. + K_a(K_a)

An verschiedenen Stellen in der Erörterung der möglichen Konsonantengruppen des Deutschen hat sich die besondere Bedeutung der Apikale gezeigt, die nun noch dadurch unterstrichen wird, daß eine Reihe von verbalen und nominalen Flexionsendungen ebenfalls durch Apikale ausgezeichnet sind, nämlich /s/, /t/ und /st/[163a].

Einige der bereits besprochenen Verbindungen sind nur über diese Morpheme möglich, und auch solche, die morphologisch nicht weiter unterteilt werden können, aber diese drei Apikale als letzte Elemente enthalten (vor allem in 6.1.3.8.–9., jedoch auch in 6.1.3.4.–5.) sind durch Entlehnung (wie *Akt, Abt*) oder Lautentwicklung (wie *Haupt, Obst, Herbst* aus mhd. houbet, obez, herbest) erst möglich geworden, wobei sie sich in ein flexivisch bedingtes Muster einreihen konnten.

[163a] Die Realisierung der Morpheme {es} = Genitiv, {et} = 3. Pers. Sing., 2. Pers. Plural, (Part.) Prät., {est} = 2. Pers. Sing., Superlativ ist ein Kapitel der Morphophonologie, die in dieser Monographie nicht umfassend behandelt werden kann, da sonst der Umfang in unvertretbarer Weise anschwellen würde. Ein paar Hinweise müssen hier genügen.

1. Die /ə/-Elision in /əs/, /əst/ = Superlativ und /ət/ ist nur dort möglich, wo nicht eine Wiederholung desselben Konsonanten entstünde, also nicht nach /s/ bzw. /t/ (*Kreises, heißeste, leiseste* – ausgenommen *größte* – *rettet*), während /əst/ = 2. Pers. Sing. nach /s/ zu /t/ wird (*du heißt* /st/ wie *er heißt* /st/).
2. Nach /t/ fällt /ə/ in /əst/ = 2. Pers. Sing. nur aus, wenn der Stammvokal Um- oder Ablaut erfährt (*rätst, rietst, rittst,* aber *reitest, rettest, rettetest*), was vor mehrfachem K_a nicht vorkommt (*behauptet, leistet, wirktest*).
3. /ə/ in /əst/ = Superlativ fällt nach /t/ nur aus, wenn es das zweite /ə/ nach dem Akzent wäre (*lauteste, unerhörteste, gefürchtetste, gebildetste, passendste*).

Die belegten Konsonanten(gruppen) sind bei Vorliegen der morphematischen Voraussetzungen durch /s/, /t/ und /st/ unter Berücksichtigung aller Verkettungsregeln und morphophonologischen Restriktionen so erweiterbar, daß maximal fünfgliedrige Verbindungen entstehen.

N a c h   e i n e m   K o n s o n a n t e n :

/p+s/, /p+t/, /p+st/ : *Grab, gräbt, gräbst;*
/t+s/, /t+st/ : *Blatts, rätst;*
/k+s/, /k+t/, /k+st/ : *Tags, tagt, tagst;*
/f+s/, /f+t/, /f+st/ : *Rufs, ruft, rufst;*
/s+t/ : *reißt, reist;*
/ʃ+s/, /ʃ+t/, /ʃ+st/ : *Tauschs, tauscht, tauschst;*
/x+s/, /x+t/, /x+st/ : *Rauchs, raucht, rauchst, Stichs, sticht, stichst;*
/r+s/, /r+t/, /r+st/ : *Rohrs, stört, störst;*
/l+s/, /l+t/, /l+st/ : *Falls, fällt, fällst;*
/m+s/, /m+t/, /m+st/ : *Stamms, stammt, stammst;*
/n+s/, /n+t/, /n+st/ : *Zahns, zahnt, zahnst;*
/ŋ+s/, /ŋ+t/, /ŋ+st/ : *Hangs, hängt, hängst.*

N a c h   z w e i   K o n s o n a n t e n :

/st+s/ : *Asts, Rosts;*
/ts+t/ : *hetzt, strotzt;*
/ps+t/ : *gipst, hopst;*
/ks+t/ : *wächst, kleckst;*
/pt+s/ : *Abts;*
/kt+s/ : *Akts, Takts;*
/ft+s/ : *Hefts, Schafts;*
/xt+s/ : *Dochts, Knechts;*
/pf+s/ : *Kopfs, Napfs;*
/rp+s/, /rp+t/, /rp+st/ : *Korbs, erbt, erbst;*
/lp+s/, /lp+t/, /lp+st/ : *Kalbs, kalbt, selbst;*
/rt+s/ : *Orts;*
/lt+s/, /lt+st/ : *Spalts, hältst;*
/rk+s/, /rk+t/, /rk+st/ : *Werks, wirkt, wirkst;*
/lk+s/, /lk+t/, /lk+st/ : *Kalks, (ver)kalkt, (ver)kalkst;*
/rf+s/, /rf+t/, /rf+st/ : *Wurfs, wirft, wirfst;*
/lf+s/, /lf+t/, /lf+st/ : *Alfs, hilft, hilfst;*
/rʃ+s/, /rʃ+t/, /rʃ+st/ : *Dorschs, pirscht, pirschst;*
/rx+s/, /rx+t/, /rx+st/ : *Storchs, pfercht, pferchst;*

/lx+s/, /lx+t/, /lx+st/ : *Strolch, strolcht, strolchst*;
/rm+s/, /rm+t/, /rm+st/ : *Sturms, stürmt, stürmst*;
/lm+s/, /lm+t/, /lm+st/ : *Films, filmt, filmst*;
/rn+s/, /rn+t/, /rn+st/ : *Korns, lernt, lernst*;
/ln+s/ : *Kölns*;
/rl+s/, /rl+t/, /rl+st/ : *Quirls, quirlt, quirlst.*

Nach drei Konsonanten:

/rst+s/ : *Horsts*;
/lst+s/ : *Wulsts*;
/rkt+s/ : *Markts*;
/lts+t/ : *salzt*;
/lps+t/ : *rülpst*;
/lft+s/ : *Delfts*;
/nst+s/ : *Diensts*;
/nts+t/ : *glänzt*;
/ŋkt+s/: *Punkts*;
/mpf+s/, /mpf+t/, /mpf+st/ : *Kampfs, kämpft, kämpfst*;
/pst+s/ : *Obsts*;
/kst+s/ : *Texts*;
/fts+t/ : *seufzt*;
/xts+t/ : *ächzt.*

Nach vier Konsonanten:

/rbst+s/ : *Herbsts*;
/rtst+s/ : *Arzts*;
/rnst+s/ : *Ernsts.*

6.1.3.11. $K_b K_b$ V(K)

Die initiale Verbindung /mn/, die durch griechische Wörter wie *Mneme, mnemonisch* gefordert wird, stellt eine so radikale Abweichung von den phonologischen Strukturgesetzen des Deutschen dar, daß sie auf gar keinen Fall einfach integriert werden kann und auch normalerweise große Artikulationsschwierigkeiten auslöst.

6.1.3.12. Der Zweisilbler

Die initialen und finalen Kombinationen folgen den Regularitäten des Einsilbers. Die intervokalischen Konsonanten(gruppen) sind von dreierlei Art:

1. Die Konsonanten sind untereinander und mit dem vorausgehenden Vokal derart verkettet, daß bei Heranziehung der Gesetze des Einsilblers ein Konsonant als ambivalenter Bestandteil einer finalen und einer mit dieser verschränkten initialen Verbindung interpretiert werden kann. Alle einfachen intervokalischen Konsonanten mit Ausnahme von /h/ und /ŋ/ sowie stimmhaften K_a (z. B. *Vetter, Väter, rammen, Rahmen, fällen, fehlen, Herren, Heeren, lassen, Straßen*) können als gleichzeitig finales und initiales Phonem, bezogen auf den Einsilbler, aufgefaßt werden. In ähnlicher Weise sind Konsonanten in vielen Gruppen interpretierbar, so /t/ in *Ente* und *Monstranz*, wo es Glied in finalem /nt/ bzw. /nst/ und initialem /t/ bzw. /tr/ sein kann. Auch die stimmhaften K_a sind hinsichtlich ihrer Ansatzrohrartikulation verkettet, nur mit Bezug auf die Stimmbandaktivität sind sie final ausgeschlossen und müssen darin anderen Konkatenationsmustern folgen. Die große Mehrheit zweisilbiger Wortstrukturen im Deutschen folgt diesem phonologischen Bauprinzip der Ambivalenz.

2. Die intervokalischen Konsonanten zerfallen in eine finale und eine davon klar getrennte, nachfolgende initiale Gruppe, wobei jede einzeln oder beide zusammen auch Null sein können. In jedem Fall entsteht im Gegensatz zu 1. (und 3.) eine eindeutige Silbengrenze. In *röntgen* /ntg/, *ethnisch, Ätna* /tn/, *Edgar* /tg/ liegt der Silbenschnitt jeweils nach /t/, da keine der Verbindungen initial oder final im Einsilbler möglich ist. /h/ tritt zwischenvokalisch nur nach langem und vor Vollvokal (d. h. nicht vor dem Reduktionsvokal /ə/) auf und gehört klar der zweiten Silbe an (*Uhu, aha! oho!, Ahorn, Oheim*). Umgekehrt steht /ŋ/ intervokalisch nur vor /ə/ und bildet den Abschluß der ersten Silbe (*lange, länger*). Bei zwei unmittelbar aufeinanderfolgenden Vokalen liegt die Silbengrenze zwischen ihnen (*Feuer* /'foiər/, *Bauer* /'bauər/, *Eier* /'aiər/, *Trio* /'tri:o:/, *Kloake* /klo'a:kə/, *poetisch* /po'e:tiʃ/, *virtuos* /vitu'o:s/, *Ritual* /ritu'a:l/, *Hyäne* /hy'ɛ:nə/). Ist der erste Vokal akzentuiert, so muß er dem Gesetz des Einsilblers folgend lang sein. Die stimmhaften K_a nach langen Vokalen und nach K_b erlauben ebenfalls eine eindeutige Silbengliederung, obwohl hinsichtlich der Ansatzrohrartikulation ebenfalls die Interpretation der Verkettung gegeben ist (*Frage* /'fra:gə/ *Iglu* /'i:glu/, *lese* /'le:zə/, *Ende* /'endə/).

Diejenigen Fälle eindeutiger Silbentrennung, die nicht mit Morphemgrenzen zusammenfallen und außerdem nicht als artikulatorische – im Gegensatz zu vollständiger, also auch phonatorischer – Verkettung aufgefaßt werden können, sind im Wortschatz des Deutschen nicht sehr zahlreich und stammen insbesondere aus den Bereichen der Eigennamen und Fremdwörter. Die eindeutige Silbentrennung ist eben im Deutschen (im Gegensatz beispielsweise zum Französischen) ein Mittel zur Signalisierung von Wort- und Morphemgrenzen.

3. Die intervokalischen Konsonanten sind weder als Verkettung noch als klar getrennte Gruppen analysierbar, sondern müssen einen eigenen, an die Position zwischen Vokalen gebundenen Status erhalten. C. F. Hockett hat für diesen Fall den Terminus interlude vorgeschlagen.[164] Hierunter fallen die im Deutschen sehr seltenen Beispiele stimmhafter Konsonanten nach kurzen Vokalen, die außerdem sämtlich dialektalen oder fremdsprachlichen Ursprungs sind (*Egge, schmuggeln, baggern, flügge, puddeln, schrubben, quasseln* /z/, *dusselig* /z/). Ferner gehören hierher Fälle wie *Adler* /dl/, die allerdings artikulatorisch – wenn auch nicht phonatorisch – auf zwei Silben verteilt werden können (/d|l/). Schließlich sind Wörter wie *Egmont* /gm/ zu erwähnen, die außerdem als artikulatorisch verkettet interpretiert werden können. *Egmont* /km/ wäre voll verkettet. Auch dieser Typ des interlude ist im deutschen Wortschatz nicht besonders häufig vertreten.

6.1.3.13. Weitere kombinatorische Restriktionen

Bei der Erörterung des Zweisilbers wurden für die initialen und finalen Konsonantenverbindungen die Verhältnisse beim Einsilbler zugrunde gelegt und für die intervokalische Stellung die verketteten und eindeutig getrennten Gruppen jener beiden Positionen angesetzt. Diese sehr weit gesteckte Phonotaktik muß jedoch begrenzt werden. Schon beim Einsilbler bedarf die stillschweigende Annahme, daß die maximalen Anfangs- und Endkluster gleichzeitig auftreten können, der Einschränkung. Wörter, die die Höchstzahl von vier finalen Konsonanten ohne Morphemgrenze aufweisen, wie *Herbst, Ernst, Arzt,* haben initial nur einen oder gar keinen Konsonanten. Kommen morphologische Gliederungen hinzu, so kann die Zahl zwar ansteigen (z. B. *strolchst*), aber das widerlegt nicht den empirischen Befund, daß initiale und finale Verbindungen im morphologisch einheitlichen Wort nicht völlig unabhängig voneinander variabel sind. Die Restriktionen beziehen sich einmal auf die Zahl serieller Elemente, zum anderen auf ihre Art. Prä- und postvokalisch werden dieselben Konsonanten, auch in der Umkehrung (/pl . . . lp/), nur in besonderen Wör-

[164] *A Manual of Phonology.* Baltimore 1955, p. 52.

tern, u. a. von onomatopoetischem Charakter, wiederholt (z. B. *Pfropf*) oder fehlen im existenten Wortschatz völlig (z. B. /kl ... lk/, /fr ... rf/, /ʃl ... lʃ/). Nach den Erhebungen P. Menzeraths[165] liegt die häufigste Lautzahl des unflektierten Einsilbers zwischen drei und fünf, d. h. es kommen normalerweise etwa zwei bis vier Konsonanten vor. Hier scheint sich ein Gesetz maximaler Differenzierung bei größtmöglicher Ökonomie kundzutun. Erstere wird durch Vermeiden von Wiederholungen, letztere durch Einschränkung artikulatorischer Bewegungen, die mit wachsender Zahl von Konsonanten pro Silbe zunehmen, erreicht.

Im Zweisilbler könnten intervokalisch sechs Konsonanten echt verkettet werden: eine finale Vierergruppe, die natürlich keine Morphemgrenze enthalten darf, mit einer initialen Dreiergruppe. Damit käme nur /rpstsv/ in Frage. Beide Folgen sind jedoch vom Typ her und von der Belegung mit Wörtern sehr selten und scheiden daher von vornherein als mögliches zwischenvokalisches Kluster aus. Dasselbe gilt für den Fünfertyp, der entweder 4+2 oder 3+3 verzahnen müßte, wovon wiederum die finale Vierer- und die initiale Dreierverbindung geringe Frequenz haben. Die erste mögliche intervokalische Kombination ist daher das Viererkluster, wie z. B. in *Monstrum* /nstr/. Nicht verkettete Verbindungen dürfen ebenfalls nicht mehr Phoneme enthalten. Die Zählungen Menzeraths liefern jedoch für den unflektierten Zweisilbler die häufigste Lautzahl zwischen vier und sieben, also gewöhnlich zwei bis fünf Konsonanten. Damit ist der Typ *Monstrum* bereits ein Extremfall, der aber auch schon klar zeigt, daß bei zunehmender zwischenvokalischer Konsonantenzahl die prä- und postvokalische abnimmt, so daß sich hier ebenfalls ein ökonomischer, vom artikulatorischen Aufwand her vertretbarer Mittelwert einpendelt. Beim Zweisilbler bedingen sich also gleich drei Konsonantengruppen gegenseitig in ihrem quantitativen und qualitativen Aufbau. Der Normalfall dürfte nach den Zahlen Menzeraths die intervokalische Zweiergruppe sein.

Mit fortschreitender Silbenzahl wächst die wechselseitige Bedingtheit der Kluster und um so mehr nähern sie sich dem Einertyp (*Peripatetiker*). Gleichzeitig nimmt die Anzahl der belegten Wörter ab und der prozentuale Anteil der Fremdwörter zu. Nach Menzeraths Untersuchungen ist

[165] *Die Architektonik des deutschen Wortschatzes.* Bonn 1954. Vgl. hierzu auch L. Hirsch-Wierzbicka, *Funktionelle Belastung und Phonemkombination.* IPK-Forschungsberichte Bd. 38, Hamburg 1971; W. D. Ortmann, *Beispielwörter für deutsche Ausspracheübungen.* Goethe-Institut München 1975.

der Dreisilbler am häufigsten vertreten, unmittelbar danach steht der Zweisilbler. Wenn man berücksichtigt, daß Menzerath Komposita mitzählte, dann wird dem zweisilbigen Simplex der erste Rang zufallen.

6.2. Suprasegmentelle Phonetik

6.2.1. Wortakzent

6.2.1.1. Das Simplex

Jedes nicht zusammengesetzte Wort erhält im Deutschen e i n e n Akzent, dessen Position durch eine Reihe von allgemeinen Regeln bestimmt wird.

1. (a) Es besteht die Tendenz, im nicht-abgeleiteten und unflektierten Wort die Pänultima, also die vorletzte Silbe, zu akzentuieren, vorausgesetzt, daß diese einen akzentuierungsfähigen Vokal – also nicht /ə/ – enthält, der auch nicht im Hiat mit einem folgenden Vokal steht. In diesen letzteren Fällen trifft der Akzent die Antepänultima.

'August, Au'guste (fem.), aber *'Auguste* (Plural) (siehe 6.2.1.1.6.), *Fo'relle, Ho'lunder, Wa'cholder, le'bendig, Fran'ziska, 'Gabriel, Gabri'ele, 'Michael, Micha'elis, 'Grobian, 'Enzian, 'Baldrian.*

(b) Dieser Tendenz schließen sich auch die Suffixbildungen auf *-(i)aner* und *-isch* sowie, selbst in der Flexion, die nomina agentis auf *-or* an.

Kanti'aner, Franzis'kaner, Ja'paner; euro'päisch, pro'saisch, me'thodisch, philo'logisch, grammati'kalisch, afri'kanisch, mexi'kanisch, itali'enisch, bal'samisch, dä'monisch, informa'torisch, portu'giesisch, rheu'matisch, cha'otisch, eso'terisch, nu'merisch; Pro'fessor, Profes'soren, 'Doktor, Dok'toren, Di'rektor, Direk'toren, Initi'ator, Initia'toren.

(c) Wird – *isch* an die Suffixe er_1 = nomen agentis und $-er_2$ = Zugehörigkeit oder an Kompositionsbildungen angehängt, so bleibt die Akzentuierung der schon bestehenden Derivation erhalten. Entsprechendes gilt für Wörter auf *-ing.*

'faulenzerisch, 'haushälterisch, 'schweizerisch, 'luxemburgisch, habsburgisch, 'österreichisch; 'thüringisch, 'karolingisch, 'lothringisch, 'merowingisch.

lutherisch folgt entweder (b) oder (c) und hat den Akzent auf der ersten oder der zweiten Silbe. *norwegisch* ist normalerweise initial akzentuiert und schließt sich dann (c) an; bei einigen Sprechern kommt aber auch Akzentuierung auf der zweiten Silbe nach (b) vor.

Wie sehr die Pänultimabetonung in 1. (a) zum bestimmenden Prinzip im Deutschen geworden ist, zeigt sich vor allem auch daran, daß deutsche Sprecher schriftlich vermittelte Fremdwörter und ausländische Namen in Unkenntnis der autochthonen Akzentuierung bei Fehlen jeglicher morphologischer Gliederungshinweise mit Betonung auf der vorletzten Silbe realisieren. So kommen die Aussprachen *A'raber, Nia'gara, Synek'doche, Ca'rola, O'gilvie*[166] zustande, die alle in der Ursprungssprache auf der Antepänultima betont sind.

2. Das Deutsche kennt eine ganze Reihe von Suffixen lateinischer und französischer Herkunft, die aus ursprünglich als Einheiten entlehnten Wörtern isoliert wurden. Sie bewirken eine Akzentuierung auf dem letzten Vollvokal. Hierher gehören die Morpheme *-(i)al, -ell, -ant(e), -ent(e), -ar, -ur, -at, -ität, -ion, -ie, -ier-, -ist.*

Nati'on, natio'nal, Nationa'list, Nationali'tät, nationali'sieren, univer'sell, Liefe'rant, Gouver'nante, Oppo'nent, Kompo'nente, Kommen'tar, Korrek'tur, Konglome'rat, Phanta'sie.

Zu dieser Gruppe zählt auch das äußerst produktive Lehnsuffix *-ei* (mhd. *-īe*), das im Deutschen so heimisch wurde, daß es selbst die neuhochdeutsche Diphthongierung mitmachte.

Arz'nei, Ab'tei, die ältere Form *Melo'dei* (neben dem heutigen *Melodie* mit der späteren Neuentlehnung des Suffixes als *-ie*), *Bäcke'rei, Male'rei, Wortklaube'rei.*

3. Enthalten Verben die Präfixe *be-, ge-, er-, ver-, ent- (emp-)*[167], *zer-*, so sind diese bei der Akzentbestimmung irrelevant, da sie sich einzig nach den Gegebenheiten des zu präfigierenden Elements richtet, also vor allem nach den Regeln in 1., 2. und 6. Die Stammeinheit kann dabei selbst wieder in Prä- und Suffixe gegliedert sein. In derselben Weise können sich *über-, unter-, hinter-, durch-, um-, wi(e)der-, voll-* verhalten, die daneben auch in betonter Form der Kompositionsbildung dienen (siehe 6.2.1.2.4.).

be'fahren, ge'fahren, ver'fahren, verge'waltigen, verkalku'lieren, ent'fah-

[166] Unter meinen Studenten war einmal ein Deutscher mit diesem Namen in dieser Aussprache, während im Englischen selbstverständlich 'Ogilvie gilt, wie z. B. Angus 'Ogilvie, der Gatte von Prinzessin Alexandra.

[167] Mit Assimilation an einen nachfolgenden Labial: *empfangen* vs. *entkommen.*

ren, zer'fahren; *über'fahren, unter'stellen, hinter'gehen, durch'fahren, um-'fahren, um'zingeln, wider'fahren, voll'führen.*

4. Folgt in Verbalableitungen auf die Präfixe *miß-*, *über-* „zu viel" und *unter-* „zu wenig" eine akzentlose Silbe, so werden sie akzentuiert, andernfalls sind sie unbetont.

'mißverstanden, 'mißgestalten, 'mißgebildet (in Analogie dazu auch *'mißbilden*), *'mißbehagen, 'mißinterpretieren, 'überbelasten, 'unterbelichten,* aber *miß'deuten, miß'trauen, miß'fallen, miß'billigen, miß'glücken*; *über-'füttern, über'schätzen, unter'schätzen.*

5. Die Präfixe *un-*, *ur-*, *Erz-*, *miß-* in Substantiven und Adjektiven erhalten den Akzent: *'Unreife, 'Unflat, 'Ungetüm, 'Ungestüm, 'Ungeziefer, 'Unhold, 'unsanft, 'unmöglich* (siehe auch 6.2.1.2.1.), *'Urform, 'Urlaub, 'Erzherzog.* Das Substantiv oder Adjektiv kann selbst eine Ableitung von einem Verb sein: *'Mißtrauen, 'Mißvergnügen, 'mißgebildet, 'Unvermögen, 'Unverstand.* Wird das Deverbativ mit Hilfe des in dieser Funktion auftretenden und daher als solches stets durchschaubaren Suffixes *-ung* gebildet, so gilt die Verbalbetonung: *Miß'achtung, Miß'billigung* (siehe 6.2.1.1.6.).

6. Wörter verändern ihre Akzentuierung nicht, wenn Flexionssilben oder einheimische Suffixe angehängt werden (z. B. *-heit, -keit, -schaft, -sam, -ig, -lich, -nis, -er, -in, -chen, -lein, -bar*).

'Auguste (Plural), *'Könige, 'Königin, 'königlich, 'Lehrer, 'Lehrerin, 'Muttilein, 'Väterchen, 'Hamburger(in), Nationali'täten, nationa'listische.*

Diese Regel gilt auch für die Deverbative auf *-ung*, die die Akzentuierung des Verbs beibehalten: *'umleiten – 'Umleitung* (siehe 6.2.1.2.4.), *um'gehen – Um'gehung* (siehe 6.2.1.1.3.).

6.2.1.2. Das Kompositum

Im zusammengesetzten Wort bleiben entweder die einzelnen Wortakzente erhalten, oder sie ordnen sich einem einzigen von diesen unter, der damit zum Kompositionsakzent wird und die prominenteste Silbe hervorruft. Die Prominenzabstufungen der übrigen Silben ergeben sich vor allem aus der Bewahrung der Vokalqualitäten und -quantitäten in den subordinierten Wortakzentsilben und brauchen daher nicht besonders markiert zu werden. So ist der zweite Vokal in *'Schleppkahn* trotz der akzentuellen Unterordnung unter den Kompositionsakzent von voller Länge. Die phonologischen Wortakzente zeigen also darin ihre Auswirkungen. In der Derivation hingegen, wo ein Akzent vielfach auf andere Silben verlagert wird, werden die dadurch entstehenden unbetonten langen Vokale gekürzt, oder sie schwanken zumindest in ihrer Dauer. Die Kürzung ist dabei am größten direkt vor dem Akzent (*Kumpa'nei*), am geringsten in finaler Position (*'Uhu*). So hat *'Japan* langen Vokal in der ersten, gekürzten in der zweiten Silbe; in *ja'panisch* ist der zweite lang, der erste noch viel stärker gekürzt. Auf diese Weise entstehen folgende drei Typen der Vokaldauer:

(a)	*'Amman*	mit stets kurzem zweiten Vokal
(b)	*'Japan*	mit gekürztem zweiten Vokal
(c)	*'Schleppkahn*	mit stets langem zweiten Vokal

Der Kompositionsakzent ist also wieder wie der einfache Wortakzent eine abstrakte, phonologische Größe, die die phonetische Realisierung von Dauer, Tonhöhe und Prominenz steuert. Insbesondere der Tonhöhenverlauf zeigt charakteristische Unterschiede bei Bewahrung der Wortakzente gegenüber ihrer Unterordnung unter einen Kompositionsakzent, da der Nukleus eines Intonationsmusters (siehe 6.2.2.2.4.) entweder auf die letzte Wortakzentsilbe oder im Falle einer Kompositionsakzentsilbe auf diese fällt: *'blut'arm* ¯ \ vs. *'blutarm* \ _ .

Für das Auftreten eines Kompositionsakzents gelten im Deutschen folgende Regeln:

1. In Komposita, in denen das letzte Wort durch die vorangehenden emphatisch verstärkt wird, erhalten sämtliche Wörter einen Akzent.

'kohl-'pech-'raben-'schwarz, 'funkel'nagel'neu, 'jammer'schade, 'blut'arm (= sehr arm) vs. *'blutarm* (= arm an Blut).

Dasselbe gilt für die mit *un-*, *ur-*, *Erz-* zusammengesetzten Wörter, solange diese Präfixe nur intensivieren: *'ur'kräftig, 'urge'mütlich* gegenüber *'urgermanisch* (als Terminus z. B. in der Germanistik), *'Erz'gauner, 'un'möglich* (gegenüber der einfachen Verneinung von *möglich* = *'unmöglich*). In den emphatischen *un*-Ableitungen kann dann sogar der erste Akzent wegfallen: *un'möglich*.

2. In Farbenzusammenstellungen, im Gegensatz zu Farbenmischungen, werden ebenfalls sämtliche Wörter akzentuiert: *'schwarz'rot('gold)*, *'blau'weiß* vs. *'blauweiß* (= bläulich weiß). Dabei treten rhythmisch bedingte Reduktionen auf. So kann die Prominenz des mittleren Akzents in *'schwarz'rot'gold* schwächer sein als die der beiden anderen. Es zeigt sich hier ein Bestreben, artikulatorischen Aufwand, den ja die Hervorhebung

fordert, nicht zu kumulieren, sondern in rhythmischen Abfolgen zu dosieren. Im Falle emphatischen Sprechens ist die Konzentration artikulatorischer Energie jedoch gerade gewollt, und bei besonders starker Intensivierung bleiben z. B. alle drei Akzente in *'funkel'nagel'neu* erhalten (siehe 1.).

3. Der Kompositionsakzent fällt auf das zweite Element in Beispielen wie *Pfingst'sonntag, Pfingst'montag, Oster'sonntag, Oster'montag, Palm'sonntag, Grün'donnerstag, Kar'freitag, Jahr'hundert, Jahr'zehnt, Jahr'tausend,* was sich möglicherweise aus einem Kontrastakzent entwickelt hat. Auch in Komposita, die syntaktische Fügungen darstellen, kommt er in zweiter Position vor: *Lebe'wohl, Hohen'staufen, Hoher'priester, Heilig'geistkirche, Rot'kreuzschwester, Warm'wasserheizung.* Die Entscheidung zwischen Akzentuierung des zweiten oder des ersten Bestandteils scheint bei diesem Typ keiner generellen Regel zu folgen, denn es heißt andererseits *'Schwarzmeerküste, 'Langhaardackel, 'Warmluftheizung.* Bei *Warm'wasserheizung* vs. *'Warmluftheizung* sind möglicherweise wieder rhythmische Gründe maßgebend, da *Wasser* zweisilbig ist. Entsprechend wäre auch *Heilig'geistkirche* zu analysieren. Bei *Rot'kreuzschwester* im Gegensatz zu *'Schwarzmeerküste* und *'Langhaardackel* könnte der Aufbau des Klusters /tsʃv/ mit sehr aufwendigen apikalen Artikulationsabläufen eine besondere Komplexität in der gesamten Aerodynamik bedingen, die auch die physiologischen Prozesse bei der Akzentrealisierung neu regelt. *Kreuz* hat als mittleres Glied, noch dazu vor /ʃv/, eben eine wesentlich größere artikulatorische „Schwere" als *Meer* und *Haar* jeweils vor einfachen Konsonanten. Nur eine umfangreiche Datenerhebung kann hier Klarheit über die Regelhaftigkeit schaffen.

4. Alle anderen Komposita haben den Kompositionsakzent auf dem ersten Element.

'Stuhlbein, 'Kirschkuchen, 'Haustür, 'Zimmerdecke, To'matensaft, 'Kleiderbügel, 'Dampfschiffahrt. Hierher gehören auch verbale Komposita: *'überfahren, 'unterstellen, 'durchfahren, 'umfahren, 'wiederkommen, 'vollmachen; 'radfahren, 'notlanden, 'schutzimpfen, 'auskernen, 'aufheitern, 'aufmuntern, 'einbürgern, ge'währleisten, 'lobpreisen, 'liebäugeln.*

Diese Verbalkomposita fallen in drei Gruppen:

(a) Sie können sich an Verbalkonstruktionen (wie *in die Stadt fahren, Gewähr leisten, wahr sprechen*) anlehnen (*abfahren, fortfahren, heimfahren*) und deren Akzentuierung und Anordnung übernehmen, d. h. der nichtverbale Teil ist akzentuiert und steht in den einfachen Präsens- und

Präteritalformen nach dem verbalen (*ich fahre in die Stadt, heim, fort, ab, rad*); im Perfektpartizip steht *ge*, in der Konstruktion *um ... zu* das *zu* zwischen beiden (*ich bin in die Stadt gefahren, heimgefahren, fortgefahren, abgefahren, radgefahren; um in die Stadt zu fahren, heimzufahren, fortzufahren, abzufahren, radzufahren*).

ge- tritt jedoch nur ein, wenn der erste Vokal des verbalen Teils einen einfachen Wortakzent hat (*umgefahren*, aber *aufbegehrt, ausprobiert*), so wie *ge-* auch in *studiert* fehlt.

(b) Verbalkomposita können andererseits aber auch bloßer Ersatz für Verbalkonstruktionen sein, ohne diesen zu folgen, und sind dann im Gegensatz zu (a) nur teilweise trennbar. Die Akzentuierung bleibt gleich, ebenso die Partizipalbildung und die Folge *um .. zu*, aber die Trennung in den einfachen Präsens- und Präteritalformen ist nicht mehr möglich: *notlanden, notgelandet, um notzulanden*, aber nicht *ich lande not*; denn *notlanden* = *aus Not landen*; ebenso *schutzimpfen* = *zum Schutz impfen*.
(c) Schließlich können Verbalkomposita zu völligen Einheiten werden, die nicht einmal mehr als Substitute für Verbalkonstruktionen zu betrachten sind und daher überhaupt keine Trennung mehr zulassen, *ge* und *zu* also vor dem Gesamtkomplex fordern: *gewahrsagt, um zu wahrsagen, geliebäugelt, um zu liebäugeln, gemaßregelt, um zu maßregeln*. Einzig der Akzent bleibt wie bei Verbalkonstruktionen. In den Fällen unter 6.2.1.1.3. ändert auch er sich. Es liegt hier also eine mehrfache Abstufung der Integration von Wörtern zu neuen Einheiten vor, bei der Wort- und Kompositionsakzent eine wichtige Funktion erfüllen.

6.2.2. Satzakzent und Intonation[168]

6.2.2.1. Phonologische Einheiten

Auf der Basis des akzentzählenden Rhythmus im Deutschen[169] ist eine Einteilung von Äußerungen in T a k t e möglich, die rhythmische Einheiten aus starken und schwachen Silben, aus Hebungen und Senkungen darstellen. Ein Takt kann eine einzige Silbe enthalten, die dann stark

[168] Die Beschreibung von Satzakzent und Intonation erfolgt hier auf der Grundlage des von M. A. K. Halliday für das Englische entwickelten und an folgenden Stellen dargestellten Systems: The Tones of English. *Archivum Linguisticum* 15 (1963), pp. 1–28; Intonation in English Grammar. *Transactions of the Philological Society* 1963, pp. 143–169; *Intonation and Grammar in British English*. Mouton 1967.
[169] Vgl. 4.10.3.

sein muß, wie z. B. in *Nein.* Es kommen jedoch auch mehrere Silben pro Takteinheit vor, von denen eine die Hebung bildet, die übrigen die Senkung, wie z. B. in *'Kommen Sie doch.* Die Silbenzahl je Takt liegt nicht fest und kann in aufeinanderfolgenden Takten ständig wechseln, wie z. B. in */Geh ins Ge/bäude mit der /großen/ schwarzen/Tür/* (mit der Sequenz drei + vier + zwei + zwei + eins). Die Taktgrenzen sollen durch / symbolisiert werden. Die erste Silbe dahinter ist definitionsgemäß die Hebung. So wie ein Takt eine oder mehrere Silben enthält, kann eine Äußerung aus einem oder mehreren Takten bestehen, wie die aufgeführten Beispiele demonstrieren. Eine solche Taktfolge einer Äußerung ist dann durch ein Intonationsmuster aus einer begrenzten Anzahl von Gegensätzen charakterisiert; sie konstituiert eine Intonationseinheit, deren Grenzen durch // markiert werden sollen.

Damit ergibt sich für die phonologische Beschreibung des Deutschen eine Hierarchie aus vier phonologischen Einheiten

Phonem
Silbe
Takt
Intonationseinheit,

von denen sich jede aus einer oder mehreren der nächst niederen Stufe zusammensetzt. Die Verbindung zur Morphologie und Syntax sowie darüber hinaus zur Semantik ist in dieser phonologischen Konstituentenfolge dadurch gewährleistet, daß die Erstellung phonematischer Elemente im Rahmen des Wortes und Morphems erfolgt, daß morphophonologische Korrespondenzen durch zusätzliche Regeln erfaßt werden, daß die Phonotaktik ebenfalls Morphemgrenzen berücksichtigt und Grenzsignale festlegt, daß die Silbe darauf aufbaut und mit der Unterscheidung in stark und schwach die Verbindung zu Wort- und Kompositionsakzent herstellt, daß der Taktaufbau diese Akzente berücksichtigen muß und daß die Intonationseinheit syntaktische Strukturen und semantische Inhalte kennzeichnet. Nach den Ausführungen in 4.9. und 6.1.3.12. ist die Silbe zwar entweder in den Definitionen für Konsonanten- und Vokalphoneme impliziert oder gar nicht abgrenzbar, aber sie ist dennoch eine nützliche Beschreibungseinheit, da trotz mehrdeutiger oder gar nicht angebbarer Grenzen die Anzahl mit der Zahl der Vokale immer eindeutig festliegt und beispielsweise für die deskriptive Erfassung von Akzent, Ton und Intonation ein Bezug auf die Silbe die ökonomischsten Aussagen gestattet. Eine Einheit über der Intonationseinheit, z. B. ein Redeabschnitt, wird deshalb nicht angesetzt, weil nach 4.10.4. in dieser Monographie die Beschreibung auf Sätze beschränkt bleibt.

Eine Intonationseinheit kann eine einzige Silbe enthalten, wenn der einzige Takt aus einer einzigen Silbe besteht: *Ja. Oh*! Im zweiten Beispiel besteht sie sogar nur aus einem Vokalphonem. Das Deutsche wird aber damit trotzdem nicht zu einer Tonsprache[170], da der Tonhöhenverlauf hier nicht wie in Tonsprachen phonologischer Bestandteil des Wortes ist und W o r t bedeutungen differenziert, sondern einer Äußerung als ganzer in syntaktisch-semantischer Funktion zugeordnet wird, was die Wortbedeutung nicht tangiert. Es muß nun die Frage erörtert werden, wieviele relative[171] und kontrastive Intonationskonturen zur erschöpfenden Beschreibung deutscher Satzäußerungen notwendig sind.

6.2.2.2. Die Töne des Deutschen

6.2.2.2.1. Einsilbige Intonationseinheiten

Zur Vereinfachung der Deskription eines recht komplexen Intonationssystems für das Deutsche soll zunächst von einsilbigen Intonationseinheiten ausgegangen und diese dann in sukzessiven Schritten erweitert werden. Dadurch gewinnt die Darstellung an Übersichtlichkeit und Klarheit. Zur Erfassung der einsilbigen Einheit werden sechs kontrastierende Muster angesetzt, die T ö n e heißen und mit den Zahlen 1–6 symbolisiert werden sollen. Sie stellen sich am Beispiel der Äußerung *Ja* wie folgt dar:

T o n 1 : bis in eine tiefe Lage fallender Tonhöhenverlauf \ , z. B. in einer Antwort auf eine Entscheidungsfrage;

T o n 2 : hoch ansteigender Tonhöhenverlauf / , z. B. in einer überraschten Frage;

T o n 3 : nur bis zu einer mittleren Lage ansteigender Tonhöhenverlauf ⁄, z. B. als Signal an den Gesprächspartner am Telefon, daß man noch zuhört;

T o n 4 : gleichbleibende mittlere Tonhöhe —, z. B. als Antwort auf ein Klopfen an der Tür;

T o n 5 : fallender und gleich wieder bis zur Mittellage ansteigender Tonhöhenverlauf \⁄ , z. B. in einer nicht ganz überzeugten Zustimmung;

[170] Vgl. 4.10.4.
[171] Vgl. 3.5.

T o n 6 : ansteigender und anschließend bis in tiefe Lage abfallender Tonhöhenverlauf /\ , z. B. in einer selbstsicheren Antwort.

Die inhaltlichen Paraphrasen dienen nur dem besseren Verständnis beim ersten Einstieg in die phonologischen Oppositionen auf dem Gebiet der Intonation des Deutschen und gelten selbstverständlich zunächst nur in Verbindung mit der Äußerung *Ja*. Es kann nicht nachdrücklich genug darauf hingewiesen werden, daß kontrastive Intonationsstrukturen in einer Sprache keine konsistente, von allen Äußerungen losgelöste Bedeutung haben, wie dies oft in solchen Termini wie „Frageintonation" impliziert ist. Segmenteller Aufbau und Intonationsmuster, morphologische und syntaktische Strukturen, Wortbedeutungen und Situationskontext leisten alle ihren Beitrag zur Gesamtbedeutung eines sprachlichen Kommunikationsvorgangs und werden in ihrer Bedeutungsfunktion durch die anderen Komponenten wesentlich mitbestimmt.

So kennt das Deutsche z. B. zwei syntaktische Stellungsmuster (*Er ist gekommen.* vs. *Ist er gekommen?*), dazu einen Intonationsgegensatz \ vs. / , und schließlich kann der Situationskontext dadurch gekennzeichnet sein, daß vom Sprecher der Wunsch an den Kommunikationspartner nach Bestätigung einer Aussage ausgeht oder daß eine solche Aufforderung fehlt. Den ersten Gegensatz könnte man als syntaktische, den zweiten als intonatorische, den dritten als situative Aussage/Frage bezeichnen, solange man sich darüber im klaren ist, daß Aussage und Frage in allen drei Gegensatzpaaren unterschiedliche Dinge ansprechen.

Eine situative Frage kann mit Aussage- oder Fragesyntax und mit Aussage- oder Frageintonation verbunden werden, so daß die folgenden vier Möglichkeiten entstehen:

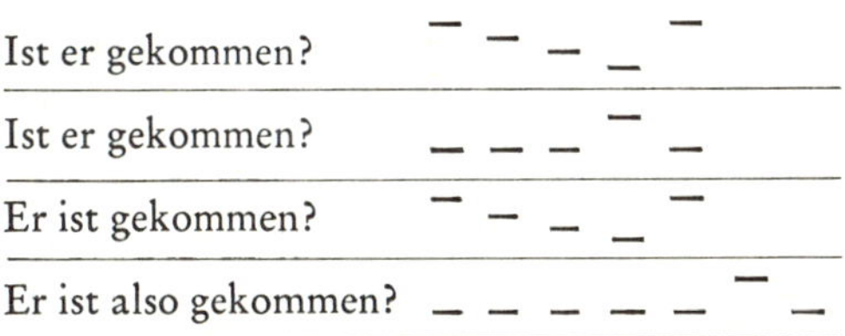

Letzteres zieht z. B. eine Schlußfolgerung aus Indizien in einer Aussage oder in der Situation und fordert den Gesprächspartner zu einer Bestätigung auf. (Dabei hat die Partikel *also* allerdings auch eine wichtige Funktion.) In allen vier Fällen liegen semantische Fragen, allerdings sehr unterschiedlicher Art, vor, die dementsprechend auch mit verschiedenen

Mitteln realisiert werden. An diesem Beispiel zeigt sich deutlich, daß die Frage keineswegs immer mit der steigenden „Frageintonation" verbunden ist.

In diesem Abschnitt geht es daher auch zunächst einmal nur darum, die kontrastiven phonologischen Intonationsstrukturen anhand von möglichen Bedeutungsdifferenzierungen zu erstellen, ohne die semantische Auffächerung eines jeden einzelnen Tons aufzuzeigen. Regularitäten in der Verwendung der Muster finden sich aber doch; einige Hinweise dazu sollen deshalb auch im Anschluß an die Präsentation des phonologischen Intonationssystems gegeben weden. Gerade hier sind jedoch noch umfangreiche empirische Untersuchungen notwendig, da bislang weithin einfach die Analysedaten fehlen und die Fakten über die Ausdrucks-, Appell- und Darstellungsfunktion[116] der Intonation unbekannt sind.

6.2.2.2.2. Eintaktige Intonationseinheiten

Wenn der einzige Takt einer Intonationseinheit eine Senkung enthält, gelten weiterhin dieselben Töne.

1. //1 Danke//, //1 Bitte//, //1 Heute//, //1 Sicherlich//, //1 Kommen Sie//.

   Der fallende Tonverlauf beginnt auf der Hebung; die Senkung setzt das Abgleiten fort oder ist bereits in tiefer Lage, ohne Rücksicht auf die Anzahl der Silben. Typisch ist ein Ton s p r u n g von einer hohen ersten zu einer tiefen zweiten Silbe, wenn nicht Emphase vorliegt.

2. //2 Wirklich//, //2 Wo ist sie//, //3 Geben Sie's ihm//.

   Der Anstieg beginnt auf der Hebung und setzt sich auf den folgenden Silben fort, so daß eine aufsteigende Skala mit hohem Endpunkt entsteht. Typisch ist auch wieder ein Tonsprung von der ersten zur zweiten Silbe.

3. //3 Danke//, //3 Morgen//, //3 Setzen Sie sich//.

   Der Anstieg beginnt ebenfalls auf der Hebung und wird wieder auf den Senkungssilben in aufsteigender Skala, diesmal bis zu einer Mittellage, fortgeführt. Auch hier ist der Tonsprung typisch.

4. //4 Danke//, //4 N'Abend//, //4 Setzen Sie sich//, //4 Einsteigen bitte//.

   Sämtliche Silben bleiben auf gleicher mittlerer Tonhöhe.

5. //5 Außerdem//, //5 Übrigens//.

Die Hebung erhält einen abfallenden Tonhöhenverlauf zu tiefer Lage auf der nächsten Silbe, und die restlichen Silben bilden eine ansteigende Skala bis zur Mittellage.

6. //6 Danke//, //6 Wiedersehen//, //6 Reizend//.

   Auf der Hebung beginnt ein Tonhöhenanstieg, der sich bei vielsilbigen Intonationseinheiten in die nächste Silbe hinein fortsetzen kann; es folgt ein Absinken, das sich auf die restlichen Silben verteilt, oder ein Tonsprung zur nächsten Silbe.

   Diese Beispiele zeigen, daß die Strukturen einsilbiger Intonationseinheiten ebenfalls gelten, aber nunmehr über mehrere Silben expandiert werden.

6.2.2.2.3. Mehrtaktige Intonationseinheiten

Dieselben Verhältnisse finden sich weiterhin, wenn die Intonationseinheit mehr als einen Takt enthält und die erste Hebung der Beginn einer der sechs Töne ist. Zur Anzeige, wo der Ton einsetzt, wird die Hebung des betreffenden Taktes unterstrichen, also im hier zunächst zur Diskussion stehenden Fall die Hebung des ersten Taktes. Diese Silbe soll Nukleussilbe genannt werden. Ihre Position in der Äußerung bestimmt entscheidend die Prominenzwahrnehmung. Die erste Silbe in den folgenden Beispielen ist jeweils prominenter als die übrigen Hebungen, aber diese treten wiederum stärker hervor als die Senkungen. Die Intonation trägt also ganz wesentlich zur Wahrnehmung von Betonungsgraden bei.[172]

1. //1 Kommt ihr / morgen / abend//
   //1 Lüg doch nicht / so//
   //1 Wie oft / hab ich ihm / das nicht ge/sagt//
2. //2 Wer hat das ge/sagt//
   //2 Sind das / wirklich die / billigsten//
3. //3 Danke / schön//
   //3 Macht ja / nichts//
4. //4 Einsteigen / bitte//
   //4 Danke / schön//
   //4 Bitte / schön//
5. //5 Außerdem / noch//
   //5 Sonst noch / was//

[172] Vgl. 3.5., 4.10.3., 4.12.

6. //6 Ich habe den / Fragebogen / ausgefüllt//

Dasselbe System gilt ebenfalls noch, wenn die erste Hebung nach einem unvollständigen Takt eintritt, d. h. nach einem Takt, der am Anfang einer Intonationseinheit nur eine Senkung enthält. Diese Senkung ist proklitisch; sie führt auf- oder abwärts zum Anfang einer der Töne und hat keinen unabhängigen Status. Zu ihrer Abgrenzung von der ersten starken Silbe wird . verwendet.

1. //1 Es. schneit//, //1 Guten. Morgen//,
   //1 Er ist über.haupt nicht / vorbereitet//
2. //2 Im Insti.tut//
   //2 Ver.stehen wir uns auch / richtig//
3. //3 Viel.leicht//
   //3 Ja na.türlich//
   //3 Das. geht doch / nicht//
4. //4 Guten. Morgen//,
   //4 Nehmen Sie. Platz//
5. //5 Was. machst du denn / da//
   //5 Er. hat ihm den / Ball zu/rückge/geben//
6. //6 Ich. habe den / Fragebogen / ausgefüllt//
   //6 Ich. weiß//

6.2.2.2.4. Nukleus und Pränukleus

Die Strukturen ändern sich, wenn einer der sechs Töne nicht auf der ersten Hebung beginnt.

In dem Beispiel

//1 Ver.binden Sie mich / bitte mit meiner / Frau//

erfolgt das Abgleiten von Ton 1 auf der letzten Hebung. Der Teil der Intonationseinheit, der davor steht, kann zwei Strukturen haben:

(a) Eine hohe bzw. tiefe ebene Tonfolge:

‾ ‾ ‾ (\) oder _ _ _ (\)

Die tiefe Tonfolge bewirkt, daß die Nukleussilbe besonders prominent herausgehoben und damit beispielsweise ein Gegensatz aufgebaut wird. Statt der tiefen ebenen Sequenz ist auch eine ansteigende möglich: _ – ‾ (\)

(b) Eine springende Melodie, die mit jeder Hebung einen neuen Auf- oder Abstieg beginnt:

– ‾ ‾ – ‾ ‾ (\ ) oder ‾ – – ‾ – – (\ )

Das zweite Sprungmuster stellt eine typische pränukleare Intonation im Deutschen dar; das erste kann z. B. Verärgerung ausdrücken.

Während alle früheren Beispiele einen aus sechs möglichen Tönen auswählten, haben wir es jetzt mit zwei Elementen einer Intonationsstruktur zu tun, die voneinander verschieden sind und nacheinander innerhalb e i n e r Intonationseinheit auftreten. Diese beiden Strukturelemente sollen N u k l e u s und P r ä n u k l e u s genannt werden. Der Nukleus umfaßt alle Takte von demjenigen ab, in dem der Beginn eines der sechs Töne liegt; alle Takte, die dem Nukleus in derselben Intonationseinheit vorausgehen, bilden den Pränukleus. Der Nukleus enthält einen oder mehrere Takte; der erste ist der N u k l e u s t a k t, seine Hebung die N u k l e u s s i l b e, die restlichen Takte bilden den N a c h l a u f. Auch der Pränukleus kann einen oder mehrere Takte haben; der Melodiebogen kann also auch hier, wie beim Nukleus, in einem Takt komprimiert oder über mehrere ausgedehnt werden.

//1a, b Wer be/hauptet / das//
//1a, b Welcher Pla/net steht der / Sonne am / nächsten//

Zur Unterscheidung der beiden a- und b-Typen kann Unterstreichung für das tiefe bzw. absteigende Muster gewählt werden; a, a, b, b.

Eine Intonationseinheit gliedert sich demnach in die syntagmatische Abfolge Pränukleus und Nukleus, von denen ersterer fehlen kann und beide einen oder mehrere Takte enthalten. Für den Nukleus gilt eine paradigmatische Opposition, d. h. ein System von sechs Tönen. Während der Nukleus vom Vorausgehenden unabhängig ist, verhält sich der Pränukleus anders. Er ist teilweise festgelegt durch den Nukleus, da nur gewisse Pränuklei mit bestimmten Nuklei kombinierbar sind. Die Pränuklei erlauben also keine völlig unabhängige Selektion aus einem Paradigma von Konturoppositionen.

Mit Ton 2 und Ton 3 werden ebenfalls zwei Muster verbunden:

(a) ein hohes ‾ ‾ ‾ (/) oder ‾ – – (/)

(b) ein tiefes _ _ _ (/).

//2a, b Ver.trägt sie das / Klima / nicht//

//2a, b Fahrt ihr / bald / weg//

//3a, b Kommen Sie / doch mal vor / bei//

Mit den Tönen 4, 5 und 6 assoziieren sich pränuklear keine phonologischen Gegensätze; bei Ton 4 ist die letzte Silbe vor dem Nukleus tief, also __(¯¯¯) oder ¯_(¯¯¯), bei Ton 5 und 6 hat der Pränukleus eine mittlere Lage.

//4 Guten / Abend//, //4 Legen Sie / ab//, //5 Da ihr. Vater Mathe/matiker / war //5 ist es. nicht ver/wunderlich //1b daß sie so. gut in Mathema/tik ist//

//6 Ich habe meinen / Fragebogen / ausge/füllt//

Weitere Differenzierungen sind in Ton 1 hinsichtlich der Ausdehnung des Tonabfalls möglich, der einen mittleren, einen engen oder einen weiteren Bereich umfassen kann: Ja. \ \ \ . Als eine Modifikation zu Ton 2 kann ein fallend-steigender Tonhöhenverlauf mit hohem Endpunkt angesehen werden, wie z. B. in einer höchst überraschten Frage Ja? V Ich? V . Diese Variante unterscheidet sich hinsichtlich ihrer terminalen Tonhöhe von Ton 5 und hat andere semantische Konnotationen.

Die in 4.10.3. behandelten Fälle kontrastierenden Satzakzents stellen sich mit dem hier entwickelten Beschreibungssystem nun als verschiedene Positionen der Nukleussilbe in der Intonationseinheit dar, nämlich als

//1 Er hat ihm den / Ball zu/rückge/geben //1 nicht / sie//
//1 Er. hat ihm den / Ball zu/rückge/geben//
//1 Er hat. ihm den / Ball zu/rückge/geben //1 nicht / ihr//
//1 Er. hat ihm / den / Ball zu/rückge/geben //1 nicht den / andern//
//1 Er. hat ihm den / Ball zu/rückge/geben //1 nicht den / Schläger//
//1 Er. hat ihm den / Ball zu/rückge/geben //1 nicht / wegge/nommen//
//1 Er. hat ihm den / Ball zu/rückge/geben //1 nicht zu/rückge/worfen//.

Die Fragen des Kapitels 1 können die folgende phonologische Melodierepräsentation erhalten (in der Reihenfolge ihres Auftretens):

//1 Was. ist Pho/netik/ eigentlich//
//4 Was. ist Pho/netik/ eigentlich//
//2 Was. ist Pho/netik/ eigentlich//
//6 Was. ist Pho/netik/ eigentlich//
//1 (weit) Was. ist Pho/netik/ eigentlich//
//1 a Was ist Pho/netik/ eigentlich//

Neben der Position des Nukleustaktes sowie den Tönen für Nukleus und Pränukleus werden grammatische und kontextuelle Unterschiede vor allem auch noch durch die Abfolge von Intonationseinheiten angezeigt. So vermittelt in Aufzählungen die Sequenz //2//2//. . .//1// Vollständigkeit der Liste, während //2//2//. . .//2// signalisiert, daß noch weitere Glieder folgen können: //2 Äpfel //2 Birnen //2 Pfirsiche //1,2 Pflaumen//. In entsprechender Weise unterscheidet sich eine Alternativfrage durch //2//1// von einer Aussage, einem Vorschlag mit //1// in

(Das können wir morgen im Institut durchsprechen.)

//2a Sagen wir um / zehn //1 oder um. elf//
(= was paßt Ihnen besser?)

//1b Sagen wir um / zehn oder um / elf//
(= das ist mein Vorschlag; in der Mitte des Vormittags, auf die genaue Zeit kommt es nicht an.)

6.2.2.2.5. Verwendung einiger Intonationsmuster

1. Sätze in der syntaktischen Form des Imperativs erhalten durch Ton 1 Befehlscharakter, vor allem bei tiefem Pränukleus:

   //1a Nehmen Sie / Platz//.

   Durch Ton 3 mit tiefem Pränukleus nehmen sie einen freundlichen Ausdruck an:

   //3b Nehmen Sie / Platz//.

   Bei Ton 2 mit tiefem Pränukleus wirkt dieser gleichzeitig insistierend:

   //2b Nehmen Sie /Platz//.

   Ton 2 und Ton 3 mit hohem Pränukleus sind übertrieben freundlich, ja patronisierend; sie kennzeichnen den typischen Kindergartenton.

   Ton 4 vermittelt schließlich Desinteresse, Teilnahmslosigkeit und Gleichgültigkeit:

   //4 Nehmen Sie / Platz//.

2. Sätze in der syntaktischen Form der Fragewortfrage sind neutral mit Ton 1:

   //1 Wer be/hauptet / das//
   //1 Wer hat / das ge/macht//

   Mit Ton 2 auf dem Fragewort werden sie zu Echofragen:

   //2 Wer be/hauptet / das//
   //2 Wer hat / das ge/macht//

Bei Ton 2 außerhalb des Fragewortes und bei hohem Pränukleus wirkt die Frage wiederum patronisierend:

//2a Wer hat / das ge/macht//
//2a Wie / heißt du / denn//

Dieser Kindergartenton verschwindet wieder bei tiefem Pränukleus; damit wird größeres Interesse als mit Ton 1 angezeigt:

//2b Wer hat / das ge/macht//

Ton 4 charakterisiert eine gleichgültige Routinefrage:

//4 Wer hat / das ge/macht//

3. Sätze in der syntaktischen Form der Entscheidungsfrage sind mit Ton 2 neutral, während sie mit Ton 1 zur Befehlsfrage werden können („Ich will es wissen."), vor allem bei tiefem Pränukleus:

//2b Hast du / das ge/macht//
//1 Hast du / das ge/macht//

Der hohe Pränukleus bei Ton 2 bringt wieder die übertriebene Freundlichkeit herein:

//2a Hast du / das ge/macht//

Ton 4 zeigt auch hier Gleichgültigkeit und schematisches Abfragen an:

//4 Hast du / das ge/macht//

4. Ton 3 mit niedrigem Pränukleus wirkt allgemein freundlich, überzeugend, mit hohem Pränukleus verstärkt liebenswürdig, Ton 4 hingegen uninteressiert, „kurz angebunden", ja abweisend:

//3b Danke / gut//
//3a Danke / gut//
//4 Danke / gut//

5. Ton 4 wird als weiterweisende Intonation in nicht abgeschlossenen Äußerungen verwendet und findet sich häufig als monotone Leseintonation. Dieses Muster ist in sämtlichen bislang vorliegenden, überaus spärlichen Untersuchungen zur deutschen Intonation enthalten.[173] Die Signalisierung der Unabgeschlossenheit von Redestücken bei gleichzeitigem Engagement und emphatischem Hervorheben erfolgt durch Ton 5, vor allem im rhetorischen Stil.

[173] Vgl. z. B. O. v. Essen, *Grundzüge der hochdeutschen Satzintonation.* Ratingen/Düsseldorf 1956. Er hat daneben die terminale (fallende) und die interrogative (steigende) Intonation. In der gesamten Literatur zur deutschen Intonation gehen diese inhaltliche Klassifikation und formale Kriterien durcheinander.

//4, 5 Da ihr. Vater Mathe/matiker war //4, 5 ist es. nicht ver/wunderlich //1b daß sie so. gut in Mathema/tik ist//

Im Zusammenhang damit steht auch das Vorkommen von Ton 5 bei adverbialen Einleitungen zu Äußerungen: *übrigens, außerdem.*

Sonst tritt Ton 5 im Deutschen in freundlichen Warnungen auf: *Du!, Vorsicht!, Achtung!*

Außerdem findet es sich in irritiert geäußerten, tadelnden Fragen:

//5 Was /machst du denn / da//.

6.3. Segmentelle Satzphonetik

6.3.0. Einleitendes

Bisher wurden segmentelle Erscheinungen nur im Rahmen des Einzelwortes behandelt. Lautsprachliche Kommunikation besteht jedoch nicht aus Wortlisten, sondern baut sich in und mit der Rede auf. Damit werden Wortverbände wichtig, in denen jedoch Artikulationsbewegungen nicht in derselben Weise wie für die einzelnen sie aufbauenden Wörter ablaufen, sondern sich gegenseitig in Koartikulation beeinflussen und verzahnen sowie auf bestimmte Fokuspunkte hin gesteuert werden.

So haben die Wörter in dem Satz *Hast du einen Moment Zeit* die isolierten Aussprachen [hast], [du:], ['ʔainən], [mo'ment], [tsait]. Im Satzzusammenhang ergeben sich aber in Abhängigkeit von Sprechstil und -tempo verschiedene Reduktionsgrade, von der sehr deutlichen, höchsten Formstufe

['has d̥ʊ(ʔ)ainən mo'men 'tsait]

über

1. ['has d̥ʊ	ain aim ən əm n m	mo'men 'tsait]
2. ['has d̥ə	n m	mo'men 'tsait]
3. ['has d̥	n m	mo'men 'tsait]
4. ['has b̥	m	mo'men 'tsait]

zu der stark verschliffenen Aussprache

['has (b̥) mo'men 'tsait].

Die hierbei auftretenden Veränderungen sind keineswegs regellos, sondern folgen strikt physiologischen, artikulatorischen, linguistischen und situativen Bedingungen. Sie sind teils sprachuniversell, teils sprach- und dialektspezifisch festgelegt. Dieser Phänomenbereich segmenteller Satzphonetik wurde zum erstenmal grundlegend in der schon in Kapitel 1 erwähnten Arbeit von P. Menzerath und A. de Lacerda zu ‚Koartikulation, Steuerung und Lautabgrenzung' erörtert. Auch hier sollen die Begriffe der Koartikulation und der Steuerung verwendet werden, allerdings mit einer anderen Abgrenzung, ohne daß auf den älteren Gebrauch in der genannten Studie eingegangen wird.

Die einzelnen Artikulatoren unterscheiden sich in der Präzision und der Geschwindigkeit der Artikulationsausführung, einmal aufgrund unterschiedlicher Muskelbeteiligung, zum anderen wegen wechselnder Zahl und Art der rückmeldenden Sensoren. Die Zungenspitze ist hier in jeder Hinsicht vor allen anderen Artikulationsorganen ausgezeichnet; die Möglichkeit zu komplexer muskulärer Koordination erlaubt die größte Beweglichkeit, die ihrerseits über die höchste Konzentration von Sensoren kontrolliert wird, vor allem von propriozeptiven, die die schnellste Rückmeldung gestatten, schneller als über die taktile oder gar die auditive Wahrnehmung[5, 51a]. Die Dichte der Sensoren im Ansatzrohr nimmt sowohl entlang der Zunge als auch entlang dem Gaumen von außen nach innen ab. Ferner sind die zentralen Teile einer Struktur empfindlicher als ihre Ränder. Beim Zusammenwirken von Organen unterschiedlicher Artikulationspräzision kommt es zu zeitlichen Verschiebungen im gegenseitigen Bewegungseinsatz, d. h. entweder zu einem Beharren oder zu einer Vorwegnahme in einem Artikulationsparameter. Damit können Nasalierung, Entstimmung oder Stimmhaftwerden und Labialisierung, jeweils ausgehend von nasalen, stimmhaften bzw. stimmlosen und gerundeten Artikulationszentren, auf ein und dasselbe Prinzip zurückgeführt werden. In allen diesen Fällen wird nicht Bewegung eingespart, sondern sie kommt zu früh oder zu spät. So setzt in *hat sich* die Stimmbandschwingung nicht mit der Artikulationsveränderung der Zungenspitze im Übergang von [t] zu [z] ein, sondern erst, wenn die Vokoidstriktur für [ɩ] erreicht ist, d. h. es entsteht der stimmlose Frikativ [s] an dieser Wortgrenze, obwohl *sich* isoliert als [zɩç] gesprochen wird. Dieses Prinzip wechselnder Koordination artikulatorischer Parameter soll als K o - a r t i k u l a t i o n bezeichnet werden.

Die Zungenspitze mit ihrer Fähigkeit zu größter Präzision artikulatorischer Konfigurationen erfordert andererseits auch die intensivste Kontrolle in der Bewegungsausführung. Wenn man davon ausgeht, daß für die Vokoidproduktion im Mundraum nur Zungenmasse- und Lippenbewegungen maßgebend sind und daß nur für bestimmte Kontoide eine Zungenspitzenartikulation, die sehr viel größere muskuläre Koordination voraussetzt, auf erstere „aufgesetzt" wird, dann ist zu erwarten, daß bei Nachlassen der Kontrolle unter bestimmten Bedingungen Zungenspitzenartikulation eingespart wird. Zu diesen Bedingungen gehören neben erhöhtem Tempo und Reduktion der Sprechspannung im weniger förmlichen Sprechen vor allem ein artikulatorischer Zielpunkt und finale Stellung in einer Kodierungseinheit. Diese Artikulationsreduktion soll S t e u e r u n g auf einen Fokus hin genannt werden.

So bilden velare und labiale Kontoide, d. h. Zungenmasse und Lippen, einen Fokus, auf den hin die Artikulation gesteuert wird. Interveniert eine Zungenspitzenartikulation in dieser Steuerungsbewegung, dann kann sie eliminiert werden. Daher findet sich im Deutschen (und übrigens auch im Englischen) die Angleichung des finalen Apikals an den nachfolgenden Labial und Velar an Wort- und Morphemgrenzen:

anmelden	[mm]	*angeben*	[ŋg]
hat mich	[pm]	*anknüpfen*	[ŋk]
haltbar	[pb̥]	*hat kein*	[kk]

Ist der Fokus erreicht, beginnt eine neue Steuerung, weshalb bei vertauschter Reihenfolge der genannten Konsonanten keine Angleichung auftritt:

abtreten	[pt]	*Tagträume*	[kt]
abkommen	[pk]	*sag bitte*	[kb̥]

Bei dieser Steuerung ist auch die auditive Rückkopplung von großer Wichtigkeit, da im Deutschen (und im Englischen) Frikative hinsichtlich des Artikulationsortes nicht angeglichen werden. Das in der Sequenz der Artikulationsörter den Beispielen *anmelden* und *haltbar* genau entsprechende Kompositum *Ausfall* behält stets die Folge [sf] bei. Der auditive Unterschied ist bei verschiedenen Plosiv- und Nasalörtern kleiner als bei unterschiedlichen Frikativörtern.

Die Steuerung geht im Deutschen in gewissen Fällen über den Fokus hinaus. /n/ in wortfinaler Stellung nach labialem oder velarem Plosiv kann zu labialem oder velarem Nasal werden: *eben* [bm], *Regen* [gŋ], aber *ebne* [bn]. Ein entsprechender Vorgang findet sich nicht für /t/ nach /p/

und /k/. Daß auch hierfür wieder die auditive Rückmeldung verantwortlich ist, sieht man an den Fällen, wo der Plosiv /t/ nicht oral mit von /p/ und /k/ charakteristisch differenzierter Aspiration, sondern nasal mit auditiv weit weniger deutlichem Unterschied gelöst wird. Hier ist ebenfalls Angleichung von /t/ über den Fokus hinaus möglich: *Amt* [mtʰ], *Beamten* [mtʰən, mpm].

Ein weiterer Fall der Steuerung ist die Annäherung aufeinanderfolgender verschiedener Öffnungsgrade bzw. die Reduktion in der Häufigkeit ihres zeitlichen Wechsels. So finden sich z. B. im Deutschen

habe	[b] → [β]	*einst stritten*	[stʃt] → [ʃt]
jetzt zu	[tsts] → [tss]	*berechtigte*	[çtɩçtə] →
das zuständige	[sts] → [ss]		[çɩçə]

Aspirationsverlust und Lenisierung bilden weitere, mit der Luftdruckregulierung zusammenhängende Typen von Steuerung: *Dank* [kʰ], *denk ich* [k,g̊].

Im Hinblick auf Koartikulation und Steuerung kann die Silbenfrage[174] neu gestellt werden: Gibt es Einschnitte im Artikulationsablauf, an denen mehrere Koartikulations- und/oder Steuerungsphänomene in systematischer Weise koinzidieren? Daraus ließen sich Kodierungseinheiten vom Typus der S i l b e ableiten, die als Ganzheiten zentral programmiert wären. Eine derartige Theorie haben V. A. Kozhevnikov und L. A. Chistovich[175] vorgetragen, zu deren Fundierung jedoch noch umfangreiche physiologische und artikulatorische Untersuchungen mit meßphonetischen Methoden erforderlich sind. Die Anpassung des Artikulationsorts und Fälle von /t/-Ausfall im Deutschen kommen konsistent nur wort- und morphemfinal vor und weisen auf eine solche Steuerungseinheit „Silbe" hin, die an ihrer Grenze zur nächsten „Silbe" durch die Steuerung der Zungenspitzenartikulation und des zeitlichen Wechsels im Öffnungsgrad charakterisiert scheint. Steuerung der Zungenspitzenartikulation über diese Grenzen hinweg produziert Phänomene von völlig anderem Status, nämlich Versprecher (Typ: *die Katze tritt die Treppe krumm,* wo bei schnellem Sprechen die Tendenz zur Verwechslung von /t/ und /k/ besteht).

Als höhere Steuerungseinheit über dieser Art von „Silbe" – die wiederum nicht mit der vorwissenschaftlich aufgestellten Silbe übereinzustimmen

[174] Vgl. 3.5. und 4.9.
[175] *Speech: Articulation and Perception.* Washington 1965 (englische Übersetzung durch IPRS).

braucht – muß in einer Sprache wie dem Deutschen der Takt[176] gelten, der durch rhythmisch bedingte Reduktionen gekennzeichnet ist, zu denen im Deutschen einmal die /ə/-Elision (6.3.1.1.), ferner bestimmte Geminatenreduktionen (6.3.1.10.) und schließlich die schwachen Formen (6.3.2.) gehören. Da Vokale die wichtigsten Betonungsträger sind, müssen sie in schwachen Formen und Endungen zuerst qualitativ und quantitativ reduziert oder völlig elidiert werden; konsonantischer Schwund schließt sich an. So kann *und* in *sechsundzwanzig* zwar zu [n], nicht aber zu [ʊ] oder [ə] werden.[177] Als eine noch höhere Steuerungseinheit kann das sprachliche Ereignis zwischen zwei aufeinanderfolgenden Pausen genannt werden.

Es ist schon mehrfach die Redeweise gebraucht worden, daß eine Form zu einer anderen wird oder werden kann. Damit werden die Koartikulations- und Steuerungserscheinungen als Prozesse interpretiert, was nur unter der Voraussetzung des Ansatzes von Ausgangsformen möglich ist. Das bedeutet, daß auch hier die phonetische Form des Einzelwortes wieder zugrunde gelegt wird, daß also aus dem phonetisch kodifizierten Lexikoneintrag Veränderungen im Satzzusammenhang über eine Reihe von Regeln hergeleitet werden. Diese Betrachtungsweise ist aus drei Gründen angemessen:

1. Die Ausgangsformen sind, zunächst als theoretische Konstrukte, derart angesetzt, daß sich eine Vielfalt von disparaten Erscheinungen unter wenigen Aussagen der Regelhaftigkeit fassen läßt, was nicht möglich wäre, wenn sofort der Satz und nicht das Einzelwort den Ausgangspunkt bildete. Wichtige Voraussetzung ist dabei natürlich, daß die Reduktionsregeln auch tatsächlich erstellt und durch Analyse an Datenkorpora ermittelt werden, um so die wirklich in der Rede vorkommenden Aussprachen auch voll und adäquat zu beschreiben. Die Siebssche Aussprachenormierung hat eben bis in die neueste Zeit kontrafaktisch den Lexikoneintrag des isolierten Wortes zum überall gültigen Standard erhoben und die segmentelle Satzphonetik völlig vernachlässigt.[178] Erst durch die

[176] Vgl. 6.2.2.1.

[177] Diese Aussage gilt für die Spielarten des Deutschen, die auch die Endung /-ən/ generell zu /-n/, nicht jedoch zu /-ə/ wandeln können. Dort wo letztere Veränderung möglich ist – wie in südwestdeutschen Dialekten –, tritt auch /ə/ für *und* auf.

[178] Vgl. Kapitel 2; außerdem K. Kohler, Satzphonetische Erscheinungen im Deutschen. *Kongreßbericht der 2. Jahrestagung der GAL* (*IRAL-Sonderband*), Heidelberg 1971, pp. 251–255.

Krech-Schule traten in bescheidenem Maße auch Reduktionserscheinungen in das Blickfeld der Hochlautungsfragen.[179]

2. Wörter und mit ihnen die isolierte Aussprache stellen für den Sprecher sicher in irgend einer Form eine psychologische Realität dar und sind wohl neurophysiologisch im Kortex festgelegt. Die Veränderungen sind dabei keineswegs nur peripher geregelt, sondern können ebenfalls zentral kontrolliert sein, vor allem dort, wo es sich nicht nur um Synchronisationsverschiebungen der einzelnen artikulatorischen Parameter aufgrund unterschiedlicher Trägheit handelt, sondern um Steuerungen des Artikulationsablaufs. Damit gehen die Ausgangsformen weit über theoretische Konstrukte hinaus; aber ehe hier eine endgültige Aussage gemacht werden kann, ist noch weitreichende Grundlagenforschung auf physiologischem Gebiet erforderlich. Bis dahin ist es ratsam, den vorläufigen Konstruktcharakter des Ansatzes nicht aus den Augen zu verlieren, um vorschnellen Schlußfolgerungen vorzubeugen.

3. Das Zugrundelegen des Einzelwortes hat auch einen praktischen Wert, da es die Erstellung von Aussprachewörterbüchern in kanonisierter kontextfreier phonetischer Form erlaubt, die in einem Einleitungsteil oder in einem separaten phonetischen Handbuch wie dem vorliegenden durch Regeln der Satzphonetik ergänzt werden können. Beide zusammen – Lexikoneinträge und satzphonetische Regeln – erfassen dann die empirischen Fakten vollständig, übersichtlich, systematisch und ökonomisch.

Das Ansetzen von Wortaussprachen und darauf anwendbaren Veränderungsregeln für die Satzebene entspricht genau der Einführung des Lautes und des Phonems mit zusätzlichen Realisierungsregeln auf der Wortebene. In beiden Fällen wird von den empirischen Fakten abstrahiert, um zu Verallgemeinerungen zu kommen; und in beiden Fällen müssen Basisformen durch Regeln ergänzt werden. So fixieren segmentelle Transkriptionen wie [bl-] und [gl-] (in *Blatt, glatt*) artikulatorische Ruhepunkte im ständig sich ändernden Bewegungsablauf und täuschen Aufeinanderfolgen von je zwei getrennten Lauten vor, obgleich die Zungenspitzenartikulation für [l] schon während der Lippen- und Zungenrükkentätigkeit für [b] und [g] durchgeführt wird, die „Laute" also koartikulatorisch verzahnt sind wie oben erörterte entsprechende Erscheinungen an Wortgrenzen. Aber diese Art der Segmentierung erlaubt eine ökonomische Verschriftung, da sie generalisierend [b] in *Blatt* und *bald* gleich-

[179] Vgl. Kapitel 2.

setzen kann, obwohl die beiden Laute artikulatorisch nicht identisch sind. Ebenso kann eine allgemeine Regel für die Entstimmung im Deutschen am einfachsten und sparsamsten formuliert werden, wenn in Wörtern wie *treten* [χ] auf denselben Ausgang /ʁ/ wie in *reden* zurückgeführt wird, obwohl Stimmhaftigkeit im ersten Fall nie auftreten kann. Wie auf der Satzebene handelt es sich auch bei den abstrahierenden Ansätzen im Wort zunächst einmal um theoretische Konstrukte, die aber nicht ohne empirische Fundierung und Relevanz für den Sprecher sind, wie in Kapitel 1 und in 3.3, 4.9. sowie 5.1. ausgeführt wurde.

Es sollen nun zwei Komplexe von Koartikulations- und Steuerungsphänomenen im Deutschen unter den traditionellen Begriffen der Assimilationen und Elisionen einerseits sowie der schwachen Formen andererseits abgehandelt werden.

6.3.1. Assimilationen und Elisionen

Der Terminus Assimilation weist auf die Angleichung benachbarter Segmente in mindestens einem phonetischen Parameter hin; Fernassimilationen sollen in der folgenden Diskussion ausgeschlossen sein. Mit Elision wird der Ausfall von Segmenten bezeichnet. Assimilationen werden bestimmt durch die Richtung, in der sie wirken, durch den betroffenen phonetischen Parameter und durch die zeitliche Extension. Bei progressiver Wirkung wird der nachfolgende Laut beeinflußt, (*haben* [bn] → [bm]), bei regressiver der vorhergehende (*an beide* [nb] → [mb]); auch beidseitige Assimilationen sind möglich (*ich habe* [b] → [β]). Die Artikulationskomponente, hinsichtlich der eine Anpassung erfolgt, ist bei grober Unterteilung des gesamten Produktionsvorgangs[180] entweder der Artikulationsort (*hat mich* [tm] → [pm]), die Artikulationsart (*Agnes* [gn] → [ŋn] oder die Stimmbeteiligung (*hat selbst* [tz] → [ts]. Hinsichtlich der Ausdehnung können Assimilationen partiell (*das Wetter* [v] → [v̥] oder total (*hat sich* [z] → [s]) sein. Elisionen werden nach der Art des elidierten Elements klassifiziert, das entweder ein Vokal (*reden* [ən] → [n]) oder ein Konsonant mit bestimmter phonetischer Spezifizierung sein kann (*dasselbe* [sz] → [s]). Sowohl Assimilationen als auch Elisionen sind weiter kategorisierbar nach der Position in linguistischen Einheiten (an Wort-, Morphem- und Silbengrenzen sowie im Silbeninnern), nach ko-

[180] Vgl. 3.3.10.

textuellen Bedingungen (phonetisch-segmentelle Umgebung, Akzent, Tempo, Pausen, morphologische und syntaktische Struktur) und hinsichtlich der Gültigkeit (d. h. sie können fest oder unter verschiedenen stilistischen Voraussetzungen variabel sein).

Diese Taxonomie der Assimilationen und Elisionen wird durch die folgenden Regeln für das Deutsche illustriert. Wenn nicht anders vermerkt, sind die Veränderungen total und stilistisch variabel.

6.3.1.1. /ə/ – Elision

Der rhythmische Aufbau des Deutschen[181] bewirkt, daß die einzelnen Silben in einem Takt, vor allem aber diejenigen der Senkung, mit zunehmender Zahl kürzer werden müssen. Aus diesem Prinzip leitet sich auch der völlige Schwund des Reduktionsvokals /ə/ vor Nasal unmittelbar nach dem akzentuierten Vokal ab, wo der Stärkegrad am geringsten ist. Hier übernimmt der Nasal die vokalische Funktion, wenn er nach K_a wortfinal steht oder ein Konsonant folgt; vor Vokal reduziert sich die Silbenzahl. *lebend* [bənt] → [bn̩t], *eben* [bən] → [bn̩], *ebene* (*s, r, n, m*) [bənə] → [bnə], *reden* [dən] → [dn̩], *legen* [gən] → [gn̩].

Folgen zwei /ə/, jeweils vor Nasal, auf den akzentuierten Vokal, so kann auch das zweite /ə/ ausfallen, wenn das Wort nicht äußerungsfinal oder vor einer Pause, d. h. allgemein final in einer Pauseneinheit, steht.

auf ebenem Boden [bənəm] → [bnm],
auf ebenen Straßen [bənən] → [bnn],
die abgeschnittenen Rosen [tənən] → [tnn],
Nimm die abgeschnittenen. [tənən] → [tnən],
Nimm die abgeschnittenen und trag sie rüber. (ohne Pause zwischen den beiden Sätzen) [tənən] → [tnn]; steht eine Pause, so ist die Aussprache wie in der Endstellung.

In Verbalableitungen von Adjektiven und Substantiven auf *-en* ist das erste /ə/ obligatorisch getilgt, was sich auch in der Orthographie festgesetzt hat: *ebnen, ebnet, eignen, öffnen, trocknen, regnen, segnen, zeichnen, wappnen,* auch *atmen.* Das zweite /ə/ bleibt nach den so entstehenden Konsonantenverbindungen stets erhalten.

Finales /ə/ in der 1. Pers. Sing. Präs. des Verbs kann bei proklitischer und enklitischer Stellung des Pronomens ausfallen, wenn dadurch kein

[181] Vgl. 4.10.3. und 6.2.2.1.

silbischer Nasal entsteht: *ich mach, mach ich, ich hab, hab ich, ich öffne, öffn ich, ich atme, atm ich.* Im Präteritum ist die Elision nur bei enklitischem Pronomen möglich und auch nur, wenn die Präteritalendung /tə/ unmittelbar an einen Konsonanten angehängt wird. Am konsequentesten findet sich der Schwund bei Hilfsverben.

macht ich, rannt ich, öffnete ich, arbeitete ich, wollt ich, konnt ich, durft ich, sollt ich, mußt ich, hatt ich, wurd ich.

6.3.1.2. Regressive Assimilation des Artikulationsortes

Apikale Plosive und Nasale vor Wort- und Morphemgrenzen können an folgende labiale und velare angeglichen werden.

anbinden [nb] → [mb], *geht baden* [tb̥] → [pb̥], *bunt machen* [ntm] → [mpm], *angeben* [ng] → [ŋg] *mitkommen* [tk] → [kk], *bunt kariert* [ntk] → [ŋkk].

Die Assimilation tritt auch ein, wenn die Konsonantenfolge erst durch /ə/-Elision ensteht.

buntem [ntm] → [mpm], *mit bunten Papierschlangen* [tb̥ . . . ntnp] → [pb̥ . . . mpmp], *mit bunten Girlanden* [tb̥ . . . ntng] → [pb̥ . . . ŋkŋg], *die angebundenen Pferde* [ndnnp] → [mbmmp], *auf ebenem Boden* [bnm] → [bmm].

Diese Assimilationen entstehen ohne Rücksicht auf den möglichen Zusammenfall von Kasusendungen (*mit bunten Papieren, mit buntem Papier*).

6.3.1.3. Progressive Assimilation des Artikulationsortes

Der apikale Nasal kann an vorangehende Labiale und Velare angeglichen werden, wenn im selben Wort aufgrund der /ə/-Elisionen in 6.3.1.1. kein Vokal mehr folgt.

eben [bn] → [bm], aber *eb(e)ne* [bn]; *verlogen* [gn] → [gŋ], aber *verlog(e)ne* [gn], *Signal* [gn]; *Lappen* [pn] → [pm]; *trocken* [kn] → [kŋ], aber *trock(e)ne* [kn]; *Jugend* [gntʰ] → [gŋtʰ], *Gegend* [gntʰ] → [gŋtʰ], *lebend* [bntʰ] → [bmtʰ], *lebende* [bnd] → [bmd]; *auf ebenen Straßen* [bnn] → [bmm], *die eingeschlagenen Wege* [gnn] → [gŋŋ]; *kommen* [mn] → [mm], *fangen* [ŋn] → [ŋŋ].

Auch Plosive können sich in denselben Kontexten assimilieren, wenn sie keine orale Verschlußlösung haben, also beispielsweise nasal oder ohne Aspiration gelöst werden.

Hemd [mt^{h}], [mt°] → [mp°] (wo° hinter dem Plosivsymbol das Fehlen einer aspirierten Öffnung anzeigt), *Hemden* [mdn] → [mbm], *die Jugend anfeuern* [gnt°ʔ] → [gŋk°ʔ], *die Gegend ansehen* [gnt°ʔ] → [gŋk°ʔ], *die Gegenden ansehen* [gndn] → [gŋgŋ], *Beamter* [mt^{h}], *Beamten* [mtn] → [mpm], *behaupten* [ptn] → [pm], *die Lebenden* [bndn] → [bmbm].

Nach Frikativen findet sich die Assimilation des finalen Nasals ebenfalls. *rufen* [fn] → [fɱ, fm], *rauchen* [xn] → [xŋ].

Folgt auf das Kluster aus velarem Plosiv und apikalem Nasal noch ein Vokal, so ist die Anpassung möglich, wenn dieser nicht hoch ist.

Agnes, signifikant, Magnifizenz, regnet [gn] → [gŋ]; aber *Signal* [gn].

6.3.1.4. /t/ – Elision

Ist /t/ der mittlere Konsonant in einer Dreiergruppe, so kann er ausfallen

1. nach /n/ und /l/ vor /s/ infolge von koartikulatorischen Verschiebungen (siehe 6.1.1.4.3.):

Glanz [nts] → [ns], *erhältst* [lts] → [ls];

2. vor /l/ nach Frikativen, insbesondere nach dem homorganen /s/, wiederum aufgrund von gestörter Synchronisierung der verschiedenen artikulatorischen Parameter, nämlich infolge einer verfrühten Senkung der Zungenseiten in Relation zur Frikativartikulation: *restlich* [stl] → [sl], *schriftlich* [ftl] → [fl], *rechtlich* [çtl] → [çl], *beachtlich* [xtl] → [xl];

3. bei Vorliegen der Assimilationsbedingungen von 6.3.1.2.: *Weltkugel* [ltk] → [lk], aber *Halbkugel* [lpk], *Halbzeit* [lpt];

4. in der Folge apikaler Frikativ + apikaler Plosiv + apikaler Frikativ, womit Bewegung zur Veränderung des Öffnungsgrades eingespart wird: *Szene* [sts] → [ss], *jetzt zu* [tstts] → [tss], *zumindest zwei* [stts] → [ss], *einst stritten* [stʃt] → [sʃt].

/t/ kann außerdem nach Frikativen und nach /n/ eliminiert werden, wenn es in einer Senkungssilbe steht: *Wirtschaft und Finanzen* [ft] → [f], *desto* [st] → [s], *mußte* [st] → [s]; *Entwurf* [ntv] → [nv], *er 'wird doch endlich 'kommen* [ntl] → [nl], *er ist 'endlich ge'kommen* [ntl]. Wegen des Nachlassens der artikulatorischen Spannung im Schwachton wird hier die komplexe Zungenspitzenartikulation bzw. die Velumshebung nicht ausgeführt.

Nach [ç] ist /t/-Elision auch möglich, wenn ein tiefer Vokal folgt, da dann der Zungenrücken über eine längere Artikulationsstrecke gegen den harten Gaumen gehoben sein muß und so die Elimination der Zungenspitzenartikulation eine Vereinfachung des Bewegungsablaufs darstellt: *berechtigte* [çtɪçtə] → [çɪçə].

6.3.1.5. Regressive Assimilation der Artikulationsart

Zur Vereinfachung der kompliziertesten aller Zungenartikulationen wird wortfinales /s/ an initiales /ʃ/ assimiliert: *das Schiff* [sʃ] → [ʃʃ], *Eisschrank* [sʃ] → [ʃʃ].

6.3.1.6. Einsparung von Bewegung zur Veränderung des Öffnungsgrades

Eine beidseitig bedingte Assimilation überführt intervokalische stimmhafte labiale und velare Plosive [b] und [g] in die homorganen Frikative mit sehr geringer Turbulenz oder sogar in friktionslose Laute: *ich habe* [b] → [β] → [β̞], *ich lege* [g] → [ɣ] → [ɣ̞].

Hierdurch werden extreme Lippen- und Zungenrückenbewegungen im Gesamtartikulationsablauf vermieden, weshalb diese Veränderung besonders häufig im Schwachton eintritt, z. B. im Hilfsverb *habe*. [d] bleibt von dieser Entwicklung ausgenommen, vermutlich wegen der geringeren Trägheit der Zungenspitze gegenüber dem Zungenrücken und den Lippen, wodurch die vollständige Bewegung z. B. bei beschleunigtem Tempo noch eher ausgeführt werden kann und es folglich zu einem – wenn auch gekürzten – Verschluß kommt. Andere Sprachen – wie beispielsweise das Spanische – sind noch einen Schritt weiter gegangen und haben auch [d] in die Reduktionsprozesse einbezogen.

6.3.1.7. Progressive Assimilation der Stimmlosigkeit

Folgen die stimmhaften Plosive oder /z/ auf stimmlose Plosive oder Frikative (wobei es gleichgültig ist, ob eine Morphem- oder Wortgrenze interveniert), so werden sie in einer festen Assimilation total entstimmt: *dasselbe* [sz] → [ss], *das Siebengebirge* [sz] → [ss], *frisch sein* [ʃz] → [ʃs], *ratsam* [tz] → [ts], *setzt sich* [tz] → [ts], *meßbar* [sb] → [sb̥], *das Bad* [sb] → [sb̥], *deutbar* [tb] → [tb̥], [pb̥], *wegbringen* [kb] → [kb̥].

[j], [v], [ʁ] und [l] nach Frikativen werden unter denselben Bedingungen nur partiell entstimmt, ebenso wie die Vokale unmittelbar nach Plosiven (Aspiration):

das Jahr [sj] → [sj̊], *das Wasser* [sv] → [sv̥], *das Land* [sl] → [sl̥], *das Rad* [sʁ] → [sʁ̥]; *Fjord* [fj] → [fj̊], *schwitzen* [ʃv] → [ʃv̥], *schlafen* [ʃl] → [ʃl̥], *Schrank* [ʃʁ] → [ʃʁ̥]; *Tür.*

Die Turbulenzbildung ist dabei gleichzeitig gering, so daß selbst in den stimmlosen Teilen kein Zusammenfall mit [ç], [f], [χ] und [ɬ] erfolgt. Nach Plosiven gehen jedoch sowohl Entstimmung als auch Frikativisierung sehr viel weiter; vor allem bei /j/ und /ʁ/ kann weitgehende Annäherung an [ç] und [χ] eintreten:

Schaltjahr, hat wohl, Mitleid, mit Rat.

Innerhalb eines Wortes ist [χ] sogar fest:

treten [tχ], *Preis* [pχ], *Kreis* [χ].

6.3.1.8. Regressive Assimilation der Nasalität

Stimmhafte Plosive vor Nasal innerhalb desselben Wortes können zu den homorganen Nasalen werden.

Signal [gn] → [ŋn], *Agnes* [gn], [gŋ] → [ŋn], [ŋŋ], *signifikant* [gn], [gŋ] → [ŋn], [ŋŋ], *eben* [bm] → [mm], *ebne* [bn] → [mn], *legen* [gŋ] → [ŋŋ], *werden* [dn] → [nn], *finden* [ndn] → [nn], *lebend* [bmt] → [mmt], *Hemden* [mdn] → [mnn], [mbm] → [mm].

6.3.1.9. Progressive Assimilation der Nasalität

Stimmhafte Plosive nach Nasalen können auch über Wortgrenzen hinweg in die homorganen Nasale übergehen.

umbenennen [mb] → [mm], *zum Beispiel* [mb] → [mm], *Bundes* [nd] → [nn], *Wanderer* [nd] → [nn], *zumindest* [nd] → [nn], *ange(ge)ben* [ŋg] → [ŋŋ].

6.3.1.10. Geminatenreduktion

Final können Geminanten grundsätzlich vereinfacht werden.

kommen [mm] → [m] = *komm!*, *nennen* [nn] → [n] = *nenn!*, *hängen* [ŋŋ] → [ŋ], *eben* [mm] → [m], *legen* [ŋŋ] → [ŋ].

Sonst tritt Reduktion zum zweiten Element ein, 1. wenn die Geminate nicht erst durch Assimilationsprozesse des Ortes entstanden ist[182] oder 2.

[182] Auch bei unterschiedlicher Phonation bzw. fortis/lenis-Differenzierung der beiden Elemente wird hier von Geminaten gesprochen.

wenn der Akzent nicht unmittelbar vorausgeht sowie 3. bei Doppelnasal auch, wenn /ə/ unmittelbar folgt und die Senkung des Taktes eine große Silbenzahl hat.

1. *mitteilen, mitzählen* [tt] → [t], *annehmen* [nn] → [n], *wegkommen* [kk^{h}] → [k^{h}], *weggehen* [kg̊] → [g̊], *dasselbe* [ss] → [s], *das Schiff, Eisschrank* [ʃʃ] → [ʃ].

   Diese Vereinfachung kann als fest gelten.

2. *an 'Montagen, in 'Museen* [mm] → [m], *'anmelden* [mm], *mit 'Karl* [kk] → [k], *'mitkommen, 'Brot kaufen* [kk], *'radgefahren* [kg̊], *signifi'kant, Magnifi'zenz* [ŋŋ] → [ŋ], *zum 'Beispiel* [mm] → [m], *'anbinden* [mm], *'Agnes* [ŋŋ], *'angeben* [ŋŋ], *Bundes* [nn], *Wanderer* [nn], *zumindest 'das da* [nn] → [n].

3. *angegeben* [ŋŋ] → [ŋ], *Bundesministerium* [nn] → [n].

6.3.1.11. Sonorisierung

Intervokalische stimmlose Frikative und Plosive können stimmhaft werden, wenn die ganze Folge in der Senkung eines Taktes steht.

das muß ich 'machen [z]
das hat er doch ge'macht [d]
das schaff ich 'doch nicht [v]
das mach ich 'doch nicht [γ].[183]

Für sämtliche hier behandelten fakultativen Regeln gilt die kontextuelle Bindung, daß sie nur bei entsprechendem Tempo in Abhängigkeit vom Stilniveau eintreten und um so weiter gehen, je lässiger, familiärer und integrierter die Äußerungen sind. Es ist eine Aufgabe der zukünftigen Forschung, verschiedene Sprechstile hinsichtlich unterschiedlicher Koartikulations- und Steuerungsprozesse zu bestimmen.

6.3.2. Schwache Formen

6.3.2.1. Akzent und Wortklasse

Aus dem akzentzählenden Rhythmus des Deutschen folgt für eine geschlossene Klasse von Formwörtern, daß sie in der Taktsenkung so behandelt werden, wie wenn sie unbetonte Wortsilben wären. Sie schließen sich also an eine vorausgehende oder nachfolgende Wortakzentsilbe in Enklise

[183] Wegen des Ausfalls von [ʔ] siehe 6.1.1.8.

oder Proklise an, ordnen sich ihr unter. Daraus ergeben sich eine Reihe von quantitativen und qualitativen Veränderungen, die die schwachen Formen[184] des betreffenden Wortes bilden. Seine starke Form[184] ist die Aussprache unter dem Akzent. Zu den Wörtern, die sich in dieser Weise verhalten, gehören Pronomina, die Artikel, Formverben, Präpositionen, Konjunktionen und Adverbien. Die folgende Liste zählt die wichtigsten Beispiele auf und notiert die jeweilige starke Form in phonematischer Transkription.

Pronomina

ich /ix/, *mir* /miːr/;
du /duː/, *dir* /diːr/;
er /eːr/, *ihm* /iːm/, *ihn* /iːn/;
sie 3. Pers. Sing. (Plural) Nom. (Akk.) /ziː/;
ihr 3. Pers. Sing. Dat., 2. Pers. Plural Nom., Possessivpronomen 3. Pers. Sing. fem. (3. Pers. Plural) /iːr/ (mit den Flexionsformen des Possessivpronomens *ihre* (*s, n, m, r*) /ˈiːrə (s, n, m, r)/);
es /es/;
wir /viːr/, *uns* /uns/;
ihnen /ˈiːnən/.

Artikel

der mask. Sing. Nom., fem. Sing. Gen. (Dat.), Plural Gen. /deːr/, *des* /des/, *dem* /deːm/, *den* mask. Sing. Akk., Plural Dat. /deːn/;
die fem. Sing. Nom. (Akk.), Plural Nom. (Akk.) /diː/;
das /das/;
ein (*e(s, n, m, r)*) /ˈain (ə(s, n, m, r))/.

Daneben existieren die Relativpronomina *der, dem, den, die* mit denselben starken Formen sowie *dessen* /ˈdesən/, *deren* /ˈdeːrən/, *denen* /ˈdeːnən/.

Formverben

(b)ist /(b)ist/, *sind* /zint/;
werden /ˈveːrden/, *wurden* /ˈvurden/, *würden* /ˈvyrdən/, *geworden* /gəˈvordən/;

[184] Die Terminologie schließt sich an die seit langem in der phonetischen Beschreibung des Englischen bekannten “weak and strong forms” an; vgl. z. B. D. Jones, *An Outline of English Phonetics*. Cambridge [8]1956, pp. 126–137.

habe(n) /ˈha:bə(n)/;
soll /zol/;
will /vil/.

Präpositionen

über /ˈy:bər/
zu /tsu:/
von /fon/
vor /fo:r/
für /fy:r/
nach /na:x/
in /in/

Konjunktionen

und /unt/
aber /ˈa:bər/
oder /ˈo:dər/
wie /vi:/
da /da:/

Adverbien

nicht /nixt/
jetzt /jetst/
sonst /zonst/
denn /den/
so /zo:/
schon /ʃo:n/
nun /nu:n/
nur /nu:r/
mal /ma:l/

6.3.2.2. Steuerungsregeln

Für diese Basisformen gelten zunächst einmal die phonetischen Realisierungsregeln, insbesondere hinsichtlich /r/ (6.1.1.6.), [ʔ] (6.1.1.8.) und der Vokale (6.1.2.). Die Steuerungsregeln, die darüberhinaus in der Einheit ‚Takt' anwendbar sind, bewirken zuerst eine Verkürzung der langen Vokale und weiter bei den nicht-offenen, d. h. außer bei /a:/, eine Öffnung (also eine Erhöhung des ersten Formanten bei nicht-hohen Vokalen). Damit reihen sich die so gekürzten Vokale in das phonologische System korrespondierender langer geschlossener und kurzer offener Vokale im Deutschen ein.[185] Für nicht-offene ursprünglich kurze oder sekundär gekürzte Vokale besteht ferner die Tendenz zur Zentralisierung, wobei, wie in der unakzentuierten Wortsilbe /ə r/, auch hier aus zentralisiertem Vokal +/r/ [ɐ] entsteht. Die Formen auf /–e:r/ und /–i:r/ können so über die möglichen Zwischenstufen [–e:ɐ → –eɐ → –ɛɐ] bzw. [–i:ɐ → –iɐ → –ɪɐ] zur extremen Lautung [–ɐ] geschwächt werden. Dadurch ergibt sich die Möglichkeit eines Zusammenfallens des Artikels *der* mit *der* in der Endung *–ender*, also z. B. identische Lautung für *bei Fehlen der Grundfrequenz* und *bei fehlender Grundfrequenz*. Auch /ai/ in *ein* ist zu /ə/ reduzierbar.

Die Regeln der /ə/-Elision (6.3.1.1.) sind dann grundsätzlich anwendbar, so daß ursprüngliche und neu entstandene /ə/ vor Nasal getilgt werden können und so die Formen [n] für *ihn*, *ein*, [m] für *ihm*, [dn] für *den*, [dm] für *dem* auftreten. Die regressive Assimilation der Nasalität (6.3.1.8.) kann ebenfalls wirken, ganz besonders hier im Schwachton, wo wegen der damit verbundenen Verkürzung der Artikulationsdauer die Synchronisierung der trägen Velumsbewegung noch mangelhafter ist. Auch die Geminatenreduktion (6.3.1.10.) gilt generell weiter. Dadurch ergeben sich sogar die Aussprachen [n] für *den* und [m] für *dem*. Da schließlich progressive Assimilation des Artikulationsortes stets möglich ist, können *ihn* und *den* auch als [m] und [ŋ] erscheinen:

Ich laß ihn reden. [sn]
Ich hab ihn gesehen. [bm] → [m] (6.3.1.8.)
Ich pack ihn mir mal. [kŋ]
Laß den Jungen doch reden. [sn]
Gib den Kindern doch was zu essen. [pm]
Pack den Kindern doch was zu essen ein. [kŋ]

In *zum, am, im, vom* hat sich diese Entwicklung sogar orthographisch generell festgesetzt, teilweise auch in *hinterm, überm,* während *aufm, ausm, übern* u. a. eindeutige Schreibungen des Substandards sind, aber dennoch auch mit der dialektfreien Sprechrealität konform gehen, eben mit dem familiären Redestil, der gewöhnlich nicht schriftlich festgehalten wird. Die Kontraktion *zur* ist nach heute wirksamen Regeln gar nicht mehr möglich. Sie ist als historisch gewordene Einheit tradiert.

Sämtliche Assimilations- und Elisionsregeln (6.3.1.) sind also auf Schwachtonreduktionen immer wieder anwendbar. So tritt nach 6.3.1.11. auch

[185] Vgl. 5.2. und 6.1.2.

Sonorisierung stimmloser Plosive zwischen Vokal und vokalischem Nasal in schwachen Formen ein, wenn sich die entsprechende Sequenz durch andere Prozesse ergeben hat:

hab ihn [habm], *Guten 'Tag* [gʊdn].

Damit ist gleich wieder die Voraussetzung für die regressive Assimilation der Nasalität geschaffen (6.3.1.8.):

hab ihn [ham], *Guten 'Tag* [gʊn].

Entsprechend gilt: *mit ihm, dem* [mɪt d̥əm] (6.3.1.7.) → [mɪd̥m] (6.3.1.1., 6.3.1.10.) → [mɪb̥m] (6.3.1.2.) → [mɪbm] (6.3.1.11.) → [mɪm] (6.3.1.8., 6.3.1.10.).

Nach 6.3.1.4. verlieren *(b)ist, sind, und, nicht, jetzt* und *sonst* ihr finales /t/. Diese /t/-losen Formen können dann auch in den Starkton übertragen werden:

Er ''ist albern. [ɪs]
Er ist ''nicht in der Lage. [nɪç].

über, aber und *habe* bekommen intervokalisches [β] nach 6.3.1.6. In *hast du* und *hat der Lehrer* werden Geminaten nach 6.3.1.10. reduziert:

[st d̥ə] → [sd̥ə]
[td̥ɐ] → [d̥ɐ].

Im zweiten Beispiel kann weiter nach 6.3.1.11. Stimmhaftigkeit eintreten. Durch Wirkung von 6.3.1.9. und 6.3.1.10. ist

in der Stadt [ɪndɐ] → [ɪnɐ]
in die Stadt [ɪndɪ] → [ɪnɪ]

möglich, infolge von 6.3.1.4.

auf der Straße [aufd̥ɐ] → [aufɐ]
auf die Straße [aufd̥ɪ] → [aufɪ].

Besonders hervorzuheben ist noch die schwache Form *ich* [ç] in proklitischer Stellung (*ich weiß* [ç]), die jedoch enklitisch (*weiß ich* [ç]) eindeutig dialektal ist. Außerdem muß die Reduktion *das* [s] speziell erwähnt werden, zusammen mit den auch orthographisch fixierten und damit normierten Formen *ins, ans, übers.*

6.3.2.3. Liste der schwachen Formen

Zur besseren Übersicht sollen nun die besprochenen schwachen Formen, soweit sie aufgrund der phonetischen Steuerungsgesetze auftreten, tabellarisch zusammengefaßt werden:

Pronomina

ich	[ç]
mir, dir, ihr, wir	[–iɐ] → [–ɩɐ] → [–ɐ]
du	[dʊ] → [də]
er	[eɐ] → [ɛɐ] → [ɐ]
ihm	[im] → [ɩm] → [əm] → [m]
ihn	[in] → [ɩn] → [ən] → [n], [m], [ŋ]
sie	[zi] → [zə]
ihre(s, r)	[iʁə(s)] → [ɩʁə(s)], [iʁɐ] → [ɩʁɐ]
ihren, ihrem	[iɐn], [iɐm] → [ɩɐn], [ɩɐm]
es	[(ə)s]
ihnen	[inn] → [in]→ [ɩn], [ɩm], [ɩŋ]

Artikel

der	[deɐ] → [dɛɐ] → [dɐ]
des	[dəs]
dem	[dem] → [dɛm] → [dəm] → [dm] → [m]
den	[den] → [dɛn] → [dən] → [dn] → [n], [m], [ŋ]
die	[di] → [dɩ] → [də]
das	[s]
ein(en)	[ən] → [n], [m], [ŋ]
einem	[nəm] → [m]; [aim] → [am]
einer	[nɐ]
eine	[nə]
dessen	[dəsn]
deren	[deɐn] → [dɛɐn]
denen	[denn] → [den] → [dɛn] → [dən]

Formverben

bist	[bɩs]
ist	[ɩs] → [s]
sind	[zɩn]
werden	[veɐn] → [vɛɐn]
wurden	[vʊɐn]
würden	[vʏɐn]
geworden	[gəvɔɐn]
habe	[haβe]
haben	[ham]
soll	[sɔ]
will	[vɩ]

Präpositionen

über [ʏbɐ] → [ʏβɐ]

zu [tsʊ] → [tsə]

von [fən] → [fn]

vor [foɐ] → [fɔɐ] → [fɐ]

für [fyɐ] → [fʏɐ] → [fɐ]

nach [nax]

in [ən] → [n], [m], [ŋ]

Konjunktionen

und [ʊn] → [ən] → [n], [m], [ŋ]

aber [aβɐ]

oder [odɐ] → [ɔdɐ] → [ədɐ]

wie [vi] → [vɩ]

da [da]

Adverbien

nicht [nɩç]; Bewahrung des [ɩ] (statt [ə]) ist wohl gesteuert durch das artikulatorisch benachbarte [ç].

jetzt [jɛts] → [jəts]

sonst [zɔns] → [zəns]

denn [dən] → [dn] → [n]

so [zo] → [zɔ] → [zə]

schon [ʃon] → [ʃɔn] → [ʃən] → [ʃn]

nun [nun] → [nʊn] → [nən]

nur [nuɐ] → [nʊɐ]

mal [ma]

Auch die Zahlwörter auf *–zehn* (13–19) folgen den allgemeinen Reduktions- und Elisionsregeln:

[–tse:n] → [–tsen] → [–tsɛn] → [–tsən] → [–tsn].

6.3.2.4. Phonetische Kontextbedingungen

Zusätzlich zu den Steuerungsregeln werden bei der Ausprägung von schwachen Formen auch phonetische Kontextbedingungen wirksam.

So kann *ist* nur nach Dauerlauten zu [s] werden:

Er (Peter) ist gekommen. [ɐs]

Kurt ist gekommen. [tɩs].

Die Reduktion zu [ɐ] in *er* und *ihr* ist nur möglich, wenn nicht [ə] oder [ɐ] unmittelbar vorausgehen. In diesen letzteren Fällen ist die maximale Schwächung [ɛɐ] bzw. [ɪɐ]:

> *hatte er* [ə ɛɐ], *hat er ihr* [ɐɪɐ].

Die Aufeinanderfolge zweier Nasale, die verschiedenen schwachen Formen angehören, wird durch Vermeiden extremer Reduktionsstufen verhindert, auch wenn ein Plosiv dazwischen tritt. So sind zwar

> *Hast du ihr denn was gegeben?* [has d̥ə ɪɐ dn]
> *Habt ihr denn was gehört?* [hapt ɐ n]

möglich, aber es gilt immer die starke Form von *denn* – allenfalls die Schwächung zu [dən] – in

> *Hast du ihn denn gesehen?* [hasd̥(ə)n dɛn]
> *Hast du ihm denn was gegeben?* [hasd̥(ə)m dɛn]
> *Wer hat ihn denn gesehen?* [hatn dɛn].

Schwache Formen sind auch von der Stellung im Satz abhängig. Final ist [n] für *denn* nur möglich, wenn es sich enklitisch an Verben oder an enklitische Pronomina anhängt; sonst gilt die starke, allerdings unbetonte Form [dɛn], die im ersten Fall natürlich auch stehen kann.

Was 'wollen Sie denn?	[zɪ, zə] [dɛn, n], [zn]
Was 'will er denn?	[ɛɐ, ɐ] [dɛn, n]
Was 'willst du denn?	[d̥ə] [dɛn, n], [d̥n]
Was wollen 'Sie denn?	['zi: dɛn]
Was 'macht (')Peter denn?	[dɛn]
Was 'macht denn (')Peter?	[n]
Was 'soll (')das denn?	[dɛn]
Was 'soll denn (')das?	[n]
Was 'ist (')das denn?	[dɛn]
Was 'ist denn (')das?	[n]

Im Satzinnern ist die Reduktion von *denn* zu [dn] und [n] auch nach akzentuierten Pronomina möglich; nach Substantiven gilt auch hier allenfalls [dn]. [dn] kann umgekehrt nicht nach extrem geschwächtem enklitischen Pronomen stehen, sondern nur [n] oder [dɛn].

Was wollen 'Sie denn da?	[d(ɛ)n, n]
Was 'wollen Sie denn da?	[z(ə)n, zədɛn]
Was soll 'das denn wieder sein?	[d̥(ɛ)n, n]
Was soll denn 'das wieder sein?	[dɛn, n]
Was 'machen die denn da?	[di: d(ɛ)n, di:n]

Wo findet das denn statt? [d̥(ɛ)n, n]
Wo findet denn das statt? [n]
Was wollt ihr ihm denn geben? [ɐmdɛn] (wegen des vorangehenden Nasals)
Was soll ich ihr denn geben? [ɪçɐn, ɪçɪɐdɛn]
Was soll Peter denn dabei? [d(ɛ)n]

Es besteht also eine Tendenz zur Vermeidung extrem geschwächter Formen in satzfinaler Stellung, die noch klarer hervortritt, wenn stilistische Gesichtspunkte hinzugenommen werden (6.3.2.7.). Gewöhnlich geht auch die Reduktion beim Pronomen in der Enklise weiter als in der Proklise.

Hat er (sie) das gemacht? [ɐ, sə]
Er (sie) hat das gemacht. [ɛɐ, zɪ]

Der Artikel kann hingegen auch satzinitial maximal reduziert werden.

Der Lehrer hat uns heute nichts aufgegeben. [dɐ]
Den Tisch stellen wir in die Ecke, den Schrank in die andere. [n]

6.3.2.5. Syntaktische Bedingungen

Während der Artikel extreme Schwächung duldet, ist beim Relativpronomen die Entwicklung zu vokallosen Formen, zu [ɐ] in *der* und zu [ə] in *die* nicht möglich.

der Tisch, der in der Ecke steht [dɐ . . .dɛɐ]
den Tisch, den wir in die Ecke gestellt haben [n. . .dɛn, dən]

Als Demonstrativpronomen haben *der, die, den* auch unakzentuiert starke Formen.

Was 'machen die denn da? [di:]
Das 'muß der sein. [de:ɐ]

Als 2. Pers. Plural Nom. wird *ihr*, vor allem enklitisch, leichter zu [ɐ] als in der Funktion 3. Pers. Sing. Dativ.

ihr habt [ɪɐ]
Habt ihr das gemacht? [ɐ]
Ich hab ihr das gegeben. [ɪɐ,ɐ]

Wenn *ihr* in der letztgenannten syntaktischen Verwendung auf ein anderes Pronomen folgt, ist [ɐ] überhaupt nicht mehr möglich.

Ich hab ihn ihr vorgestellt. [habm ɪɐ]

Auch als Possessivpronomen kann *ihr* nicht über [ɪɐ] hinaus reduziert werden.

Sie hat ihr Kleid gewaschen. [ɩɐ]

In Zahlwörtern und anderen festgefügten Verbindungen tritt *und* als [n], [m], [ŋ] auf, sonst nur mit Vokal [ən, ʊn]. Außerhalb der Zahlwörter ist die vokallose Form auch nur möglich, wenn kein Nasal unmittelbar vorausgeht.

fünfund'zwanzig	[mfən] → [mvən] (6.3.1.11.) → [mvn] → [mvm] → [mm]
siebenund'zwanzig	[bənən] → [bm̩ən] → [bmm] → [mm]
neunund'zwanzig	[nən] → [nn]

Tür und Tor [n]

Leben und Tod [bm̩ ən]

Wein und Gesang [nəŋ]

Hab und Gut [pmŋ]

Äpfel und Birnen [m]

ein Tisch und ein Bett [ʊn, ən]

Werden die Nasalgeminaten in Zahlwörtern wie 27 und 29 reduziert, was bei entsprechendem Tempo durchaus eintreten kann, so entsteht Gleichlaut mit 7.20 und 9.20 (einer Ausdrucksweise für 7 Mark, 20 Pfennig etc.). Die Zahlwörter kennen selbstverständlich auch Initialbetonung.

Durch die Steuerungsregeln können eine ganze Reihe von verschiedenen syntaktischen Bildungselementen gleichlautend werden, obwohl die Orthographie sie klar auseinanderhält. Die phonetische Identität bewirkt im allgemeinen keinerlei Verständigungsschwierigkeiten, da genügend syntaktische Redundanzen eingebaut sind, die die Interpretation eindeutig machen. In den folgenden Beispielen fallen *er, ihr, dir, der* unter [ɐ] mit vorangehendem apikalen Plosiv zusammen, während die weitere syntaktische Struktur wieder verdeutlicht.

Das hat er geträumt.

Da habt ihr was versäumt.

Er hat dir ja gesagt, daß er kommt.

Da hat der Apparat gestreikt.

Selbst in einem extremen Fall wie dem nachfolgenden schafft der Kontext der Rede und der Situation Klarheit:

Er ist in den Keller eingedrungen. [ɛɐsɩŋŋ]

Er ist in einen Keller eingedrungen. [ɛɐsɩŋŋ]

6.3.2.6. Semantische Faktoren

In den Fällen, wo Kontraktionen aus Präpositionen und Artikel (*zur, ins, am* usw.; 6.3.2.2.) in die Orthographienorm übernommen wurden, ergibt sich eine semantische Differenzierung zwischen der neuen Einheit und der Folge aus zwei Elementen. Mit der Sequenz gibt der Sprecher dem Hörer ein anaphorisches Appellsignal, das ihn auf Vorinformation verweist, die entweder im selben oder in früheren Kommunikationsakten liegt oder ein allgemeines Vorwissen sein kann. Mit der Kontraktion setzt der Sprecher einfach Vertrautheit beim Hörer voraus, ohne daß er einen verdeutlichenden Hinweis überhaupt für erforderlich hält. So unterscheiden sich die folgenden beiden Sätze:

Er geht zu der 'Hütte. (von der wir schon gesprochen haben; du weißt ja, welche ich meine [tsʊ dɛɐ]

Er geht zur 'Hütte. (Angabe eines einmaligen Ortes, der keiner Spezifizierung bedarf, da Hörer und Sprecher in gleicher Weise mit ihm vertraut sind) [tsʊɐ].

Statt des historisch tradierten [tsʊɐ] ist mit derselben Bedeutung als synchrone Entwicklung auch [tsʊdɐ] möglich.

Auch bei allgemeinen Ortsangaben, die aufgrund ihres generellen Charakters eine Qualifizierung gar nicht brauchen, gilt daher nur die kontrahierte bzw. – soweit vorhanden – eine extrem reduzierte Form.

Er fährt ans Meer (*ins Gebirge*).
Er geht ins Kino (*zur Schule*).

Bedeutet *er geht zur Schule = er ist im schulpflichtigen Alter*, so ist ein Ersatz durch [tsʊdɐ] ausgeschlossen; nur bei einer wirklichen Ortsangabe sind [tsʊɐ] und [tsʊdɐ] austauschbar, stehen aber im Gegensatz zu [tsʊdɛɐ].

Bei Vorliegen einer echten deiktischen Funktion wird, auch zum Aufstellen eines Gegensatzes, das akzentuierte Demonstrativpronomen verwendet.

Er geht zu 'der Hütte.

6.3.2.7. Stilistische Faktoren

Je schneller das Redetempo ist, desto leichter stellen sich schwache Formen ein und desto weitreichender sind auch die Veränderungsprozesse. Auch mit abnehmender Formalität des Sprechstils bei größer werdender

Familiarität der Kommunikationssituation werden sie zahlreicher und extremer. Eine ganz entsprechende Abstufung gilt auch für die Skala von dialektfreiem Sprechen zum voll ausgeprägten Dialekt.

In 6.3.2.4. wurde darauf hingewiesen, daß maximale Schwächungen in finaler Satzstellung vermieden werden. Treten sie dennoch auf, so signalisieren sie stets ein tieferes, lässigeres Stilniveau als dieselben Formen in nicht-finaler Position. So werden auf einer gehobenen Formstufe in *Wo finde ich ihn (sie)* nur die Aussprachen [i:n], [in], [z̥i:], [z̥i], allenfalls noch [ιn] und [z̥ι] geduldet, nicht jedoch [n] und [z̥ə], die eindeutig einer niedrigeren Ebene angehören. Im Innern des Satzes *Wo find ich ihn (sie) denn?* sind die extremen Reduktionen jedoch auch auf dem höheren Stilniveau gestattet. *denn* ist aber [dɛn]; nur auf stärker familiärer Stufe ist hierfür [n] nach *sie* möglich, was hingegen in *Wo find ich sie denn in dem Durcheinander?* in der gehobeneren Sprechweise durchaus ebenfalls vorkommen kann.

Ausblick

Auf der Basis eines allgemeinen symbolphonetischen Klassifikationssystems und sehr ausführlicher Erörterungen zur phonologischen Theorie wird in dieser Monographie eine phonetische Beschreibung des Deutschen vorgelegt, die die segmentelle Wort- und Satzphonetik ebenso wie den suprasegmentellen Bereich des Akzents und der Intonation mit gleicher Gründlichkeit behandelt. Es wurde dabei besonderes Gewicht gelegt auf die Berücksichtigung des Sprechers und des Hörers, d. h. des kommunikativen Aspekts. Auf dem Gebiet des Phonemsystems, der Allophonik und der Phonotaktik sowie der segmentellen Satzphonetik bedeutete das nicht nur eine Erarbeitung der empirisch beobachtbaren Regularitäten artikulatorischen Verhaltens, sondern auch das Abstecken des Feldes artikulatorischer Möglichkeiten und das Aufzeigen von Steuerungsprozessen, die unabhängig von spezifischem Wort- oder sonstigem Sprachmaterial allem Sprechen zugrunde liegen. Das hier Vorgelegte kann nur ein Anfang auf diese Zielsetzung hin sein, weil einmal die phonotaktischen Möglichkeiten – gegenüber den tatsächlichen Wortbelegen – in Testverfahren besser erforscht und auf eine festere Basis gestellt und die Fakten zur Satzphonetik einfach noch genauer untersucht werden müssen, weil zum andern die symbolphonetische Darstellung der Lautkombinatorik und der Koartikulations- und Steuerungsphänomene eine artikulatorische und physiologische Grundlegung benötigt, wozu signalphonetisch-experimentelle Untersuchungen erforderlich sind, die weit über den Rahmen dieses Buches hinausgehen. Auch der suprasegmentelle Bereich bedarf der weiteren gründlichen Erforschung in engster Bindung an eine Kommunikationssemantik, was auch die Einbeziehung höherer Redeeinheiten über dem Satz notwendig macht. Sowohl damit als auch mit der erweiterten Analyse der Produktionssteuerung wird die verstärkte Einbeziehung der gesprochenen Sprache, der Rede statt des Einzelwortes und -satzes, erforderlich. In diesem Zusammenhang stellen sich dann weiter die hier nur andeutungsweise behandelten Probleme phonetischer Stilebenen. Darüber hinaus ist die auditive Seite des Kommunikationsprozesses in diesem Buch etwas zu kurz gekommen, nicht nur weil sonst der Umfang noch mehr angeschwollen wäre, sondern vor allem, weil es derzeit aufgrund mangelnder Erkenntnisse und des Fehlens eines fundierten Begriffs- und Beschreibungssystems auf diesem Gebiet überhaupt verfrüht ist, eine perzeptorische Phonetik einer Sprache schreiben zu wollen. Die weiteren Aufgaben der Phonetik des Deutschen sind damit sehr umfangreich und sehr vielfältig; diese Monographie vermittelt einen ersten Überblick.

Glossar

Affrikate	Die Verbindung eines Plosivs mit einem nachfolgenden homorganen Frikativ, z. B. [ts]
akustisch	Siehe Manifestationsbereiche
Allomorph	Siehe Morphem
Allophon	Siehe Phonem
alveolar	Der Artikulationsort am Zahnfortsatz (Alveolen) hinter den oberen Schneidezähnen
Alveolen	Zahnfortsatz hinter den oberen Vorderzähnen
alveolopalatal	Der Artikulationsort wie für palatoalveolar, aber Zungenrückenartikulation
Amplitude	Der maximale Ausschlag einer Schwingung (z. B. eines Pendels)
Ansatzrohr	Der aus Rachen und Mund bestehende Artikulations- und Resonanzraum
apikal	Eine Zungenspitzenartikulation
Artikulation	Die Modifikation eines Luftstroms oberhalb des Kehlkopfs
Artikulationsart	Die Art und Weise, wie an einem bestimmten Artikulationsort ein Luftstrom modifiziert wird; z. B. Plosiv, Frikativ, Nasal, Lateral
Artikulationsort	Ein Bereich entlang dem Munddach von der Oberlippe bis zum Zäpfchen, gegen den ein bewegliches Organ (Unterlippe, verschiedene Zungengebiete) artikuliert, d. h. unterschiedliche Grade der Öffnung (von weiter Öffnung bis hin zu völligem Verschluß) bildet; Verengungen im Rachenraum oder an der Glottis für [h] und [ʔ] werden entsprechend auf einen pharyngalen bzw. glottalen Artikulationsort bezogen.
artikulatorisch	Siehe Manifestationsbereiche
Aspiration	Wenn die während eines stimmlosen Plosivs weit geöffneten Stimmbänder nicht mit dem Moment der Verschlußlösung zu einem Vokal hin zu schwingen beginnen, sondern erst später, ist vor dem stimmhaften Vokaleinsatz ein Geräuschlaut hörbar, der als Aspiration bezeichnet wird; z. B. der aspirierte Plosiv in dt. [tʰe:] *Tee*.

auditiv	Siehe Manifestationsbereiche
ballistische/ gesteuerte Bewegung	Initiiert eine Muskelaktivität die Bewegung eines Artikulationsorgans, ohne diese dann weiter zu kontrollieren, so liegt eine ballistische Bewegung vor, die – einmal in Gang gesetzt – einen solchen Verlauf nimmt und so lange andauert, wie es andere Kräfte determinieren. In einer gesteuerten Bewegung hingegen werden die Muskelkräfte durch kontrollierte Aktivität einander entgegenwirkender Muskeln fein abgestuft.
bilabial	Der Artikulationsort zwischen Unter- und Oberlippe
delimitative Funktion	Siehe Grenzsignal
dental	Der Artikulationsort an den Zähnen (siehe interdental und postdental)
Diphthong	Eine wahrnehmbare Vokoidveränderung, die einer Silbe angehört, z. B. dt. [ai] *Ei*
disjunkte/ überlappende Klassen	Disjunkte Klassen haben keine Elemente, überlappende Klassen mindestens eines gemeinsam.
distinktiv – relevant	Ein Lautmerkmal ist distinktiv oder relevant in einer Sprache, wenn es in Gegensatz zu anderen Lautmerkmalen tritt zur Unterscheidung intellektueller Wortbedeutungen, z. B. der Artikulationsort in *mein* vs. *nein*, die Nasalität in *nein* vs. *dein*. Andernfalls sind Lautmerkmale redundant oder irrelevant, z. B. palatal/velar im Frikativ von *ich* vs. *ach*. Ein Phonem ist damit die Gesamtheit der relevanten Merkmale eines Lautes.
Doppelartikulation	Derselbe Öffnungsgrad wird an zwei Artikulationsörtern im Ansatzrohr gleichzeitig gebildet.
dorsal	Eine Zungenrückenartikulation
eineindeutig	Eine Relation zwischen zwei Klassen von Elementen ist dann eineindeutig, wenn jede dieser Klassen aus der anderen über festgelegte allgemeine Anweisungen (Algorithmen) in ihrer Gesamtheit hergeleitet werden kann. Das Problem der Eineindeutigkeit stellt sich in der Phonetik z. B. hinsichtlich der Beziehung zwischen Symbol- und Meßphonetik sowie zwischen phonetischer und phonologischer Darstellung mit folgenden Fragen: 1. Besteht eine umkehrbare Relation zwischen symbol- und

meßphonetisch gewonnenen Segmenten? (Siehe Kapitel 1) 2. Kann eine phonologische Transkription aus einer phonetischen ebenso eindeutig gewonnen werden wie eine phonetische aus einer phonologischen? (Siehe 4.6.)

Frequenz — Die Anzahl von P e r i o d e n pro Zeiteinheit in einer p e r i o d i s c h e n Schwingung ist deren F r e q u e n z, normalerweise bezogen auf die Sekunde und gemessen in Hertz (Hz). Sie ist daher der Kehrwert der P e r i o d e n d a u e r in Sekunden.

Frikativ — Eine A r t i k u l a t i o n s a r t, bei der an einem Artikulationsort eine solche Enge gebildet wird, daß bei einem entsprechenden Druck bzw. einer entsprechenden Strömungsgeschwindigkeit der Luft Wirbel entstehen (T u r b u l e n z), die als Friktions- oder Reibegeräusch wahrgenommen werden.

friktionsloser Dauerlaut — Eine Artikulationsart, bei der an einem Artikulationsort eine solche Öffnung gebildet wird, daß bei einem entsprechenden Druck bzw. einer entsprechenden Strömungsgeschwindigkeit der Luft keine Wirbel entstehen, die Strömung also l a m i n a r bleibt, weshalb kein Friktions- oder Reibegeräusch wahrgenommen wird.

Geminate — Ein langer Konsonant, der sich auf zwei Silben verteilt, z. B. in ital. *otto*

geschlossen — Mit Bezug auf V o k o i d e von absolut kleinem Öffnungsgrad, z. B. [i], oder von relativ kleinerem Öffnungsgrad als ein Bezugsvokoid, z. B. „geschlossenes [e]“ = [ẹ]

glottal — Bezogen auf die G l o t t i s als Artikulationsort, an dem Laute erzeugt werden (z. B. [h]), oder als Initiator eines Luftstroms

Glottis oder Stimmritze — Die Öffnung zwischen den Stimmbändern

Glottisschlag oder Glottisverschluß oder Kehlkopfverschlußlaut — Ein Laut, der durch Öffnung eines völligen Verschlusses der G l o t t i s entsteht, wie z. B. vor Vokalen am Anfang deutscher Wörter: [ʔ]Abend

Grenzsignal — Eine phonetische Einheit, die eine Wort- oder Morphemgrenze markiert, z. B. dt. *Kuh-chen* [ç] vs. *Kuchen* [x] (d e l i m i t a t i v e F u n k t i o n phonetischer Erscheinungen)

Halbvokal	Ein Laut, der phonetisch ein friktionsloser Dauerlaut ist, phonologisch jedoch ein Konsonant
homorgan	Am selben Ort artikuliert
interdental	Der Artikulationsort zwischen den Zähnen
intraoral	Innerhalb des Mundraums
Konsonanten	Diejenige Phonemklasse, die die Plosive enthält und deren Elemente sich nur mit Einschränkungen untereinander, jedoch weitgehend frei mit den Vokalen zu Wörtern verbinden können; Konsonanten können auch nie für sich allein Wörter bilden (= phonologische Einheiten, siehe Kontoid)
Kontoid	Ein Nicht-Vokoid (= phonetische Einheit, siehe Konsonanten)
labial	Der Artikulationsort an den Lippen (siehe bilabial und labiodental)
Labialisierung	Gleichzeitige Lippenrundung während einer Verschluß- oder sonstigen Engebildung (siehe Sekundärartikulation)
labiodental	Der Artikulationsort zwischen Unterlippe und oberen Vorderzähnen
Larynx	Kehlkopf
Lateral	Eine Artikulationsart, bei der die Zunge einen zentralen Verschluß bildet und die Luft über zumindest eine Seite entweicht, z. B. [l]
laterale Plosion	Die Lösung eines Plosivs durch Senken der Zungenseite(n), z. B. in dt. ['a:dl] *Adel*, was voraussetzt, daß Plosiv und nachfolgender Lateral homorgan sind
Luftstrommechanismus	Ein artikulatorisches System, das einen Luftstrom erzeugen kann (pulmonal, glottal, oral)
Manifestationsbereiche	Meßbare physikalische Signale sind die Träger von Bedeutungen im Kommunikationsprozeß zwischen einem Sprecher und einem Hörer. Diese Signale durchlaufen dabei von der Produktion durch den Sprecher über die Transmission in einem Übertragungskanal (z. B. über das Medium Luft) bis hin zur Perzeption in einem Hörer eine Reihe von Manifestationsbereichen, in denen sie jeweils aus dem vorangehenden umgewandelt werden. So werden neurophysiologische Signale der efferenten Nervenbahnen (vom Gehirn zu den Artikulatoren) in physiologische Prozesse der Muskeln umgesetzt, diese in artikulatorische Bewegungen der

Sprechorgane, woraus akustische Signale in den Hohlraumkonfigurationen entstehen, die abgestrahlt und übertragen werden, bis sie im Ohr eines Hörers zunächst mechanische, dann erneut physiologische Vorgänge auslösen, die schließlich neurophysiologische Signale auf den afferenten Nervenbahnen zum Gehirn senden. Neben diesen meßbaren Signalen steht die qualitative auditive Wahrnehmung als psychologische Aussage.

Minimalpaar
: Ein Wortpaar, das sich nur in einem kleinsten lautlichen Element unterscheidet, z. B. dt. *Tisch* vs. *Fisch*

Monophthong
: Ein für die Wahrnehmung unveränderter Vokoid, z. B. dt. [ni:] *nie* (siehe Diphthong)

Morph
: Siehe Morphem

Morphem
: Ein Morphem ist die kleinste bedeutungstragende formale Einheit einer Sprache; z. B. dt. *Bett-en* besteht aus dem Stammorphem und dem Pluralmorphem. Ein Morphem kann dabei durch verschiedene Morphe in Abhängigkeit vom Kontext repräsentiert werden, wie z. B. das Pluralmorphem der Substantive im Deutschen, das neben *-en* auch *-e* (in *Tische*), *-er* mit Umlaut des Stammvokals (in *Örter*), *-s* (in *Muttis*) sein kann. Alle diese Endungen sind Allomorphe des Morphems {Plural, Substantiv} im Deutschen (vgl. hierzu auch Phonem, Phon, Allophon).

Morphologie
: Der Teil der Grammatik einer Sprache, der sich mit der Struktur der Morpheme und ihren Verkettungen beschäftigt

nasal
: Bezogen auf die Nase als Resonanzraum, wenn dieser durch Senken des weichen Gaumens an das Ansatzrohr angekoppelt wird; ist dabei gleichzeitig der Mundausgang durch Verschluß blockiert, so entstehen die Nasalkonsonanten (z. B. [m], [n]), bei denen eine Luftströmung nur über den Nasenweg möglich ist, andernfalls nasalierte Laute (z. B. die französischen Nasalvokale), bei denen eine Luftströmung sowohl über die Nase als auch über den Mund erfolgt.

nasale Plosion
: Die Lösung eines Plosivs durch Senken des Velums, z. B. in dt. ['ra:tn] *raten*, was voraussetzt, daß Plosiv und nachfolgender Nasal homorgan sind.

offen
: Mit Bezug auf Vokoide von absolut großem Öffnungsgrad, z. B. [a], oder von relativ größerem Öffnungsgrad als ein Bezugsvokoid, z. B. „offenes [e]“ = [ę]

Okklusiv	Siehe Verschlußlaut
oral	Bezogen auf den Mund als Artikulations- und Resonanzraum ohne Zuschaltung der Nase, auch Bezeichnung eines Luftstrommechanismus zur Hervorbringung z. B. von Schnalzlauten
palatal	Der Artikulationsort am harten Gaumen (Palatum)
Palatalisierung	Gleichzeitige Hebung der Vorderzunge gegen den harten Gaumen (z. B. in die Position für [i]) während einer Verschluß- oder sonstigen Engebildung (siehe Sekundärartikulation)
palatoalveolar	Der Artikulationsort hinter den Alveolen (siehe alveolar), Übergangsgebiet zum Palatum, dem übrigen harten Gaumen; palatoalveolare Laute haben Zungenspitzenartikulation (siehe alveolopalatal)
Palatum	Der harte Gaumen
Paradigma	Phonetische Elemente werden in einer Sprache nicht nur durch serielle Abfolge zu Äußerungen verkettet, sondern sie treten auch davon unabhängig in Gegensatz zueinander und ermöglichen damit die Differenzierung von sprachlichen Einheiten, wie z. B. Wörtern: *mein, dein, sein, nein, kein, rein, Hain, Schein, fein, Wein.* Phonetische Elemente bilden also sprachintern nicht nur ein phonetisches Syntagma, sondern auch ein phonetisches Paradigma, so wie in ähnlicher Weise die Flexionsendungen deutscher Verben und Substantive grammatische Paradigmata bilden.
Periode – Periodendauer	Der Abschnitt zwischen zwei unmittelbar aufeinander folgenden gleichen Schwingungszuständen einer periodischen Schwingung ist eine Periode; die dafür notwendige Zeit ist die Periodendauer, gemessen in Sekunden (s) oder Millisekunden (ms).
periodisch – quasiperiodisch – aperiodisch – abklingend	Die Schwingungen der Stimmbänder oder von Luftvolumina sind periodisch, wenn jeder Schwingungszustand nach genau gleichen Zeitabschnitten immer wiederkehrt. Sie sind quasiperiodisch, wenn die sich wiederholenden Abschnitte zwar nicht völlig identisch sind, aber näherungsweise durch einen periodischen Vorgang dargestellt werden können. Sie

	sind aperiodisch, wenn keine Regularität im Schwingungsverlauf feststellbar ist. Sie sind abklingend, wenn der Maximalausschlag, die Amplitude, mit jeder Periode kleiner wird.
pharyngal	Artikulationsort im Rachenraum (Pharynx)
Pharyngalisierung	Gleichzeitiges Zurückziehen der Hinterzunge gegen die Rachenwand (z. B. in die Position für „dunkles" [ɑ]) während einer Verschluß- oder sonstigen Engebildung (siehe Sekundärartikulation)
Pharynx	Rachenraum
Phon	Ein nach allgemeinen phonetischen Kategorien beschreibbares minimales Lautsegment
Phonation	Die Modifikation eines pulmonalen Luftstroms im Kehlkopf
Phonem	Ein Phonem ist die kleinste bedeutungsunterscheidende Einheit einer Sprache; es wird dabei durch verschiedene Phone in Abhängigkeit von der lautlichen Umgebung repräsentiert (komplementäre Verteilung). Diese phonetisch ähnlichen Phone sind Allophone eines Phonems (siehe auch distinktiv – relevant).
Phonemsystem	Die Gesamtheit der Phoneme einer Sprache
Phonologie	Die Phonologie untersucht die gegenseitigen Beziehungen phonetisch definierter Einheiten sowie deren Funktionen in einer Sprache; sie beschäftigt sich insbesondere mit der Erstellung des Phonemsystems, der Bestimmung der Allophone und ihrer Vorkommensbedingungen sowie der Phonotaktik.
Phonotaktik	Die Gesetze der Phonemverbindungen zu Morphemen und Wörtern in einer Sprache
physiologisch	Siehe Manifestationsbereiche
Plosiv	Siehe Verschlußlaut
post-	Mit Bezug auf einen Artikulationsort: etwas weiter zurückliegend, z. B. postalveolar, postvelar
postdental	Der Artikulationsort hinter den oberen Vorderzähnen
prä-	Mit Bezug auf einen Artikulationsort: etwas weiter vorn liegend, z. B. präpalatal
pulmonal	Bezogen auf die Lunge oder durch Lungenaktivität hervorgerufen, wie z. B. ein pulmonaler Luftstrom zur Erzeugung pulmonaler Laute
redundant – irrelevant	Siehe distinktiv – relevant

Reibelaut
Siehe Frikativ

Resonanz
Ein schwingungsfähiges Gebilde (z. B. eine Feder oder ein eingeschlossenes Luftvolumen in einem Musikinstrument) führt, wenn es angeregt und sich selbst überlassen wird, Schwingungen mit ganz bestimmten Frequenzen aus, die durch die physischen Eigenschaften des Gebildes festgelegt sind. So werden die Eigenfrequenzen der Luftsäule im Ansatzrohr vor allem durch den Querschnittsverlauf des Hohlraums und durch die Beschaffenheit der Öffnung determiniert. Wird ein solches schwingungsfähiges Gebilde durch eine andere Schwingung erregt, so führt es besonders große Schwingungen aus, wenn die Erregerfrequenz mit der Eigenfrequenz übereinstimmt. Dies ist der Fall der Resonanz.

retroflex
Eine Artikulation der Unterseite der Zunge gegen den harten Gaumen durch Zurückbiegen der Zungenspitze

Sekundärartikulation
Werden an zwei Artikulationsörtern im Ansatzrohr unterschiedliche Öffnungsgrade gebildet, dann ist die Artikulation mit dem größeren Öffnungsgrad die Sekundärartikulation (siehe Labialisierung, Palatalisierung, Velarisierung, Pharyngalisierung)

silbischer Nasal oder Lateral
Ein Nasal oder Lateral, der eine eigene Silbe bildet, z. B. dt. ['re:dn̩] *reden*, ['a:dl̩] *Adel*

Sinoidalsignal
Ein periodisches Schwingungssignal, das mathematisch durch eine Sinoidalfunktion von der Form

$$y = A \sin \left(\frac{2\pi}{T} t + \alpha \right)$$

dargestellt werden kann, wobei A = Amplitude, T = Periodendauer, α = Phasenwinkel, d. h. die Verschiebung mit Bezug auf den Ursprung eines Cartesischen Koordinatenkreuzes, t = unabhängige Variable der Zeit, y = abhängige Variable des Ausschlags zum jeweiligen durch t bestimmten Zeitpunkt.

stimmhaft
Laute, die durch eine quasiperiodische Schwingung der Stimmbänder gebildet werden

stimmlos
Laute, die durch eine weite Öffnung der Glottis gebildet werden

subglottal
Unterhalb der Glottis

supraglottal
Oberhalb der Glottis

tektal
Eine Artikulation gegen den Gaumen, das Munddach

uvular	Der Artikulationsort am Zäpfchen (Uvula)
velar	Der Artikulationsort am weichen Gaumen (Velum)
Velarisierung	Gleichzeitige Hebung der Hinterzunge gegen den weichen Gaumen (z. B. in die Position für [u]) während einer Verschluß- oder sonstigen Engebildung (siehe Sekundärartikulation)
Velum	Der weiche Gaumen
Verschlußlaut oder Okklusiv oder Plosiv	Ein Laut, der durch ein momentanes Unterbrechen des Luftstroms am Ausgang des Artikulationsapparats gebildet wird; das kann entweder durch ein Verschließen der Stimmbänder bei supraglottaler Öffnung erreicht werden oder durch ein Heben des Velums zur Abriegelung des Nasenraums bei gleichzeitiger Blockierung des Mundausganges; Verschlußlaut und Okklusiv beziehen sich auf diesen Teil der Lautbildung – das Verschließen –, Plosiv bezieht sich auf die anschließend eintretende Öffnung.
Vibrant	Artikulationsart der schnellen zeitlichen Abfolge von Verschluß und Öffnung, Vibrieren der Lippen oder der Zungenspitze oder des Zäpfchens, z. B. in einem gerollten „r“
Vokale	Diejenige Phonemklasse, die die offenen Vokoide (vom Typ [a]) enthält und deren Elemente sich nur mit großen Einschränkungen untereinander, jedoch weitgehend frei mit den Konsonanten zu Wörtern verbinden können; Vokale können auch für sich allein Wörter bilden (= phonologische Einheiten, siehe Vokoid).
Vokoid	Ein oraler, nicht-lateraler Resonant (friktionsloser Dauerlaut) (= phonetische Einheit, siehe Vokale)
VOT – voice onset time	Der Einsatz der Stimmbandschwingung, bezogen auf den Abbau einer artikulatorischen Enge zu einem Vokal hin, insbesondere die Verschlußlösung eines Plosivs: früher – gleichzeitig – später (siehe auch Aspiration). +VOT gegenüber –VOT bedeutet ein späteres Einsetzen. In Erweiterung des Begriffs wird +VOT vs. –VOT auch für ein früheres Aufhören der Stimmbandschwingung mit Bezug auf die Engebildung verwendet (voice offset time).

THE INTERNATIONAL

(Revised

		Bi-labial	Labio-dental	Dental and Alveolar	Retroflex	Palato-alveolar
CONSONANTS	*Plosive*	p b		t d	ʈ ɖ	
	Nasal	m	ɱ	n	ɳ	
	Lateral Fricative			ɬ ɮ		
	Lateral Non-fricative			l	ɭ	
	Rolled			r		
	Flapped			ɾ	ɽ	
	Fricative	ɸ β	f v	θ ð | s z | ɹ	ʂ ʐ	ʃ ʒ
	Frictionless Continuants and Semi-vowels	w ɥ	ʋ	ɹ		
VOWELS	*Close*	(y ʉ u)				
	Half-close	(ø o)				
	Half-open	(œ ɔ)				
	Open	(ɒ)				

(Secondary articulations are

Other Sounds.—Palatalized consonants: ƫ, ᶁ, etc.; palatalized ʃ, ʒ: ʆ, ʓ. Velarized or pharyngalized consonants: ɫ, ᵭ, ᵶ, etc. Ejective consonants (with simultaneous glottal stop): p', t', etc. Implosive voiced consonants: ɓ, ɗ, etc. ɼ fricative trill. σ, ϱ (labialized θ, ð, or s, z). ʅ, ƺ (labialized ʃ, ʒ). ʇ, ʗ, ʖ (clicks, Zulu *c*, *q*, *x*). ɺ (a sound between r and l). ŋ Japanese syllabic nasal. ɧ (combination of x and ʃ). ʍ (voiceless w). ɩ, ʏ, ɷ (lowered varieties of i, y, u). ɜ (a variety of ə). ɵ (a vowel between ø and o).

Affricates are normally represented by groups of two consonants (ts, tʃ, dʒ, etc.), but, when necessary, ligatures are used (ʦ, ʧ, ʤ, etc.), or the marks ͡ or ‿ (t͡s or t‿s, etc.). ͡ ‿ also denote synchronic articulation (m͡ŋ = simultaneous m and ŋ). c, ɟ may occasionally be used in place of tʃ, dʒ, and ƾ, ƻ for ts, dz. Aspirated plosives: ph, th, etc. r-coloured vowels: eɹ, aɹ, ɔɹ, etc., or eʴ, aʴ, ɔʴ, etc., or ᶒ, ᶏ, ᶗ, etc.; r-coloured ə: əɹ or əʴ or ɹ or ᶕ or ɚ.

PHONETIC ALPHABET.

to 1951.)

Alveolo-palatal	*Palatal*	*Velar*	*Uvular*	*Pharyngal*	*Glottal*
	c ɟ	k g	q ɢ		ʔ
	ɲ	ŋ	ɴ		
	ʎ				
			ʀ		
			ʀ		
ɕ ʑ	ç ʝ	x ɣ	χ ʁ	ħ ʕ	h ɦ
	j (ɥ)	(w)	ʁ		
	Front *Central* *Back* i y ɨ ʉ ɯ u e ø ɤ o ə ɛ œ ʌ ɔ æ ɐ a ɑ ɒ				

shown by symbols in brackets.)

Length, Stress, Pitch.— ː (full length). ˑ (half length). ˈ (stress, placed at beginning of the stressed syllable). ˌ (secondary stress). ¯ (high level pitch); _ (low level); ˊ (high rising); ˏ (low rising); ˋ (high falling); ˎ (low falling); ^ (rise-fall); ˇ (fall-rise).

Modifiers.— ˜ nasality. ˳ breath (l̥ = breathed l). ˬ voice (s̬ = z). ʻ slight aspiration following p, t, etc. ̫ labialization (n̫ = labialized n). ̪ dental articulation (t̪ = dental t). ˙ palatalization (ż = ʒ). ̣ specially close vowel (ẹ = a very close e). ̨ specially open vowel (ę = a rather open e). ˔ tongue raised (e˔ or e̝ = ẹ). ˕ tongue lowered (e˕ or e̞ = ę). ˖ tongue advanced (u˖ or u̟ = an advanced u, t̟ = t̪). ˗ or ˍ tongue retracted (i˗ or i̠ = ɨ˖, t̠ = alveolar t). ˒ lips more rounded. ˓ lips more spread. Central vowels: ï (= ɨ), ü (= ʉ), ë (= ə˔), ö (= ɵ), ɛ̈, ɔ̈. ˌ (e.g. n̩) syllabic consonant. ˘ consonantal vowel. ʃˢ variety of ʃ resembling s, etc.

Literaturverzeichnis

I.

Bibliographie zur Phonetik und Phonologie des Deutschen. Bearbeitet von F. Schindler & E. Thürmann, hg. v. Institut für Phonetik der Universität zu Köln; Tübingen 1971.

II.

Duden Aussprachewörterbuch. (= Der Große Duden, Bd. 6), Mannheim 2. Aufl. 1974.

Siebs, *Deutsche Aussprache. Reine und gemäßigte Hochlautung mit Aussprachewörterbuch.* Hg. v. H. de Boor, H. Moser & C. Winkler, Berlin 19. Aufl. 1969.

Wörterbuch der deutschen Aussprache. Hg. v. H. Krech, E.-M. Krech, E. Kurka, H. Stelzig, E. Stock, U. Stötzer & R. Teske; 1. Aufl. Leipzig 1964, 2. Aufl. München 1969, 3. Aufl. Leipzig 1971.

Ungeheuer, G., Duden, Siebs und WDA: Drei Wörterbücher der deutschen Hochlautung. In: *Festschrift für Hugo Moser.* Düsseldorf 1969, pp. 202–217.

III.

Abercrombie, D., *Elements of General Phonetics.* Edinburgh University Press 1967.

Delattre, P., *Comparing the Phonetic Features of English, German, Spanish and French: An Interim Report.* Heidelberg 1965.

Dieth, E., *Vademekum der Phonetik. Phonetische Grundlagen für das wissenschaftliche und praktische Studium der Sprachen.* Bern 1968.

von Essen, O., *Grundzüge der hochdeutschen Satzintonation.* Ratingen 2. Aufl. 1964.

Gnutzmann, C., *Auditiv-deskriptive Untersuchungen zu satzphonetischen Erscheinungen im Deutschen.* Diss. Kiel 1975.

Harms, R. T., *Introduction to Phonological Theory.* Englewood Cliffs 1967.

Isačenko, A. & H.-J. Schädlich, *A Model of Standard German Intonation.* (= Janua Linguarum, Series practica, Bd. 113); mit Schallplatte "A Model of Standard German Intonation" Samples of German Sentences, produced by Heinrich Eras; The Hague 1970.

Jakobson, R. & M. Halle, *Fundamentals of Language.* The Hague 1956 (Deutsch: *Grundlagen der Sprache.* Berlin 1960).

Jakobson, R., G. Fant & M. Halle, *Preliminaries to Speech Analysis. The Distinctive Features and their Correlates.* Cambridge (Mass.) 9. Nachdr. 1969.

Jespersen, O., *Phonetische Grundfragen.* Leipzig/Berlin 1904.

Jespersen, O., *Elementarbuch der Phonetik.* Leipzig/Berlin 1912.

Jespersen, O., *Lehrbuch der Phonetik.* Leipzig/Berlin 2. Aufl. 1913.

Klinghardt, H., *Artikulations- und Hörübungen. Praktisches Hülfsbuch der Phonetik für Studierende und Lehrer.* Cöthen 1897.

Kufner, H. L., *Kontrastive Phonologie Deutsch – Englisch.* Stuttgart 1971.

Ladefoged, P., *Elements of Acoustic Phonetics.* The University of Chicago Press 1970.

Ladefoged, P., *Preliminaries to Linguistic Phonetics.* The University of Chicago Press 1971.

Ladefoged, P., *A Course in Phonetics.* New York 1975.

Lindner, G., *Einführung in die experimentelle Phonetik.* München 1969.

MacCarthy, P., *The Pronunciation of German.* London 1975.

Malmberg, B., (Ed.), *Manual of Phonetics.* Amsterdam 1968.

Mangold, M., *Laut und Schrift im Deutschen.* (= Duden-Beiträge, Heft 9), Mannheim 1961.

Martens, C. & P. Martens, *Phonetik der deutschen Sprache.* München 2. Aufl. 1965.

Martens, C. & P. Martens, *Abbildungen zu den deutschen Lauten.* München 1966.

Martens, C. & P. Martens, *Übungstexte zur deutschen Aussprache.* München 3. Aufl. 1971 (Erstaufl. 1962).

Meinhold, G., *Deutsche Standardaussprache. Lautschwächungen und Formstufen.* (= Wissenschaftliche Beiträge der Friedrich-Schiller-Universität Jena), Jena 1973.

Moulton, W. G., *The Sounds of English and German.* Chicago 1962.

Philipp, M. *Phonologie de l'Allemand.* Presses Univ. de France 1970.

Pike, K. L., *Phonetics.* Ann Arbor 1943.

Potter, R., G. A. Kopp & H. Green Kopp, *Visible Speech.* New York 1966.

Principles of the International Phonetic Association. London 1949 ff.

Scholz, H. J., *Untersuchungen zur Lautstruktur deutscher Wörter.* (=Structura, Bd. 3), München 1972.

Schubiger M., *Einführung in die Phonetik.* Berlin 1970.

Sievers, E., *Grundzüge der Phonetik.* Leipzig 3. Aufl. 1885.

Stock, D., *Untersuchungen zur Stimmhaftigkeit hochdeutscher Phonemrealisationen.* (=IPK-Forschungsberichte, Band 28), Hamburg 1971.

Stock, E. & C. Zacharias, *Deutsche Satzintonation.* Leipzig 1971.

Trubetzkoy, N. S., *Anleitung zu phonologischen Beschreibungen.* Göttingen 2. Aufl. 1958.

Trubetzkoy, N. S.. *Grundzüge der Phonologie.* Göttingen 4. Aufl. 1967.

Ulbrich, H., *Instrumentalphonetisch-auditive R-Untersuchungen im Deutschen.* (= Schriften zur Phonetik, Sprachwissenschaft und Kommunikationsforschung, Nr. 13), Berlin 1972.

Untersuchungen über Akzent und Intonation im Deutschen. (= Studia Grammatica, Bd. VII, hg. von der Deutschen Akademie der Wissenschaften zu Berlin), Berlin 2. Aufl. 1971 (1. Aufl. 1966).

Vietor, W., *Die Aussprache des Schriftdeutschen.* Mit dem Wörterbuch der amtlichen „Regeln für die deutsche Rechtschreibung" in phonetischer Umschrift sowie phonetischen Texten. 11. durchges. Aufl. von E. A. Meyer, Leipzig 1925.

Vietor, W., *Kleine Phonetik des Deutschen, Englischen und Französischen.* Leipzig 6. Aufl. 1909.

Vietor, W., *Elemente der Phonetik des Deutschen, Englischen und Französischen.* Leipzig 3. Aufl. 1894.

Wängler, H. H., *Grundriß einer Phonetik des Deutschen.* Marburg 2. Aufl. 1967.

Wells, J. C. & G. Colson, *Practical Phonetics.* London 1971.

Werner, O., *Phonemik des Deutschen.* (= Sammlung Metzler, Bd. 108), Stuttgart 1972.

Werner, O., *Probleme der Phonotaktik diskutiert am Deutschen.* Jahrbuch für Internationale Germanistik IV, 1 1972.

Wurzel, W. U., *Studien zur deutschen Lautstruktur.* (= Studia Grammatica, Bd. VIII), Berlin 1970.

Zacher, O., *Deutsche Phonetik.* Leningrad 1969.

IV.

Journal of the Acoustical Society of America (JASA). 1929 ff.

Journal of Phonetics. 1973 ff.

Journal of the International Phonetic Association. 1971 ff.

Language and Speech. 1958 ff.

Maître Phonétique. 1886–1970.

Phonetica. 1957 ff.

Phonetische Studien. 1888–1893.

Revue de Phonétique Appliquée. 1965 ff.

Zeitschrift für Phonetik, Sprachwissenschaft und Kommunikationsforschung. 1947 ff.

Index

Affrikate 65
akustisches Signal 20, 21, 53
→Sprachsignal
Akzent
– Akzentregel, generative 131, 135 ff, 140
– emphatischer Akzent 14, 125, 154
– Kompositionsakzent 193 ff, 197
– kontrastiver Akzent 124 f, 173, 195
– phonologischer Akzent 116
– Satzakzent 84 f, 119, *121 ff*, 154, 196, 204
– Wortakzent 119, 121 ff, 154, 173, 175, 176, 196 f, 214, 219
– Wortakzent im Deutschen 191 ff
Akzentuierung 82, 84 f, 122 f, 124, 173, 191 ff, 195 f
Allophon *90*, 94, 96 f, 103, 146 f
Alphabetschrift 15, *141 ff*
alveolar 62
– alveolopalatal 62
– palatoalveolar 62
– postalveolar 62
Ansatzrohr 51, 58, 64, 81, 114, 208
– Enge im A. 62, 160
– Öffnungsgrad des A. 62 f, 210, 217
Anschlag 63
apikal 61
Archiphonem 107 f
Artikulation 60, 114
– sart 65 f, 69, 119, 213, 217
– sorgan (Artikulator) 20, 61 f, 208
– – aktiver, passiver Artikulator 62, 71, 169
– sort *61 ff*, 65, 70, 166, 179, 183, 213, 215
– straining 18
– Doppelartikulation 63
– Sekundärartikulation 63
aspiriert, Aspiration 41, 64, 68, 88, 97, 160 ff
Assimilation 42, *213 ff*
– progressive *213 ff*
– regressive *213 ff*
– partielle *213 ff*
– totale *213 ff*
Atmungsmuskulatur 46 f
Aussprache
– lexikalische 18
– Norm der Aussprache 13
– Variante der Aussprache 13

Bernoulli-Effekt 49
Betonung → Akzentuierung
bi-uniqueness → Eineindeutigkeit
Bronchien 46
Bronchiolen 46
Bühnendeutsch → Hochlautung
Bühnenlautung → Hochlautung

Dauer *118 ff*, 122, 124, 154, 194
Dauerlaut, friktionsloser (Halbvokal) 65, *116*, 163
dental 62
– interdental 62
– postdental 62
Dialekt 32 f, 42, 45, 151, 162, 230
Diphthong 77, *117*
– Diphthonge des Dt. 173, 175 ff
distinctive feature → Merkmal
dorsal 62
Duden-Aussprachewörterbuch 30, 36, 44

Eineindeutigkeit *99 f*, 101, 134, 146 (*bi-uniqueness*)
Einsilbler 106, 177, 179, 188 f
Ejektiv 59
Elektromyographie 55 f
Elektropalatographie 57

Elision 38 f, 43, *213 ff*
Entstimmung von stimmhaften Lauten 60, 64, 87 f, 161 f, 166, 208, 213, 218
Experimentalphonetik 25

flache Friktionsenge 63
Flüstern 60
Formant 54 f, 74, 174
Fortis 64 f
Frequenz 49, 51
Frikativ → Reibelaut
Frikativvibrant 62, 65
Friktionsenge 62
friktionslose Enge 62

Gaumen 208
– harter (palatum) 62, 217
– weicher (velum) 51 f, 58, 60, 62, 65
Geminate 121, 218, 222
generative
– Grammatik 27, 95, 128, 130, 136
– Phonologie 106, 125, *128 ff*, 138 f, 145
gerillte Friktionsenge 63
Glottis 47, 58 f
– öffnung 57, 163
– schlag 41, 60, 62, 66 f, 108 f, 172 f
– verschluß 52, 173
glottal 59, 62
– subglottal 62
– supraglottal 62
Glottograph
– elektrischer (Laryngograph) 56
– photoelektrischer 57
Grenzsignal *108 ff*, 172 f, 197
– positives/negatives 110
Grundfrequenz 51 f, 55, 57, 82, 85
Grundton 52

Halbvokal → Dauerlaut
Hochlautung, deutsche *31 ff*, 40, *42 ff*, 165
– reine 36
– gemäßigte 36, 40
Hören 18, 130
– analytisches 17
– semantisches 17, 19
Hörtraining 16, 18, 19
Homograph 144
Homophon 143
homorgan 65, 165, 218

Ideographie 142
imitation label 72, 74
Implosiv 59
interlude 189
Instrumentalphonetik 26
International Phonetic Assosiation (IPA) 67
– Lautschriftsystem der IPA *152 ff*
Intonation 14, 39, 119, *127 ff*, 140, 196 ff
– seinheit 197 f, 200 ff
– muster 196 f, 205
Invarianz 135

Junktur 105, *111 f*

Kardinalvokalsystem *72 ff*
Kardinalvokalviereck 74, 76 f, 149, 176
Kehlkopf 47, 51 f, 57 ff
Koartikulation 89, 96, *207 f*, 210, 213
Komplementäre Verteilung 90, 93, 96, 99 ff, 103, 111
Kompositum 193 ff
Knarrstimme 60
Konsonant 13, 20, 67, 79, *112 ff*, *116*, 119 f, 156 ff, 177
Konsonantenverbindungen im Deutschen 177 ff
Kontoid 67 ff, 81, 112, 209
Kurzzeit-Spektralanalyse 21, 53, 132

labial 61 f
– bilabial 62
– labiodental 62
Labialisierung 63, 68, 208
Larynx → Kehlkopf
Lateral 65, 68 f, 114, 177
Laut 15, 16, 20, 79, 89 f, 212
– als Konstrukt 15, 16, 19, 21
– Anglitt eines Lautes 20
– Stellungsphase eines Lautes 20
– Abglitt eines Lautes 20

- Gleitlaut 20
- Dreiphasentheorie 20
- Lautdauer → Dauer
Lautabgrenzung → Segmentation
Lautstärke 14, 83, 85, 122, 124
Lenis 64 f
Lenisierung 210
Lippen 61 f, 209, 217
Liquid 68, 80, 117, 126
- silbischer Liquid 117
Logatom 19, 180
Luftröhre 46 f, 56
Luftstrom 46 f, 82, 114
- laminarer 47
- turbulenter 47, 60, 160, 163 f, 217 f
Luftstrommechanismus 58 ff
- exhalatorischer 58 f
- glottaler 59
- inhalatorischer 58 f
- oraler 59
- pulmonaler 46 ff, 58
Lungen 46

Media 41
Merkmal
- distinktives 71, 92 f, 131 ff, 178 (*distinctive feature*)
Meßphonetik 20 ff
- Untersuchungsmethoden der M. 55 ff
Minimalpaar 87, 90, 94
Monophthong *117*
- Monophthonge des Deutschen *173 ff*
Morph 104 f, 107
Morphem 94, 104, 107 f, 110, 135, 192, 197
- grenze 108, 110, 112, 167, 178 ff, 184, 188 ff, 197, 209, 213, 215
Morphophonem 107, 144, 146
Morphophonologie 103 f

Nachlauf (Intonation) 203
Nasal 60, 65, 68, 80, 114, 117, 126, 177, 218
- silbischer Nasal 117
Nasalierung, nasaliert 60, 68, 208
Nasalität 218
Norm, sprachliche *28 ff*, 40
- schriftlich fixierte Norm 38

Normierung
- von Sprache 30 f, 39 f, 41, 165
- der Orthographie 38
Nukleus (Intonation) 203, 205

Oberflächenstruktur 130 f, 134 ff
Oberschwingung 52
Oberton 52
Öffnungsgrad 62 f
Ohrenphonetiker 16, 18, 21, 76, 83, 151
Opposition, phonologische 39, *91 f*, 109, 132, 168
oral 59, 60
Orthographie 18, 35, 40, 102 f, 142 f, 145 f, 228
Oszillogramm 21, 53

paired-utterance test 17
palatal 62
- alveolopalatal 62
- palatoalveolar 62
Palatalisierung 63, 68
Pause 13, 18, 161, 173, 211, 214
Pegelschreiber 55
Periodizität des Schallsignals 53, 83
- quasi-periodisch 53, 60
- aperiodisch 53
pharyngal 62
Pharyngalisierung 63
Pharynx → Rachenraum
Phonation 60, 65
Phonem
- allgemein *89 ff*, 99 ff, 112 f, 115, 132, 144 ff, 151, 179, 188, 212
- Konzept des amerikanischen Strukturalismus 93 ff
- Konzept der Prager Schule 91 ff
- Phonemdistribution 103 ff
- Phonemgehalt 91, 93 f, 108
- Phonemsystem *103 f*, 149
- Überlappen von Phonemen 101
Phonemik 13
Phonetik, Definition *25 ff*
- als wissenschaftl. Disziplin 13 ff
- als Lautlehre 13 ff
- akustische 19, 58

– artikulatorische 19
– des Sprechers 19
– des Hörers 19
phonetische Ähnlichkeit *96 ff*
Phonologie 26 f, 86, 94, 95, 99, 130, 134 f, 139
phonologische Einheiten 197
Phonometrie 21
Phonotaktik 106, 177 ff, 197
Pleura 46
Plosion → Verschlußlösung
Plosiv 41, 58
→Verschlußlaut
Pneumotachographie 56
Pränukleus (Intonation) 203
Prominenz (in der Akzentuierung) 85, 118 f, 122, 194, 201
prosodische Eigenschaften 14
Psychophonetik → Phonetik des Hörers

Qualität (der Vokoide) 148 f, 173 f
Quantität 119, 148 f, 174

r
– Zungenspitzen-r 35, 49, 91
– r-Vokalisierung 91, 169 f, 177, 35
– Rachen-r 49, 62
Rachenraum 51, 56, 78
Received Pronunciation (RP) 30, 32
Reduktionsvokal (ə) 173, 176, 214
Redundanz 133, 159, 228
Reibelaut (Frikativ) 58, 65, 80, 114, 117, 177
Resonanzfrequenz 51 f, 54
retroflex 62
Rheinische Schärfung 125 f
Ringknorpel 47
Röntgencinematographie 57
Rückmeldung 208 f

Satzphonetik 39, 207 ff, 212
Schallfülle 79 f
Schallsignal → Sprachsignal
Schildknorpel 47
Schnalzlaut 59
Schriftaussprache 143, 175
Schriftsprache 38, 44 f
schwache Form (*weak form*) 43, 123, 211, *213 ff*, *219 ff*, 229
Segment 21, 97, 100, 132, 151, 213
Segmentation, Segmentierung 17, 20 f, 141 f, 150, 212
Serienelement 157, 178 f
Siebs 30, 32, *33 f*, 35 ff, 167, 211
Signalphonetik → akustische Phonetik
Signalproduktion 17
Silbe
– Nebensilbe 81
– Nukleussilbe 201 f, 204
– phonetische 79 ff
– phonologische *112 ff*, 116 f, 118, 175, 196 f, 200, 210
– schwache 196 f
– starke 196 f
Silbengrenze 81, 188, 213
Silbentheorie
– Schallfülletheorie 79, 81
– Drucksilbentheorie 79, 81
Sinoidalsignal 51
Sonagramm 161
→Kurzzeit-Spektralanalyse
Sonant 79 f
Sonorisierung 219, 223
Sonorlaut 80
Spektralanalyse 52 f, 55
Spektrum 52
Sprachsignal 20, 21, 25, 51, 53
Sprachschall
– Produktion 19, 25
– Übertragung 19, 25
– Perzeption 19, 25
– Zeitdarstellung 53
– Spektraldarstellung 54
Sprechmelodie → Intonation
Sproßkonsonant 166
starke Form (*strong form*) *220 ff*
Stellknorpel 47, 60
Steuerung 89, 96, 99, *208 ff*
Stimmbänder 47, 53, 56 f, 59 f
Stimmbildungstheorie, myoelastische 49
stimmhaft – stimmlos 60, 64, 88, 213, 217

Stimmlage 14
stress → Betonung
Strukturformel des Einsilbers im Deutschen 177 f
suprasegmentelle Eigenschaften 14, 79 ff, 82 ff
→prosodische Eigenschaften
– Transkription 154 f
Symbolphonetik 19, 22, *58 f,* 83

Takt, phonologischer 196, 200 ff, 211, 214, 221
Tempo 14, 15, 83, 207, 209, 214, 217, 219, 228
Tonakzentsprache 125
Ton, phonologischer 116, 119, *126 f*
– Töne des Deutschen *197 ff*
– Tonsprache 126, 198
Tonem *126*
Tonhöhe 82 ff, 85, 119, 126, 194, 204
– Verlauf der Tonhöhe 14 f, 18, 122, 124, 154, 194, 198 f, 201, 204
Tonhöhenschreiber 55
Transkription
– allgemein 18, 20
– phonetische 16, *144 ff,* 174
– phonematische *146 ff,* 174, 220
– allophonische *146 ff*
– systematische 149
– impressionistische 149
Turbulenz → Luftstrom

Umgangslautung 35
Umgangssprache 33, 42
Umschrift → Transkription
uvular 62

Varianten
– kombinatorische *89 ff,* 93, 103, 164
– fakultative *91,* 93, 95 f
velar 62
Velarisierung 63, 68, 169
Velum → weicher Gaumen
Verschleifung 18, 43, 105 f
Verschluß 62
Verschlußlaut (Plosiv) 41, 58, 63 ff, 70, 80, 114 f, 117, 160 f, 177, 215
Verschlußlösung von Verschlußlauten
– nasale Plosion 65, 68, 161
– laterale Plosion 65, 68, 162
Verschriftung 15 f, *141 ff,* 212
Vibrant 62, 65, 114
voice onset time (VOT) 64 f
Vokal 13, 20, 67, 112 ff, *116,* 119 f, 173 ff
Vokoid *67 ff,* 80 f, 112, 114 f, 117, 174
– geschlossen 71
– halb-geschlossen 71
– halb-offen 71
– offen 71
– (un)gerundet 71
– Vorder-, Mittel-, Hinterzungenvokoid 71
– tief, mittel, hoch 174 ff

Wörterbuch der deutschen Aussprache (WDA) 42 ff, 167

Zähne 62
Zäpfchen (uvula) 62
Zahnfortsatz (Alveolen) 62
zentrale Enge 63
Zentralisierung bei Vokoiden 77
Zunge 61, 208
– nspitze 61 f, 119, 208 f, 217
– nrücken 61 f, 119, 217
– nwurzel 62
– Vorderzunge 63, 71
– Hinterzunge 63, 71
– Mittelzunge 71
Zweisilbler *187 ff*
Zwischenrippenmuskeln
– externe 46 f
– interne 47